LE TRIPODE

Littératures ■ Arts ■ Ovnis

Miroirs du temps

Conception graphique :
Lola Duval

GOLIARDA SAPIENZA

Miroirs du temps

(Lettres et billets)

Lettres choisies par Angelo Pellegrino
Traduit de l'italien par Nathalie Castagné

LE TRIPODE

NOTE DE L'ÉDITEUR

Le recueil Miroirs du temps *rassemble des lettres et billets rédigés par Goliarda Sapienza sur près d'un demi-siècle. La première lettre date de 1950 et s'adresse à son compagnon d'alors, le réalisateur Francesco Maselli. La dernière fut écrite à une amie – l'écrivaine d'origine slovène mais établie en Italie Jarmila Očkayová – trois mois seulement avant la mort de Goliarda Sapienza, le 30 août 1996.*

On doit l'établissement de cette anthologie à Angelo Pellegrino, qui fut tout à la fois l'ultime compagnon de l'autrice et celui qui – nous ne le rappellerons jamais assez – sauva l'ensemble de ses textes de l'oubli. Ce livre clôture ainsi, à peu près vingt ans après la première parution en langue française de L'Art de la joie *en 2005, l'édition des œuvres complètes de Goliarda Sapienza.*

Les lectrices et lecteurs s'en rendront compte rapidement, ces lettres sont classées sans thématiques ni ordre d'importance, mais par destinataire. Elles suivent ce faisant un ordre tout de même assez chronologique, les vies et amours multiples de Goliarda Sapienza l'ayant amenée à changer au fil du temps l'univers de ses correspondants. S'il a été possible de rassembler tant de documents sur une aussi longue période, c'est que celle qui les rédigeait avait pour habitude de conserver une copie des lettres envoyées et celles que, pour une raison ou une autre, elle avait renoncé à faire partir. Ces lettres sont d'une grande diversité de ton, mais aussi de forme. Cela s'explique par la détestation du téléphone et l'usage permanent de l'écrit que faisait Goliarda Sapienza pour communiquer avec ses proches. Certains billets sont ainsi de simples messages qu'elle laissait parfois dans la cuisine de son appartement de la via Denza, à Rome, à l'attention d'amis de passage.

Nous avons augmenté cette édition de notices, de notes et d'une chronologie en fin d'ouvrage pour faciliter leur compréhension à des lecteurs français. Mais, le plus souvent, ces lettres parlent d'elles-mêmes et découvrent encore une nouvelle voix de Goliarda Sapienza. Après les œuvres romanesques que sont L'Art de la joie *et* Rendez-vous à Positano, *après le cycle narratif des récits qu'elle-même avait rassemblés sous le titre* Autobiographie des contradictions, *après les projets poétiques de* Ancestrale *et de* Destins piégés, *à côté de l'entreprise introspective des* Carnets, *elles donnent plus ouvertement accès à un autre aspect crucial de la vie de l'autrice, son attachement aux autres, son désir sans cesse renouvelé (et souvent déçu) de se donner une famille d'esprit.*

Dans cet ensemble, il est évidemment des documents plus bouleversants que d'autres, et parfois exceptionnels par l'interlocuteur qu'ils impliquent. Ainsi, en 1978, Goliarda Sapienza écrivit à Sandro Pertini – ancien ami de sa mère et nouvellement élu président de la République italienne – une lettre qu'il est impossible de ne pas citer ici longuement :

> Cher Sandro,
> jamais je n'aurais voulu te voler un temps précieux mais je me trouve, malheureusement, dans une situation que je ne crains pas de définir comme angoissante, et qui me pousse non sans vraie réticence, crois-moi, à me tourner vers toi. N'était la force de ma cause que je sais aussi juste que celle de ta vie, j'aurais de beaucoup préféré ne jamais rien te demander. [...]
>
> En artiste sérieuse, qui n'est pas à la recherche de succès faciles, telle que j'ai la fierté d'être, je me suis consacrée pendant dix ans à la rédaction d'un roman qui renfermerait toute notre pensée et notre raison de vivre. Pendant ces dix années de travail j'ai lutté contre les plus pénibles difficultés financières pour mener à son terme cette œuvre qui veut être un vrai roman populaire des idées qui nous ont tellement soutenus pendant tout le fascisme.
>
> Le titre de mon livre est *L'Art de la joie* : la joie laïque de la protagoniste de mon histoire contre tous les fascismes qui s'opposent à sa croissance et sa liberté. [...]
>
> J'essaie depuis deux ans de faire publier ce travail, mais j'entends dire de tous côtés que l'édition a changé, que désormais on ne publie que des livres qui doivent être un succès commercial assuré, écrits uniquement sur requête de l'éditeur et après études de marché :

nouvelle espèce de fascisme culturel contre lequel je me retrouve à devoir lutter avec bien peu de forces.

Bientôt n'existera plus l'artisanat de l'écriture, et il ne peut y avoir d'art véritable sans artisanat. Bientôt le livre sera confectionné comme un produit quelconque de l'industrie, dans un laboratoire dirigé par une équipe d'habiles techniciens, seulement aptes à contenter le goût moyen du moment, permettant de grands et faciles bénéfices. [...]

À cause de tout cela, et des graves difficultés financières dans lesquelles je me retrouve du fait de la crise du cinéma, et qui me font friser la misère, je te demande, avec une véritable douleur (parce que jamais je n'aurais pensé devoir te demander quelque chose), une intervention décisive dont je garderai le souvenir pour toujours. [...]

En attendant, je t'embrasse et, trop émue pour te dire tout ce que je voudrais, je te laisse avec mon espoir.

Ta Goliarda

La suite, nous la connaissons : même l'amitié d'un président de la République ne permettra pas à Goliarda Sapienza de voir L'Art de la joie *publié en Italie de son vivant. Au-delà de cette ironie cruelle, cette lettre porte néanmoins une vérité qui nous semble se retrouver dans tout le recueil. Si elle accuse les cécités d'une époque (qui sont probablement encore celles du monde dans lesquelles nous vivons), si elle révèle de la manière la plus crue la douleur d'une écrivaine rejetée, elle permet aussi de mesurer la force avec laquelle Sapienza retrouvera ensuite goût en l'existence. Cet élan de vie, extraordinaire en soi mais fréquent chez elle, se manifeste dans ses écrits et, comme la détresse présente dans* Le Fil de midi *préfigurait l'élan de* L'Art de la joie, *celle dont témoigne la lettre à Sandro Pertini laissera la place, dans les années suivantes, à l'allégresse de deux de ses plus grands textes,* L'Université de Rebibbia *et* Moi, Jean Gabin.

En 1960, dans une lettre à la traductrice turque Münevver Hikmet, Goliarda Sapienza écrivait déjà : « moi je veux aussi être triste quelquefois, j'ai besoin de ma part de tristesse et même de douleur, mieux, j'ai droit à la douleur parce que ce n'est qu'à partir d'elle que je comprends ce qu'est la joie ». Dix-huit années après, la leçon demeure, et portera encore, jusqu'à la fin.

Lire aujourd'hui la correspondance de cette femme exceptionnelle, ce n'est finalement que retrouver le fil d'une existence qui aura mêlé sans cesse, dans sa recherche de la vérité, la certitude et le doute, la joie et la douleur, le courage et l'amour. Reprenant à leur manière ce qui habite l'œuvre, ces lettres prolongent le don qu'accomplissent les livres de Goliarda Sapienza, de bout en bout.

MIROIRS DU TEMPS

FRANCESCO (CITTO) MASELLI

(1930-2023) Premier compagnon de Goliarda Sapienza, de 1948 à 1965. Enfant de la grande bourgeoisie intellectuelle romaine. Tout jeune partisan pendant la Seconde Guerre mondiale, communiste engagé, scénariste et réalisateur.

Rome, 18 février 1950

Citto chéri,

je devrais t'écrire, je viens de recevoir ton exprès avec le beau petit dessin, je l'ai brusquement trouvé devant moi, inattendu et émouvant, en tirant la lettre de l'enveloppe, mon chéri, je devrais vraiment t'écrire mais je ne me sens pas de le faire, j'ai envie de te voir, de te parler, et pas de t'écrire. Je suis opaque et vide, et je ne sais que te dire, j'ai aussi peur de t'attrister, je ne sais comment faire. J'ai essayé de voir des gens, de « me distraire » – comme on dit –, vu que lire et travailler me fatigue beaucoup, mais c'est absolument inutile, je ne me « distrais » pas du tout, je ne fais que me... « dégoûter ».

Je te remercie pour toutes tes lettres, elles me consolent un peu de ton absence et me tiennent compagnie ; sans elles, j'aurais sombré dans le désespoir. Que puis-je te dire ? Aujourd'hui je vois Blasetti[1], hier j'ai vu Isa[2], Henry ; avec Henry, nous allons souvent nous balader dans Rome et ses environs dans sa grosse voiture ; Henry est calme et gentil. Mais moi, c'est toi que je veux et je ne peux rester avec eux tous, de façon acceptable, que si je sais qu'après je vais te voir. Comment cela se peut-il ? On me dit aussi « qu'il

1. Alessandro Blasetti, réalisateur (voir plus loin, p. 47). Goliarda a tourné avec lui, en 1946, dans son film *Un giorno nella vita*, puis en 1948 dans son *Fabiola*. *(Toutes les notes sont de la traductrice.)*

2. Isa Bartalini. Alors directrice de casting, rencontrée lors du tournage de *Fabiola*, plus tard coscénariste de Zavattini. Devenue dès leur rencontre une grande amie de Goliarda, elle était fille d'antifascistes amis de ses parents.

faut prendre patience et qu'il y a des gens qui sont obligés de rester éloignés pendant des années», et d'accord, pensons à ces malheureux... mais je m'en moque, je m'en moque complètement, j'ai besoin de voir ton visage chéri et je suis triste, triste sans remède. Où peux-tu bien être à présent? Où dois-je adresser cette lettre? Pourquoi ne mets-tu pas de date sur les tiennes?

Dans notre petit théâtre[3], tout est allé de travers, pour l'instant du moins.

Tu me demandes ce que je fais? Je m'occupe de la maison, je recopie les poèmes d'Eliot en anglais, je lis distraitement et j'essaie de ne pas penser à toi, parce que si je le fais je deviens folle. Quelquefois Henry vient, tout heureux que tu ne sois pas là, et il m'emmène déjeuner; il dit que je dois partir en Amérique avec lui, pauvre fou.

Je suis contente que tu aies vu Edda[4] et qu'elle te soit un peu plus sympathique qu'avant. Hier j'étais avec Titina[5], nous sommes allées au bar de la via Po – ce bar où nous nous sommes rendus ensemble quand tu faisais le documentaire pour le Parti et que nous nous voyions rarement, c'est justement cette fois-là que tu m'as parlé de Vacca[6], et je t'ai raconté mon aventure avec l'ingénieur, tu te souviens? Hier il y avait la même lumière, la même odeur que ce soir-là, une odeur de poussière et de lait. Titina était très belle, tu ne peux pas savoir à quel point, Citto, probablement aussi parce que nous étions seules, si bien qu'elle était plus calme et détendue; elle a beaucoup parlé, je la regardais, si blanche avec ses cheveux noirs, tout noirs et le nez droit et fort. Je n'ai jamais vu un visage de femme aussi beau. C'est étrange comme elle te ressemble et comme elle est différente de toi en même temps. J'entends encore sa voix haut perchée et un peu monotone. Je ne sais pourquoi mais cela me fait comme de la peine de me rappeler son rire aigu et légèrement strident.

Je n'ai pas encore réussi à voir Valeria[7], mais ça m'est égal, je n'ai pas très envie de me retrouver avec elle, tant pis. Dimanche dernier, en revanche, j'aurais aimé voir Aggeo[8] mais je ne savais pas comment faire, je ne me sentais pas d'arriver brusquement chez lui sans l'avoir d'abord prévenu; il faudrait que je lui téléphone.

---

3. Ce « petit théâtre » est le Teatro Pirandello, où Goliarda travaillait à l'époque.
4. Très certainement Edda Albertini, comédienne amie de Goliarda.
5. Titina Maselli, sœur aînée de Citto (voir plus loin, p. 123).
6. Enzo Vacca, premier amour de Goliarda (quand elle avait six ans)... Devenu ingénieur, installé à Turin. Citto l'a probablement rencontré à Turin ou Milan.
7. Valeria Ravot, comédienne amie de Goliarda.
8. Aggeo Savioli, scénariste et critique de cinéma.

Ce que tu m'écris à propos du scénario m'inquiète. Je sais qu'il est inutile que je te dise ces choses-là, tu sais ce que tu dois faire, mais je crois qu'il serait bien que tu insistes s'il y a quelque chose qui ne va pas, que tu insistes et que tu fasses tout ce que tu peux, Citto, sans crainte et sans ménager tes efforts. Ce serait vraiment dommage que le film soit médiocre, ce serait dommage et ce serait grave parce que je crois qu'il y a, comme il est naturel du reste, une grande attente pour ce nouvel opus d'Antonioni[9]. Tout le monde, dans le milieu du cinéma, en attend beaucoup et personne n'acceptera de lui un film moins que beau, ils seront tous prêts à lui sauter dessus. Et souviens-toi aussi que ton nom est lié au sien et que cette fois ce n'est pas comme avec Chiarini[10]. Tu me parles d'effets faciles, de film psychologique, etc. C'est cela qui m'inquiète, que se passe-t-il ? C'est absurde. De quelqu'un comme Antonioni, on peut attendre, à la rigueur, un film raté, mais un film facile ou commercial, ça jamais.

Fais tout ce que tu peux, Citto, absolument. Tu as une grande responsabilité envers Antonioni, en tant qu'assistant et en tant qu'ami.

Que de choses tu me dis de Milan, j'ai une telle envie de revoir cette ville avec toi ; si je viens, nous irons nous promener dans les rues et tu me feras tout voir, n'est-ce pas ?

Mon Citto, c'est une façon de m'appeler, ça ? Me donner tous ces petits noms ? Mais ça te semble sérieux ? Tu ne sais pas que je suis quelqu'un de correct et qu'on ne m'embrasse pas dans la rue, et qu'on ne m'appelle pas de tous ces diminutifs frivoles et affectueux ? Mon amour, ils me donnent une terrible nostalgie, comme je voudrais entendre ta voix. Comment puis-je faire, sans personne qui soit là pour m'écouter quand je fais la victime, grogne, ou me plains ? Pense que depuis que tu es parti je ne suis plus arrivée à pleurer, pas même une petite larme, rien qu'une fois devant le petit dessin de Citto au milieu des grandes bâtisses de Milan j'étais sur le point de le faire, mais brusquement la pensée que tu n'étais pas là pour me regarder et me consoler – ou te moquer de moi – m'a arrêtée. Quel plaisir y a-t-il sans

9. Le film en préparation était *Cronaca di un amore* (*Chronique d'un amour*), premier long métrage de Michelangelo Antonioni (1912-2007), qui allait s'imposer comme un très grand cinéaste à travers ses films, parmi lesquels *L'avventura*, *L'Éclipse*, *La notte*, *Désert rouge*, *Blow Up*, *Profession reporter*...

10. Luigi Chiarini (1900-1975), scénariste, critique, théoricien et réalisateur de cinéma, le premier avec qui avait travaillé Maselli après son passage par l'école de cinéma (Centro sperimentale di cinematografia) où Chiarini enseignait.

mon Citto ? Maintenant j'arrête, il faut que je coure téléphoner à Blasetti. Imagine la joie que c'est, descendre pour TÉLÉPHONER à Blasetti avec la perspective excitante de passer l'après-midi avec lui... quelle merveille, je suis vraiment transportée !

Ciao, je t'embrasse tendrement.

Iuzza

Je suis allée chez D'Amico [11], il était très content de mon travail et m'a dit qu'il ferait tout ce qu'il pourrait.

Maman et Isa te disent bonjour.

En ce qui concerne l'expulsion, j'ai tout payé et il n'y a plus de danger.

J'oubliais, hier avec Titina j'ai eu l'impression que ta maman était triste parce que tu ne lui écrivais pas souvent ; tâche de le faire. Je t'aime tellement, tellement. À bientôt ??

Dans la prochaine lettre que tu m'écriras tu me fais encore un petit dessin ?

Rome, 1er mars 1950

Citto chéri,

j'ai été toute la matinée avec Blasetti au montage. Il est en train de travailler à son *Ippodromi all'alba* [12]. Ça me semble assez beau. On sent qu'il a vu *N. U.*[13] et que ça l'a beaucoup frappé. En le regardant avancer, méthodique et lent, je pensais à la façon dont tu travaillais, toi, malheureux : seul, tout seul et si pressé. Pense qu'il a à sa disposition deux moviolas, une assistante, et depuis dix jours il ne s'occupe que de refaire des prises de vue qui n'étaient pas réussies.

Pauvre Blasetti, il était si gentil aujourd'hui. Ces jours-ci j'ai pu parler plus longuement avec sa femme et j'ai compris bien des choses. Elle est

11. Silvio D'Amico (1887-1955), critique dramatique, fondateur et directeur de l'Académie royale d'art dramatique qui porte son nom, où Goliarda avait été élève comédienne.
12. *Hippodromes à l'aube*.
13. C'est-à-dire *Nettezza urbana*, documentaire de 1948 de Michelangelo Antonioni.

insupportable : froide et égoïste et elle ne pense qu'à l'argent. Durant le peu de temps que nous sommes restées ensemble, elle n'a rien fait d'autre que de parler de sa situation financière et de celle de tout le monde. J'ai compris aussi qu'elle tourmente Blasetti à cause de la villa de Fregene : selon elle, avant de faire construire la villa, il fallait spéculer sur l'argent et « se faire les dents », pour employer une expression qui lui est habituelle. Après quoi, en riant tout le temps, tout excitée, elle m'a répété plusieurs fois que Blasetti ne sait pas gérer ses affaires, qu'il se fait avoir dans les contrats et que sa fille, la pauvre petite, n'a pas tout ce qu'elle veut. C'est incroyable ! Mais qu'ont-elles en tête ? Imagine un peu comme ce doit être gai pour ce pauvre Blasetti. Je parie qu'il va quitter Elisa. Vraiment cette femme a été une surprise pour moi. Je ne pensais pas qu'elle était comme ça.

Ces jours-ci j'ai vu pas mal de monde. Comme les gens sont bêtes, Citto. C'est incroyable comment ils ne regardent pas autour d'eux, comment ils ne se posent aucune question. Que de prêtres dans Rome, Citto, c'est une vraie malédiction. Aujourd'hui j'ai dû en rencontrer une dizaine. Mais est-il possible qu'on ne puisse pas s'en débarrasser d'une façon ou d'une autre ? Vilains personnages qui sèment ignorance et lâcheté.

Cela fait des jours que j'essaie de t'écrire, mais ça m'a été vraiment impossible. J'étais dans un état comateux et triste à mourir. Il y a quelques jours je t'avais écrit une lettre, mais avant-hier j'ai eu la bonne idée de la relire, si bien que je l'ai déchirée. J'ai reçu tant de lettres de toi avec plein de petits dessins, comme ils sont beaux ! Ils me font bien rire.

Il me semble me souvenir que dans l'une de tes lettres tu me disais avoir fait des crises à cause d'Amadio[14]. Je t'assure qu'il n'en vaut pas la peine, c'est un crétin. Dire que Blasetti n'en est pas content serait déjà trop. Pendant qu'on travaillait sur *Fabiola*, Blasetti ne s'est quasiment pas aperçu de sa présence et ne lui a adressé la parole que pour se moquer de lui. Là aussi il s'était imposé au dernier moment et de façon plutôt antipathique.

Je ne suis vraiment pas contrariée qu'on n'ait pas publié ton article. Michelangelo a parfaitement raison, il t'aurait nui plus qu'il ne t'aurait apporté. Ne t'inquiète pas, je ne m'en fais plus quand tu me parles de tes doutes sur le film, ou de tes rapports désastreux avec Antonioni, ou avec

14. Silvio Amadio (1926-1995), scénariste et réalisateur.

la production. J'ai compris maintenant, quand tu écris tu fais un peu comme je fais quand tu es près de moi. Je ne tombe plus dans ce piège. Tes premières lettres me chagrinaient un peu. La seule chose qui m'ennuie est ton intestin, mais espérons que lorsque tu auras cette lettre il se sera lui aussi remis d'aplomb.

Je me sens seule, Citto, et il y a des moments où j'ai l'impression que nous ne nous reverrons plus : c'est comme si je ne pouvais te rejoindre et il me semble que je ne le désire même pas. Mais que veux-tu y faire ? C'est un vieux travers. C'est déjà beaucoup que je ne sois pas toujours dans cet état et que, quelquefois, je parvienne à t'écrire.

Ces jours-ci, la propriétaire est revenue faire des siennes, mais Elsa et moi l'avons remise à sa place à coups de reproches et menaces.

Hier je suis allée avec Bartalini, le père d'Isa, à une étrange réunion de libres penseurs. Bartalini est, vraiment, un petit bonhomme sympathique et il connaît beaucoup de choses. Il m'a présenté un homme étrange aux yeux bleus, beau visage, édenté et complètement fou. Non qu'il n'ait rien d'exceptionnel, mais de bizarre, oui. Il a fait la guerre comme parachutiste, a pris part aux exécutions de fascistes à Milan et on ne comprend pas bien s'il est anarchiste ou communiste, imagine un peu ! Je pense qu'au fond ce n'est rien d'autre qu'un mégalomane fou. Naturellement il est le fils de riches industriels du Nord, déteste à mort ses parents et la culture en général et se dit athée et de gauche. Si tu savais les choses qu'il a trouvé moyen de raconter en deux heures ! On dirait un personnage de Chesterton. Quoi qu'il en soit, il est très amusant et a de très beaux yeux : clairs et toujours rieurs. Quand il finit d'exposer l'une de ses théories absurdes, ses yeux rient et ont une petite lueur comme si lui-même était le premier à ne pas se prendre au sérieux, mais cela ferait déjà un point en sa faveur, et je pense que cette lueur n'est qu'un simple fait de constitution. Nous verrons.

Isa te dit bonjour.

Citto chéri, je te laisse maintenant et vais essayer de dormir.

Iuzza

Excuse-moi d'avoir écrit aussi petit, mais ces deux feuilles étaient les seules que j'avais à la maison.

Turin, 28 septembre 1950

Citto chéri,

hier j'ai enfin reçu ton télégramme, je commençais à m'inquiéter et je ne savais pas où t'écrire. Je suis allée tous les jours à la Poste restante, cela aussi parce que, à peine arrivée, j'ai demandé un acompte et je voulais, en t'envoyant tout de suite de l'argent, te prouver que je n'étais pas aussi incapable que j'en ai l'air.

Comment vas-tu? Veux-tu que je t'envoie quelque chose? Je dépense le moins possible.

Turin est d'un manque de générosité et d'une grisaille incroyables, mais je m'y trouve assez bien, j'avais besoin d'être un peu seule et ici les gens ne viennent pas vous déranger.

Je ne sais pas si à Rome tu as appris que Puccini[15] avait été remplacé. À peine arrivée, je suis allée à la Fert[16] et j'ai découvert cette belle nouveauté. Tu ne peux pas savoir comme ça m'a déplu, imagine quel désastre pour lui! La version officielle est qu'il a dû abandonner le travail pour raisons de santé. Je pense qu'on lui a fait une saloperie. Selon le caméraman et le directeur de production, c'était un incapable et un amateur.

Ces jours-ci j'ai un peu enquêté, avec beaucoup de tact, et j'ai réussi à faire parler quelques personnes, parce que tu dois savoir qu'ici règnent un ordre et une discipline militaires. La vérité est que Puccini était très inquiet pour le film, il s'est montré hésitant et nerveux au travail et ainsi directeur de production et caméraman, qui sont obsédés par la mise en scène, l'ont éjecté. À sa place est venu Comencini[17]. Tu peux imaginer avec quelle sympathie et quelle confiance je me retrouve au milieu de ces gens. Quoi qu'il en soit, j'ai été parfaite et très aimable, n'aie pas peur. Tout le monde est plein de prévenance pour moi et ils voudraient me garder tout le temps avec eux.

Hier j'ai travaillé pour la première fois. Naturellement Comencini change tout, répliques comprises. Nous avons tourné ma scène – en extérieur – en très peu de temps. Ils étaient tous enthousiastes et je les ai eus sur le dos

---

15. Gianni Puccini (1914-1968), scénariste et réalisateur.

16. Maison cinématographique italienne de distribution et production créée au lendemain de la Seconde Guerre mondiale.

17. Luigi Comencini (1916-2007), réalisateur (il allait l'être entre autres de *Pain, amour et fantaisie*, *L'Incompris*, *L'Argent de la vieille*, *Les Aventures de Pinocchio*, *La Storia*...).

toute la journée. Comencini m'a dit qu'il n'aurait jamais espéré tout faire en aussi peu de temps et aussi bien. Tant mieux, je suis vraiment soulagée. J'étais très inquiète, ne serait-ce que parce que, quelques minutes avant de jouer, je n'arrivais pas à voir comment j'allais m'y prendre. De fait, j'ai improvisé et maintenant je ne saurais te dire si c'était réussi ou pas. De toute façon l'important est qu'ils soient contents, eux, non ?

Tu m'écriras bientôt ? Ça s'est bien passé à Milan ? Tu iras à Parme ? Si tu veux je t'envoie l'argent pour y aller. Je suis assez bien, physiquement aussi ça va mieux. Je suis contente d'en avoir terminé, d'une certaine façon, avec cette maudite bigote[18]. J'étais vraiment inquiète.

Je ne sais pas combien de temps je resterai ici. Ils disent dix jours encore, mais je ne comprends pas pourquoi, étant donné que la scène la plus importante a été tournée hier. Nous verrons. Je t'écrirai dès que j'aurai plus de précisions.

J'ai beaucoup pensé à toi ces jours-ci. Je voudrais tant te parler et être là sereine, près de toi.

Écris-moi vite. Je t'embrasse tendrement.

Iuzza

PENSIONE CONCETTI
VIA CESARE BATTISTI 3

Excuse le désordre, mais je suis très fatiguée.

Tu as vu Licia[19] ?

Milan, 27 février 1953

Citto chéri,

je viens de recevoir ta lettre, que tu es chic et gentil ! Si seulement tu pouvais venir !!

Maintenant je réponds à tes questions : 1, je paie mille quatre cents lires par jour chauffage compris (encore heureux !) ; 2, les livres que j'ai achetés

18. Goliarda tenait le rôle d'une femme très religieuse dans *Volets clos* (*Persiane chiuse*), le film dont il est question ici.

19. Sœur (demi-sœur) aînée de Goliarda, qui vivait à Milan.

sont : Pirandello, cinq petits volumes avec quinze pièces de théâtre, chacun d'eux coûtant cent cinquante lires, puis cinq autres avec plein de nouvelles toujours de Pirandello et toujours au même prix, et puis encore *Mulâtre* de Hughes, *Chéri* et *Confucius* de Doeblin, imagine un peu ! Et je n'ai pas fini... *Les Occasions* et *Os de seiche*[20]. Quelle grosse dépensière, hein ?! 3, ma voix va mieux et Visconti semble (je dis bien semble) content (espérons-le !). Il est toujours très aimable et de temps en temps me fait des grimaces (mma !!)[21].

Hier, il m'a dit qu'il était inquiet parce que tu ne lui écrivais pas et qu'il attendait des réponses de toi, puis il m'a également dit que tu dois tourner les transparents et qu'il te fait complètement confiance. Tu peux imaginer comment je me suis sentie. Garde la forme et fais-lui signe.

Je ne te dis pas comme il nous fait trimer durant le peu d'heures où l'on travaille ! Mais c'est magnifique de travailler comme ça, c'est magnifique parce qu'il sait ce qu'il veut, il pose l'obstacle devant toi et toi, tu y parviens ou pas, mais tu sais où tu dois sauter. C'est incroyable comme durant ces deux dernières répétitions tout a fusionné et comme le dessin de son travail s'est révélé jusque dans les plus petits détails.

Il est vraiment encore meilleur que ce que je croyais, sans aucune complaisance et sans aucun côté m'as-tu-vu. Sa façon de travailler, sa façon de vous contraindre aux intonations et aux attitudes qu'il a en tête est tellement tranquille et ferme qu'on ne se rend presque pas compte de la façon dont on le suit et dont il vous modèle ; de telle sorte qu'à un certain moment on se rend compte qu'on fait parfaitement ce qu'il a toujours voulu qu'on fasse, que tout est logique et précis, et on ne sait pas comment on y est arrivé. Vraiment, et je n'exagère pas, ce soir en écoutant les autres, j'ai eu l'impression que tout avait mûri, comme ça, plus par magie que par intelligence, tant ce mûrissement ou cette mise en place de l'ensemble advenait avec logique et sans accrocs. J'exagère, hein ? Mais que veux-tu y faire, c'est enthousiasmant !

Ce soir nous avons réessayé les costumes et par bonheur il m'a fait enlever cette espèce de dais que j'avais sur les épaules, je suis beaucoup mieux comme ça et je suis contente parce que j'ai vu qu'il tenait à ce que je me sente bien. À propos, il doit y avoir à la maison dans un carton rempli de vieilles choses (demande à Teresa) un vieux corset qui me va beaucoup mieux, tu me

20. *Les Occasions* et *Os de seiche* sont de Montale.
21. Goliarda était alors engagée, juste après la mort de sa mère, pour tenir le rôle d'une coryphée dans la *Médée* d'Euripide mise en scène par Luchino Visconti.

rendrais un grand service si tu me l'envoyais ou me l'apportais avant mardi. Que d'ennuis je te donne, hein ?

Je suis désolée de t'avoir écrit hier une lettre aussi désespérée, mais je vais mal, je n'arrive pas à dormir plus de cinq heures et je fais des rêves terribles, je rêve qu'on me jette dans la glace, ou qu'on m'emmure, etc. Puis je me réveille et il me semble qu'il y a là maman qui respire fort, et je continue à penser à la douceur qu'elle avait avant de mourir, à la façon dont elle s'est délestée de la vie comme quelqu'un qui s'enlève un poids des épaules, et je n'arrive pas à penser à autre chose ; si je me mets à lire, je me souviens d'elle qui lisait et égarait ses lunettes et il me semble toujours devoir faire quelque chose que je n'ai pas fait et puis je comprends que ce quelque chose était de lui laver ses fins cheveux blancs et ainsi de suite.

Je ne sais comment faire, Citto, peut-être vaudrait-il mieux que j'aille voir un médecin. Si au moins j'étais avec toi ! Je l'aime trop et il a été dur de la voir mourir dans mes bras. Il faut que je reste bien sage, et que j'attende que ça passe.

Cette nuit j'ai eu de la fièvre, et j'en ai encore, mais seulement 37,5. Je pense que c'est la grippe, du reste tout le monde l'a ici au théâtre. Malheureusement ce soir je ne peux pas aller voir le film de Michelangelo, je vais au lit maintenant : s'il te plaît, dis-lui que je ne suis pas bien et que je ne peux pas sortir le soir.

Aujourd'hui quand on essayait les costumes, Visconti s'est rendu compte que je n'allais pas bien et m'a dit qu'il t'envoyait appeler tout de suite, comme ça tout me passerait. Et il a raison, quand je suis avec toi je vais toujours bien, même si je me plains davantage (et peut-être que je vais bien justement à cause de ça) et puis, tu me soignes... aspirine ! aspirine ! Toute en sueur !!

Je te laisse à présent et vais au lit. Dis bonjour à tout le monde. Souviens-toi de l'adresse d'Adelina, d'Antonini et d'Olga[22].

Tu m'as envoyé la photographie ? Il la faut pour le programme.

Je t'aime tant

et je t'embrasse en te serrant très très fort.

Iuzza

Bonjour à Titina et à tes parents.

---

22. Olga est sans doute la demi-sœur de Goliarda, partie de Sicile avec Licia en 1928 et installée depuis lors à Milan. Pour les autres (Adelina et Antonini), on ne sait pas.

Citto chéri,

je finis juste de lire ton mot rapide et gentil, n'aie pas peur que je prenne ta hâte pour de la froideur, ou de la distraction ; je suis tellement contente, chaque fois que je vois ton écriture, légère et ferme comme ton pas dans tes sandales de caoutchouc, que le reste n'importe pas. Je sais ce qu'est ta vie et ne m'étonne pas, les télégrammes m'effraient, jamais tes lignes affectueuses et… les « je me sauve, je me sauve » qui rappellent à mon souvenir, instantanément, l'habituel Citto affairé et insaisissable et cependant tellement profond et généreux.

Je te remercie également d'avoir atténué pour moi le coup que m'a donné l'obscure et cruelle lettre de Franca[23] ; ce que tu m'as écrit m'a beaucoup aidée. Je ne te cache pas qu'elle m'a rendue malade, je ne comprends pas ce qu'elle veut ni où elle veut en venir. Dois-je lui répondre ? Quoi ? Le fait qu'elle ne veuille pas, encore une fois, accepter mes excuses et reste convaincue que j'ai changé me met dans une position, disons-le ainsi, de menteuse, qui m'énerve et me donne le sentiment de lutter contre une obstination infantile et orgueilleuse qui m'ôte toute force.

Je la croyais plus raisonnable et moins… femme. Ils sont terribles, nos amis malades non pas, comme je le croyais, d'une forme d'adolescence pernicieuse, mais bien d'un infantilisme aigu.

Ce qui est idiot, c'est que nous avons tous le sens de l'humour, et moi plus que tous les autres, et qu'avec un sérieux que je ne sais comment définir (germanique ou insulaire, ou simplement bêta) je continue de souffrir si profondément et entièrement de ces querelles stupides et pleines de travers et de coquetteries. Pardonne-moi de m'épancher ainsi, mais tu n'es pas là, et qui peut me protéger sinon toi ? Qui peut m'aider ? (Je suis ta toute petite et tu dois me dorloter, non ?)

Je serais heureuse si vous veniez tous et si tu me disais, même par télégramme, combien vous seriez. J'essaierai de me faire prêter un sommier. Quand tu viendras, apporte les draps de notre grand lit, comme ça on pourra arranger décemment deux lits au moins, en plus du nôtre. Cela me gêne de ne pouvoir loger tout le monde, tu le sais, c'est encore l'une de mes faiblesses « insulaires ». Ne pourrais-tu pas acheter deux grands draps ou, si tu n'as pas assez d'argent, même des petits ? De toute façon quand nous reviendrons

---

23. Il s'agit de Franca Angelini, amie de Citto et Goliarda (voir plus loin, p. 48).

il faudra le faire absolument parce que nous n'avons plus rien. En tout cas apporte ceux de notre lit.

Tu te souviendras de la chemise ? Et de la crème (toujours si tu as l'argent pour ça) ? Je te redis de laquelle il s'agit :

Beauty sun fluid cream, Helena Rubinstein

Comment va le travail ? Apporte-moi le découpage précis. Piera[24] est adorable et t'aime beaucoup et te respecte... peut-être te craint-elle un peu. Pour Lollo[25] aussi elle a une faiblesse et peut-être même plus que ça, je serais contente que quelque chose naisse entre eux ; je pense qu'elle hésite à cause de son âge, mais je t'en prie, pas un mot, il faut être prudent dans ces choses-là et... se taire.

Je t'aime tant et je souffre un peu de cet été d'éloignement, j'ai hâte qu'il... pleuve (pense un peu !) : que je puisse comme ça, pour l'hiver, reprendre mon travail et rester après sereinement avec toi.

J'essaierai de régler cette question avec Franca, de lui répondre une fois pour toutes et puis... on verra. Je me sens très seule et ces choses me font souffrir, je n'ai que toi. Qu'y a-t-il en moi qui ne passe pas, pour les autres ? Pour Franca, par exemple ? Il y a quelque chose et je m'efforce de le comprendre. Aime-moi très fort et tu me suffiras. J'ai tellement de travail devant moi et ta vie longue et chérie et difficile.

Tendrement.

Iuzza

Cittino chéri,

je suis arrivée il y a deux heures, j'ai ouvert les valises et mis tous mes... trésors (offerts par Uccetto[26]) à leur place. Tu ne peux imaginer quelle merveille c'est que cette « maisonnette » pleine, pleine comme si elle était habitée depuis des années. En revenant ici j'ai vraiment eu la sensation de revenir dans une « maisonnette » ancienne comme notre relation. Elle est merveilleuse !! J'ai tout de suite mis *Les Quatre Saisons* de Vivaldi et pendant que je changeais le disque – au milieu d'un trafic de petits sacs et petits

24. Piera Benedetti, grande amie de Citto et Goliarda (voir plus loin, p. 76).
25. Surnom de Berto Pelosso, assistant-réalisateur de toujours de Citto.
26. Surnom affectueux donné par Goliarda à Citto, comme lui l'appelait Uccetta. Uccetto Rosso (*Capuccetto Rosso*) est le nom italien du Petit Chaperon rouge.

colliers – j'ai vu le bateau presque, ou plutôt vraiment, suspendu à la fenêtre, se balançant au soleil avec une douceur indécente et j'ai eu envie de pleurer en pensant... à mon travailleur d'Uccetto. Espérons. Je ne voulais pas faire tant d'éloges de la maison pour ne pas t'attrister davantage et puis... Je sais que tu es heureux que j'aime cette « maisonnette », ni « grosse baraque » ni « maison de poupée », que tu as louée pour moi à grands frais. Et elle est vraiment merveilleuse.

En rangeant la valise, j'ai vu tes mocassins avec la forme, presque le rythme, de ton pas... et c'est vraiment trop. Je les ai mis tout près de ma grosse valise, comme ça ils ne sont pas seuls. Cittino, repose-toi, je t'en prie, et ne crie pas quand tu me verras, ne t'effraie pas. Ta veste est tranquille et sereine, bien à l'aise dans l'armoire de l'entrée – je crois qu'elle ne s'est pas donné beaucoup de mal ces jours-ci et n'a fait que dormir, mais demain je te l'enverrai et comme ça tu pourras l'avoir, grand poseur d'Uccetto.

Je ne te parle pas du voyage, ç'a été comme aller à Mallorca (ça s'écrit comme ça ; voilà le seul acquis culturel que m'a valu cette affaire, excuse-moi si j'en fais étalage). J'ai pris l'autobus à 14 h 30, et pour arriver à Positano[27] on m'avait demandé, imagine, quinze mille lires, et ils ne voulaient pas descendre au-dessous de dix mille – ils me croyaient étrangère, mieux, ils me prenaient pour une demoiselle française –, ce qui m'a paru vraiment insensé et j'ai pris la Circumvesuviana qui au fond me plaît beaucoup (il y avait deux filles énormes, éclatantes de chair éblouissante, qui fumaient avec acharnement, deux têtes magnifiques, on aurait dit, tu sais, les Apollons de bronze aux yeux d'émail, et quand j'y repense les cils de l'une d'elles étaient vraiment de bronze dur et noir). J'ai fait le voyage avec elles, elles m'ont tout dit de leur famille, de leur arrière-grand-père à leur dernière petite-cousine, et tout heureuse je suis descendue à Meta où j'ai trouvé une voiture qui, pour deux mille lires, m'a amenée à Positano. J'ai été forte, hein ? Pas très débrouillarde mais... économe.

Uccetto, dors. Je pense à toi tout le temps, tout le temps. Je voudrais que tu sois ici et t'embrasser.

Goliarda

---

27. Goliarda y passera tous ses étés de 1953 à 1961 inclus.

Cittino chéri,

je te fais tout de suite le compte-rendu d'hier : quand vous êtes partis nous sommes, naturellement, restés avec ces drôles d'individus qui, dès qu'ils ont mis le pied dans la maison, ont commencé à murmurer entre eux et à se lancer dans une dispute haineuse-amoureuse plutôt dégoûtante. Nous avons pris le thé et puis sommes descendus sur la place où nous avons rencontré Olga et Chiesa, etc. Heureusement ils sont partis à 20 heures, paix à leurs âmes !

Nous avons fait de belles petites emplettes inutiles, heureuses d'être enfin seules (naturellement pas par rapport à toi et aux amis), nous sommes informées du programme du cinéma et puis sommes revenues à la maison, avons bavardé un peu et puis au lit.

Maintenant ce doit être midi (du jour suivant). Piera[28] dort et je suis là tranquille dans le petit lit à côté du mur avec la couverture de Franceschini[29] sur les jambes, à penser et à t'écrire (une petitoune très élégante et... méditative). La conclusion de mes rêvasseries est que je t'aime et que tu es vraiment chouette et dans ces jours que tu as passés ici tu as été un Citto gentil, généreux avec les amis et... accueillant, le Citto que j'aime, serein et tranquille au milieu des gens... merveilleux (sans appel du pied à la De Filippo[30] !!). Et Uccetta, comment a-t-elle été ? Un peu ennuyeuse et grognon ? Mais très mignonne et duveteuse sous la moustiquaire, n'est-ce pas ?

Étant ici, j'ai naturellement beaucoup pensé au film[31], et surtout à Elsa, et la seule solution logique que l'on devine pour le personnage, tel qu'il se dessine maintenant, est que, me semble-t-il, son destin sera celui de la comtesse Cherè, et qu'Elsa finira seule, ou folle, ou dominée, dans tous les cas, victime. Comment faire passer cela ? Uniquement, comme on disait à table, à travers l'affection qu'Anselmo a pour elle. Lui seul peut comprendre la fin misérable qui sera celle de sa sœur, et il me semble que ce pourrait être très beau si à la déception qu'Anselmo éprouve vis-à-vis de Marina s'ajoutait celle que sa sœur lui fait implacablement subir pendant tout le film par des petits actes graves (et ici il faut inventer) et pas graves.

---

28. Toujours Piera Benedetti.
29. Nom d'un magasin de luxe de la via del Corso, à Rome.
30. Allusion au style un peu accrocheur de l'acteur, dramaturge et réalisateur napolitain Eduardo De Filippo (1900-1984). Ou de l'acteur et humoriste Peppino De Filippo (1903-1980) – fils d'Eduardo Scarpetta –, dans la même veine du théâtre comique napolitain.
31. Il s'agit de *I delfini* (*Les Dauphins*), alors en préparation. Le film sortira en 1960. On peut donc supposer que cette lettre date de 1959.

Il pourrait aussi lui dire : vous êtes tous pareils, toi comme maman, Marina comme les siens, et moi je ne suis pas mieux que vous parce que je ne sais pas vous aider, vous corriger et je vous accepte comme vous êtes parce que je suis un faible comme toi, sauf qu'au lieu de pleurer comme toi, je fais ces scènes idiotes qui me répugnent et maintenant je bois pour oublier mon impuissance.

Je ne sais pas si cela peut aller, je ne sais pas si on peut l'insérer, mais il me semble qu'il n'y a rien d'autre à faire. Et au prix de se creuser la cervelle il faut trouver la façon (et je pense qu'il n'est pas besoin d'ajouter des scènes ou autre, il suffit de pas grand-chose) d'enrichir le personnage d'Elsa, qui déjà promet d'être presque aussi curieux et intéressant que celui de la comtesse Cherè. À moins de trouver un quelque chose qu'Elsa a fait ou est en train de faire en dehors du groupe, que son frère découvre, quelque chose… mais je ne sais pas. Je veux te rappeler encore le film de Ritt tiré de Faulkner[32]. Tu te souviens de la fille avec ses escapades et son instabilité ?

Quant à Mario et Nicoletta, comme je t'ai dit, leurs rapports, si leurs élans l'un envers l'autre ne sont encore qu'esquissés, doivent être plus douloureux et tourmentés et de temps à autre plus pleins de confiance, il suffirait de peu (il faudrait qu'on pense, chaque fois qu'on les voit ensemble : quel dommage, il suffirait d'un rien pour qu'ils se retrouvent et se sauvent l'un l'autre).

En repensant au début du film, je me retrouve toujours devant cette difficulté à présenter les personnages et lancer le récit, qui nous tracasse. Est-ce parce que vous vous préoccupez d'éclairer chaque personnage (voir Ridolfi[33] !) dès sa première apparition ? Pourquoi devons-nous tout de suite tout savoir de lui ? Pourquoi cette scène où on veut le tabasser ? Ne vaudrait-il pas mieux qu'il entre tout de suite dans le groupe au café Meletti et que là on comprenne qu'Anselmo le craint ? et qu'à travers la comtesse Cherè, chez laquelle il était allé pour obtenir de l'argent (et l'on pourrait deviner que tout le groupe a eu de Cherè des prêts qu'on ne lui a jamais rendus), il s'est fait attraper avec des billets à ordre, etc. par cet homme qui, selon moi – je reste dans cette conviction –, doit être quelque chose de plus qu'un usurier, quelque chose de plus qu'une Araignée[34] : un homme qui ait aussi séduction et prestige.

32. *Les Feux de l'été* (*The Long, Hot Summer*) réalisé par Martin Ritt et sorti en 1958, adaptation cinématographique du roman *Le Hameau* (*The Hamlet*) de William Faulkner.
33. L'usurier qui sera, un peu plus bas, appelé l'Araignée.
34. Terme dépréciatif par lequel était désigné ce personnage, ou ce type de personnage.

Excuse-moi si je te répète toutes ces choses dont on a déjà discuté, mais cela me sert aussi à moi. Bref, pour récapituler : il y a Mario avec Nicoletta et la comtesse Cherè, et il y a Anselmo avec Elsa et Marina ; ces femmes doivent jeter une lumière sur ces hommes, on doit découvrir par ces femmes la faiblesse de ces hommes qui n'arrivent pas à les manœuvrer, à s'imposer et pour cette raison restent impuissants, vaincus et malheureux.

Fedora est pour l'instant la plus flottante, il faut vraiment la connaître davantage, justifier davantage la possibilité, chez elle, d'un acte aussi grave que le suicide. Il me semble que durant tout le début Fedora est trop semblable à Elsa, passive et languide. Peut-être si on lui donnait un caractère plus fort : elle a essayé autrefois de travailler et on le lui a interdit chez elle parce qu'elle ne va pas bien... elle a essayé de s'enfuir à Milan chez une cousine qui s'est refait une vie simple avec courage et de laquelle elle reçoit des lettres l'invitant à se libérer. Bref, si, tout de suite, en plus d'être belle et malheureuse elle est aussi plus combattive de temps en temps, si Alberto la craint davantage, si l'on sait que pour lui elle a été une conquête difficile (et il s'en vante comme de son chef-d'œuvre), peut-être le suicide serait-il plus logique et plus tragique. Telle qu'elle est, il est clair qu'elle se suicidera et cette façon de découvrir immédiatement les personnages, excuse-moi de te le répéter, me paraît être le défaut du film : ils sont trop prévisibles !! Et ce n'est pas réaliste ni poétique, pense au suicide d'Otto Pellegrini[35] ! Pense à ces personnages de Peppino lo zozzone[36], ces gamines avec leurs changements imprévus et inconcevables à première vue.

Tu me dis que tu ne peux changer la structure de Cristaldi, etc. Je te comprends et te réponds : le film commence à être un film et pas un compromis, donc vas-y, cherche quelque chose de poétique et serré pour l'atmosphère du *primo tempo*[37], vas-y sans peur parce qu'il vaut mieux que le film soit ajourné plutôt que de le faire sans avoir tout tenté. Excuse ce ton mais la chose me passionne et je voudrais la voir éclore sans atrophie, éclore comme elle promet de le faire. Fais-moi savoir les développements, je suis anxieuse et... je t'aime. Je suis sûre que si tu creuses, de la même façon que Marina s'est développée,

35. Scénariste et réalisateur italien. Il n'y a plus de signalement de son travail après 1959.
36. Peppino lo zozzone (qu'on pourrait traduire par « Peppino le gros porc » ou « le gros dégoûtant ») était un établissement romain des années cinquante, fréquenté par les artistes et les intellectuels de l'époque.
37. Longtemps, les films, en Italie, ont été coupés en deux « temps », *primo* et *secondo tempo*.

le reste se révélera et te compensera de toutes tes peines et tes peurs. Et maintenant que je t'ai dit tout ce que j'avais dans le corps, au risque de sembler ennuyeuse et allemande, je te laisse et je t'aime, je t'aime, je t'aime.

Iuzza

Je t'ai envoyé hier le permis et aujourd'hui je t'envoie, en même temps que cette lettre, les clefs de la maison. Pense à moi et travaille, Citto, travaille, ça en vaut la peine, et moi aussi, dans la mesure de ce que je peux faire, je penserai et penserai encore à tes personnages que j'aime et qui me passionnent.

De la petite serveuse qu'Elsa s'amuse à écouter, on ne peut rien faire ? Pardon, pardon. Ciao, à bientôt. Uccetta, Uccetto.

Citto chéri (ne tiens pas compte de ce que je vais te dire). Dans la première partie ne te semble-t-il pas que la scène de l'Araignée avec la prostituée ralentit le rythme et en l'état ne dit pas grand-chose de plus de ce personnage ? Ne pourrait-on pas lui donner moins d'espace et la même efficacité ?

Dans la structure en chapitres, qui me plaît beaucoup, une autre chose que je ne comprends pas : si le film doit être divisé en chapitres, ne te semble-t-il pas qu'il y ait des scènes sans chapitres et morcelées, qui abîment la structure en grands blocs comme des tableaux vivants éclairés par un flash ? Par exemple la scène de l'Araignée avec la prostituée.

S'il te plaît, si tu le peux et en as le temps, envoie-moi un découpage des chapitres et j'essaierai de mieux comprendre ce que je veux te dire et de te le communiquer. Je ne veux pas quelque chose de détaillé, rien que la suite des titres, pour être en mesure de comprendre toute la progression de l'histoire : peut-être pourrai-je mieux travailler et te suggérer quelque chose. Je te serais reconnaissante si tu me l'envoyais. Des baisers, encore des baisers.

Citto chéri,

je te remercie pour le télégramme. Je téléphonerai à Betsy[38] et ferai comme tu le dis. Nous sommes dans un petit hôtel très joli et un peu « cradounet » (je ne sais pourquoi mais je pense toujours à Paola) mais avec salle de bains.

38. Betsy Blair, actrice américaine alors installée à Paris (voir plus loin, p. 113).

Nous payons trois fois rien. Titina est extraordinaire et très... didactique, chose qui, vu que je suis (par vocation) une élève germanique, me va parfaitement bien. Hier, à peine arrivées, nous nous sommes promenées (à pied) toute la journée – y compris dans un grand magasin ; j'ai vu ainsi le Café de Flore et la poste aux Saints-Pères, le quai Voltaire, le Pont des Arts, le quai des Tuileries et du Louvre et puis le Louvre (seulement de l'extérieur, heureusement), la rue de Rivoli, le Palais-Royal, l'avenue de l'Opéra, la Madeleine, la rue Saint-Honoré, la rue Castiglione, la place Vendôme et puis la place Furstenberg (il faut peut-être des trémas sur le u) qui est quelque chose d'extraordinaire.

Te dire que Paris est beau me semble une sottise, Paris est plus que beau et pour l'instant je regarde et ne peux qu'être saisie et rien d'autre. La chose la plus enthousiasmante est la capacité de souvenir qu'a cette ville, immeuble par immeuble, pierre par pierre. On peut dire que c'est une ville qui a une mémoire, non parce que le passé est présent dans tous les coins, cela c'est aussi le cas à Rome ou à Florence ; pour m'expliquer mieux : Rome et Florence ont un passé qu'elles ont oublié mais qui les opprime, et n'ont pas de présent. Paris vit avec tout son passé enthousiasmant dans les bras.

Les gens qu'on rencontre, au contraire de ce que je pensais, sont très robustes et agressifs, et leur langue dont on entend ici les nuances, entre gris et blanc, est très belle. Ils ne sont pas comme leurs acteurs fluets et mollassons (qui je pense sont un produit petit-bourgeois). Les filles me semblent très belles, et rien à voir avec B. Bardot. Bref, j'ai compris que Paris est plus (physiquement) Simone Signoret que Pascale Petit, et cela est surprenant et rassurant.

Aujourd'hui j'irai au Louvre (à l'intérieur !). Je t'embrasse.

Iuzza

Je te demande encore pardon pour mes faiblesses, j'ai un remords que tu ne peux imaginer et je ne désire que t'embrasser et me faire pardonner. Je t'aime. I miss you terribly.

Iuzza

Rome, 24 décembre 1980[39]

Cher Citto,

comme tu l'auras su par Gigi[40], je suis à Gaeta pour travailler et pour... survivre. Non que j'en aie très envie (de survivre) mais je dois tenir bon, ne serait-ce que parce que, pour vouloir mourir, il faut en arriver au total désarroi idéologico-émotionnel dans lequel je me trouvais dans les lointaines années soixante.

Althusser a connu en ce 1980 ses années soixante, mais on sait que la France – désormais – est d'au moins vingt ans derrière nous. Son désarroi est celui de dizaines de jeunes (camarades) qui pendant toutes les années soixante-dix n'ont cessé de se suicider en laissant des lettres et des mots précis sur le pourquoi et le comment de leur désillusion. Rossana Rossanda en a parlé avec justesse dans l'un de ses articles d'il y a quelques jours... je ne sais plus si c'est dans le *Manifesto* ou ailleurs.

Mais ce n'est pas pour te faire une pédante et complète analyse de tous ces mouvements souterrains de notre histoire (il y faudrait dix ans d'étude) que je t'écris.

Je t'écris parce qu'il n'y a jamais eu entre nous de choses passées sous silence (je ne dis pas de mensonges parce que ceux-ci, curieusement, ont toujours été absents de notre relation), et je ne veux absolument pas que cela (le non-dit exquisément démocratique) commence à dresser des barrières entre toi et moi. Pour cette raison, je suis obligée de te rappeler que, que cela nous plaise ou non (peut-être que pour moi aussi il a été dur de l'accepter), mon geste – dicté par mon inconscient de façon obscure et en même temps parfaitement claire quant à sa fin (véritable *acting-out*) – n'était qu'une révolte contre toute ma façon de vivre (par fatigue, misère et ce qui va avec : besoin inconscient d'un repas offert ou d'une jupe de seconde main) qui finissait par m'oppresser et surtout commençait à entamer mon sens moral, esthétique, politique, etc.

La preuve en est que depuis que, sortie de prison, je ne dois plus « bien m'habiller » pour aller à un dîner, je suis sereine (n'était la crainte habituelle

39. Cette lettre beaucoup plus tardive a été écrite après le vol commis par Goliarda et son emprisonnement à Rebibbia. Une dissension entre elle et Citto s'en était suivie, que corrige ce long message envoyé non de Rome comme elle l'a écrit mais, ainsi qu'on va tout de suite le voir, de Gaeta.

40. Gigi (Luigi) Vanzi (1924-1992), très grand ami de Goliarda. Scénariste, assistant-réalisateur, puis réalisateur de westerns-spaghettis sous divers noms américanisants.

de rester à sec, je serais heureuse) et vivre pauvrement ne me pèse aucunement, pas plus que renoncer, je ne dis pas au cinéma, au rythme d'avant, ou au restaurant ou aux vêtements neufs, mais même aux quelques luxes (comme grand nombre de journaux, de livres, etc.) auxquels je m'étais habituée, pour ne rien dire de l'absence de la moindre aide pour les tâches ménagères et dernièrement aussi du pressing pour laver les draps, parce que c'est trop cher, chose qui dure depuis huit ans mais ne me pèse pas moralement. Bien au contraire, ces jours-ci, la pensée d'avoir « échappé » aux fêtes et aux « élégances » m'a rendue presque heureuse.

Et maintenant venons-en à ce qui te mettra en colère, mais je ne peux pas ne pas te dire ce que je pense – même si je me trompe – et te traiter comme je traite désormais depuis des années beaucoup d'amis qui, comme on disait autrefois, ont perdu le contact avec la base (et j'ajoute, dans mon cas, avec les exclus, car il est inutile de nier que par mon travail – puisque je n'accepte pas de marchandiser mes écrits – je suis désormais l'une d'entre eux).

C'est cela que j'ai essayé de te dire, à peine sortie de prison : dans ma transgression, il y avait le désir (besoin) de retrouver cette « base » et les exclus comme moi, et je les ai trouvés. Tu diras, mais tu ne pouvais pas aller dans la rue, etc. ? Non, pour les jeunes qui sont de l'autre côté, nous sommes des ennemis, et dans le meilleur des cas des personnes rendues incapables par la longue, inutile inertie dans laquelle toute la gauche est tombée. Je ne te dis pas que ceux de l'« autre côté » ont complètement raison (et puis : a-t-on jamais pu tout de suite reconnaître comme juste, en son début, un mouvement de rébellion ou de mutation ?), mais pour moi (animal biberonné à l'idée de la révolte comme un autre à celle de la soumission), le fait de les avoir connus, touchés de la main, d'avoir ouvert un dialogue avec eux (qui continue à travers les lettres) est déjà beaucoup.

Et là je sais que tu ne voudras plus m'adresser la parole : après mon voyage en Chine, ma conviction ancienne que rien n'est fait, ni dans ces pays ni ici, qui ait quelque chose à voir avec le socialisme a été confirmée de manière si douloureuse qu'elle m'a poussée de nouveau à sortir du « privé » et à m'immerger encore dans l'histoire présente et, même si j'étais déçue, la comprendre le plus possible. Si je n'avais pas connu la prison, ma désillusion aurait été telle qu'elle m'aurait reconduite au suicide, ou peut-être cette fois à quelque homicide comme monsieur Althusser...

Probablement pour toi tout cela est une folie, mais je te demande : n'es-tu pas, toi aussi, resté trop loin de la vie, enfermé dans un engagement de parti trop répétitif et ankylosé ? Je ne sais ce que tu penseras de ces lignes que je t'écris, mais pour moi ce peu de vie qui est revenu animer mes mains pour écrire et mes sentiments pour être un peu plus en éveil est dû au fait d'appartenir aujourd'hui au « parti de la prison ».

Pardonne-moi.

Ta Goliarda toujours et toujours avec l'amour et l'amitié d'autrefois.

MÜNEVVER HIKMET

(1917-1998) ou Münevver Andaç Berk, du nom de son premier mari ajouté à son nom de jeune fille. Liée au poète Nâzim Hikmet, dont elle a eu un fils (Mehmet). Exfiltrée à Varsovie, elle s'installera plus tard avec ses deux enfants à Paris où, traductrice et passeuse de la littérature turque, elle jouera un rôle essentiel dans la découverte en France d'auteurs comme Orhan Pamuk et Yaşar Kemal. Les éléments qu'évoque Goliarda dans ces lettres nous permettent de les dater toutes trois de l'année 1960.

28 juin 1960

Chère Münevver,

voici huit jours que je suis revenue dans cette Rome « confortable » et douceâtre et c'est comme s'il y avait des mois et des mois qu'on était ensemble sur le bateau, des mois et des années que j'avais fait ta connaissance. Et comme toujours quand on retrouve un visage qu'on a connu et qui nous parle d'une voix qu'on reconnaît, le temps où l'on ne savait rien l'une de l'autre s'annule et on reprend sans difficulté, tout naturellement, une conversation commencée qui sait combien de temps auparavant, depuis toujours. C'est sans difficulté que je te dis, maintenant, ces choses ; sans difficulté ou fausse pudeur j'accepte ce cadeau que la vie nous offre si rarement. Je te remercie d'être comme tu es, de m'avoir ouvert ta maison, de m'avoir donné la compagnie de ta Renan et de Mehmet, d'avoir ri avec moi de mes sottises dans cet autobus fantôme qui nous a sauvées de… combien de kilomètres de promenade ? J'ai raconté nos aventures à tous mes amis et Citto (Francesco) m'interroge tout le temps sur Mehmet et veut savoir comment il marche (selon moi comme un homme mesurant au moins un mètre quatre-vingts), comment il baise la main des dames, comment il s'enthousiasmait (malgré ses chaussures étroites) pour épées et cuirasses.

Quant à moi, je pense à toi dans les rues de Kadiköy, ballottée entre autobus et vaporetti de votre Istanbul fatigante et délabrée, douce et dure comme le son de votre langue. Je m'en veux pour tout ce que Joyce[41] et moi t'avons imposé sous le soleil et je me souviens de ton visage blanc enfin à l'ombre, sur le vaporetto, de tes taches de rousseur légèrement humides et cuivrées par le sel qui polit les yeux des gens de chez vous et la pierre blanche de vos minarets. Je me souviens de tes yeux fixes et dilatés par des années de silence forcé et du tremblement de tes mains, seul signe d'une longue souffrance, voilée, dominée et métamorphosée, maintenant, en cette conscience adulte et forte qui rend attentif et doux ton regard. Merci de m'avoir enseigné cela, Münevver, et pardonne-moi cette façon de... parler de toi, trop, peut-être, de manière trop... insistante, mais comme je te l'ai dit je n'ai pas de craintes avec toi et je ne peux pas ne pas te dire ce que je ressens. Excuse-moi... ce que j'essaie de te dire, depuis que je t'ai laissée à la gare, est que j'éprouve de l'amitié pour toi et que je ferai tout (n'importe quelle bassesse) pour conquérir ton affection.

Je t'embrasse.

Goliarda

Rappelle-moi à Mehmet et Renan[42] et salue pour moi la petite fille qui vit avec toi, dont (quelle honte !) j'ai oublié le nom et qui nous a accompagnées au bateau avec tant de grâce. Des baisers encore. Écris-moi en français.

Chère Münevver,

bien sûr, c'est dommage que nous n'ayons pu nous parler que si peu, mais même ainsi nos deux jours et demi à Istanbul – comme tu me le dis – me paraissent deux mois de vie passés avec toi dans ta maison.

Tu imagines, il me semblait avoir été avec vous si longtemps que, hésitant, dans mon subconscient, entre les deux jours et demi et la réalité que je ne parvenais pas à reconnaître, j'avais fait mon choix en disant à tout le

41. Joyce Salvadori Lussu (Gioconda Beatrice Salvadori Paleotti). 1912-1998. D'origine noble, partisane pendant la guerre, activiste, poétesse, traductrice, écrivaine. C'est elle qui a entraîné Goliarda en Turquie et qui parviendra à en exfiltrer Münnever ; elle fera connaître Nâzim Hikmet en Italie.

42. La fille de Münnever. Goliarda se souviendra de ce nom quand elle écrira *L'Art de la joie* : il y devient celui de la sœur (suicidée) du personnage de « Joyce ».

monde que j'étais restée avec vous quatre jours ! Et ainsi j'ai dit un bobard. Citto me l'a fait remarquer, et comme les enfants « pris sur le fait » je n'ai su que lui répondre, confirmant mon mensonge, chose qui me fait penser que nos mensonges ne sont rien d'autre qu'un élan vers ce que nous voudrions être la vérité – ou ce que nous voudrions qu'elle ait été dans le passé (tu as remarqué comme les choses du passé se colorient insensiblement quand on les raconte à qui nous écoute ?) –, élan qui pousse à la modifier, l'augmenter, la fixer dans une composition plus absolue – qu'ainsi elle apparaisse finalement plus précise, plus exhaustive, de façon à ce que les autres puissent mieux la comprendre. Au fond ces mensonges ne sont que la tentative de faire mieux comprendre, en extrayant de soi leur essence en un procédé de simplification, des détails qui pourraient dérouter la personne qui nous écoute, donnant ainsi à une vérité empiriquement exacte la précision d'une vérité réinventée et donc passée par l'expression, et donc une précision de vérité vraie. Bref, pas la vérité d'une photographie de visage, mais la vérité d'une description faite de ce visage par une voix sensible et pleine de chaleur.

Bien, cela dit, chère Münevver, allons-y avec les mensonges, et qu'en sorte le plus qui en a davantage (comme dit un proverbe italien). Les proverbes ! Quelle quantité il y en a en Italie, tout un tas – où que tu te tournes avec ta cervelle tu n'entends que proverbes et lieux communs et bon sens. Des proverbes qu'enfant une tante ou une voisine te disait ; bon sens et lieux communs fortement martelés par le professeur d'italien depuis son estrade pendant toutes les années passées emprisonnés sur les bancs de l'école ; proverbes et lieux communs qui te suivent constamment pendant des années et des années tandis que tu essaies (difficilement) de grandir en te tordant le cou au milieu de ces forêts épaisses qui te cachent le soleil et qui te font un beau jour te retrouver reflétée dans le miroir avec un corps déformé par un cou affreusement long et mince, étiré (comme les plantes qui grandissent à l'ombre) pour avoir tout ce temps tenté de rejoindre la chaleur que ne laisse pas passer ce feuillage de vrais mensonges, et que malgré tous tes efforts tu ne parviens pas à atteindre.

Dis-moi un peu, vous êtes, vous aussi, opprimés par ces choses-là ? C'est sûrement le cas puisque, malheureusement, partout les gens veulent vivre dans le confort et, comme ils ont inventé les fauteuils (chose du reste admirable), ils ont inventé le bon sens pour ne pas se fatiguer et être tranquilles.

Mais tant qu'il s'agit de proverbes et de bon sens il n'y a pas grand mal, le malheur est qu'ils essaient de transformer en fauteuil ou en canapé toutes les choses les plus justes qui ont été dites, et ainsi on peut voir de merveilleux fauteuils tapissés de sourires et de paroles du Christ, des canapés en forme de démocratie socialiste, jusqu'à la dernière mode de la chaise « scientifiquement faite pour le corps humain et la relaxation des membres », qui partant – en bois – de l'Europe du Nord nous revient d'Amérique fabriquée en matière plastique désinfectée et désodorisée sous le nom de psychanalyse. Et si tu savais comme ils y sont confortablement installés, les intellectuels américains (et pas seulement américains) qu'on rencontre, dès qu'ils ont trouvé le moyen, par un mécanisme d'une grande modernité, de le rapetisser à leur gré et de pouvoir ainsi le porter dans la poche arrière de leurs épouvantables pantalons !! Tu ne peux parler avec l'un d'eux sans que, voilà, il touche derrière ses fesses son fauteuil coloré de rose et de bleu lavable et pliable et s'asseye devant tes yeux en t'empêchant de parler, je ne dis pas librement mais le plus librement possible, d'un film ou d'un mouvement politique ou d'une chemise ou même d'une fleur, eh oui, parce qu'il semblerait que la forme de la tulipe soit due au complexe d'Œdipe, etc., etc.

Où allons-nous nous retrouver avec cette manie de bonheur qu'ils ont ? Seul Dieu, oh pardon, seul Allah peut le savoir.

S'ils ne sont pas heureux et excités continuellement, à chaque minute (même quand ils dorment), ils vont se faire psychanalyser, et qu'ils y aillent mais le malheur est qu'ils veulent te voir toi aussi heureuse et excitée et c'est là qu'est le drame parce que moi je veux aussi être triste quelquefois, j'ai besoin de ma part de tristesse et même de douleur ; mieux, j'ai droit à la douleur parce que ce n'est qu'à partir d'elle que je comprends ce qu'est la joie. Comme j'ai besoin de la mort pour comprendre que je suis vivante. Que serait notre vie si l'on était toujours jeunes et sans la perspective de la mort qui nous rend précieux tout moment que nous parvenons à lui arracher ? Ce serait la béatitude des anges. Qui ne m'intéresse pas, qui n'intéresse pas mon corps fait de matière vulnérable et destiné au déclin.

Bon, je vois que comme d'habitude je t'ai parlé de tout sauf de ce dont j'avais l'intention de te parler. Mais maintenant je ne me souviens plus de ce que je voulais te dire... Ce n'étaient sûrement pas des mensonges, si je les ai oubliés... Mais maintenant je me rappelle et c'est : merci pour ta lettre, j'ai tout compris bien que je ne sois pas douée pour les langues. Si je dois m'exprimer dans une langue qui n'est pas la mienne je deviens stupide comme une bête et donc excuse-moi si je continue à t'écrire en italien. Je ne voudrais pas, en t'écrivant en anglais, par exemple, que tu penses avoir affaire à une bête. Enfin ! Je suis un peu une bête, mais une dinde vraiment pas.

Bon, je voulais aussi te dire ceci : si tu veux, vu que nous nous comprenons malgré toutes ces langues, si tu veux me poser des questions étant donné que tu ne sais rien de moi, demande et je te répondrai en inventant, en essayant de tirer des cent vérités banales de ma vie celles qui se rapprochent le plus de sa vérité vraie... La vérité mensonge. Vive le mensonge. Vive les menteurs. Je t'aime.

Je t'embrasse.

Ta Goliarda

Chère Münevver,

je suis rentrée hier à Rome et j'ai trouvé une pluie de petites feuilles légères et affectueuses qui m'ont remplie de joie. Deux lettres de toi, une de Renan ! Comment répondre à tout cela ! J'essaierai plus tard, en attendant je veux te raconter ce que j'ai fait durant ce mois de vagabondage qui m'a tenue dans l'ignorance de ton gentil message.

Nous avons travaillé au film de Citto (*I delfini*, tu te souviens ?) qui, comme il doit être présenté à la commission de sélection pour Venise (le festival) nous a obligés à un certain rythme de travail. Puis, pendant que le film attendait d'être visionné par cette maudite commission, je suis allée pour huit jours chez Joyce à San Tommaso où Citto est venu me chercher avec la bonne nouvelle que le film avait été retenu en même temps que celui de Visconti, *Rocco et ses frères*, qui semble être un véritable chef-d'œuvre. Nous sommes allés ensemble à Montecatini, un endroit que je ne saurais te décrire : une ville qui est tout entière une salle d'attente de dentiste, parsemée de sièges émaillés et confortables et de tables et lumières faussement électrisantes où des riches bedonnants et des *commendatori* à peau luisante ne font que manger et boire et essuyer, avec des mouchoirs de soie, leur précieuse bave de malades de l'intestin, de leur très précieuse bouche pleine de pièces d'or et de chèques. Un ramassis picassien de faces d'hommes avides et de femmes à trois seins et deux nez et bras mous sertis de diamants sans éclat qui, envieuses, regardent du coin de l'œil les bras solides et roses des petites putes qui fleurissent en grappes colorées aux comptoirs des bars. Non, je ne saurais te décrire ce sérail. Rien qu'à y repenser, le stylo me tombe de la main.

Quoi qu'il en soit, ça a tout de même été beau, parce que nous y sommes allés en voiture, seuls, Citto et moi, et avons parlé et parlé, comme on le fait, tout jeunes, lors des premières rencontres, pendant tout le trajet. Tu vas dire, mais vous ne parlez jamais ? Le fait est qu'entre le travail toujours fébrile de Citto, les obligations mondaines (de travail), les amis, il nous reste peu de temps pour être vraiment seuls comme nous l'étions il y a douze ans, lors de nos premières rencontres, sans responsabilités, sans passé et sans futur, ne vivant que du moment que nous passions ensemble, trop pris par le sérieux et l'importance de ce qui était en train de naître en nous. Ce manque de temps à consacrer à cette « solitude à deux », qui est nécessaire à toute amitié, est peut-être la seule chose qui parfois rend triste notre relation. Mais ce n'est rien de grave et qui sait si cette privation n'est pas la clef du bonheur qui nous prend quand nous voyageons seuls ou avons un après-midi entier pour nous. Je m'aperçois que je me suis laissé emporter, pardonne-moi cette parenthèse sentimentale et revenons aux faits.

Nous sommes allés à Montecatini non pour nous reposer ni pour une « étude de milieu » mais pour vendre le film de Citto aux distributeurs, c'est-à-dire à ceux qui achètent le film pour le projeter dans leurs salles de cinéma, autrement dit les vrais patrons de l'industrie cinématographique, qui se fichent des festivals, de la valeur artistique, des idées, et qui commodément assis sur leur graisse qui déborde des sièges observent le film de leurs yeux ronds et éteints de bouviers comme s'ils examinaient un cheval ou un taureau ou mieux... un fromage. Tu peux imaginer quelle irritation et quelle tension c'est de les entendre hurler leurs appréciations dans l'obscurité de la salle à demi vide pendant que le film se déroule, timide et désarmé. On avait l'impression d'être dans une foire à bestiaux. Mais cela aussi fait partie du cinéma et il ne reste qu'à le prendre pour ce que c'est.

Chère Münevver, je t'ennuie ? Excuse-moi encore et merci pour toutes les belles choses que tu me dis et remercie aussi Renan à laquelle j'essaierai de répondre. Pour ce qui concerne notre venue à Istanbul, je ne pourrai, aujourd'hui, rien te dire. Ça dépend de tellement de choses, tant de pions difficiles à déplacer sur cet échiquier d'obligations et d'engagements qui constituent notre travail. Mais espérons ! Si le hasard se met d'accord avec le diable, qui sait si je ne pourrai pas connaître à nouveau le confort et la rapidité du lumineux Orient-Express, de son vrai nom « Omnibus de l'Orient ».

Mais ce que j'espère et que je voudrais voir se réaliser, c'est ta venue à Rome, et alors nous parlerons et parlerons, en sorte de ne pas avoir de regrets. Fais-moi savoir quand tu viendras et je serai heureuse de te voir et encore plus heureuse de présenter Mehmet à Citto. Mais je crains que Mehmet n'ait un grand choc, non seulement parce que Citto n'a que trente ans mais aussi parce qu'il en fait plusieurs de moins. Pauvre Mehmet, les déceptions vont commencer pour lui. En tout cas, quand il fera sa connaissance, je suis sûre qu'ils m'écarteront (comme font les hommes) en devenant amis et alors – pauvre de moi – c'est moi qui serai déçue.

Chère Münevver, à bientôt à Rome. Embrasse Renan et Mehmet de ma part.

Je t'embrasse.

Goliarda

RENAN HIKMET

Fille de Münevver Hikmet.

Juin 1966

Chère Renan,

merci pour ta lettre qui m'a beaucoup émue, cela aussi parce qu'elle m'a révélé un aspect de ton caractère que je ne connaissais pas. Tu n'es pas toujours muette comme lorsque j'étais là-bas avec toi. Bien, quand nous nous verrons tu ne me joueras plus ce tour et je t'obligerai à me raconter plein de choses. Et je trouve que B.B. est très belle, mais en ce qui concerne les acteurs, je n'ai pas beaucoup de sympathie pour eux, malheureusement je les ai connus et ils sont presque tous si vaniteux qu'il est difficile de reconnaître en eux des humains. D'autre part, c'est leur métier, et il ne pourrait en être autrement : tandis qu'un menuisier travaille avec ses mains, et à quarante ans aura des mains de menuisier, un savant avec son cerveau, et sera un homme qui ne pense pas à son visage mais aux feuilles qu'il a remplies, un acteur travaille avec son visage et immanquablement ne fera que se regarder dans le miroir jusqu'à ce que son esprit devienne exactement celui d'une femme futile.

Cela n'empêche pas que parmi eux il y en ait qui échappent à cette loi et alors ce sont des génies comme Charlie Chaplin : alors naturellement on ne peut dire la même chose. Je crois avoir compris ce qu'est ta maladie, et j'en suis vraiment désolée pour toi. Je comprends comme il doit être difficile, pour qui aime le cinéma, d'y renoncer, mais ça passera et alors tu prendras ta revanche.

Merci encore pour ta lettre. Excuse-moi de t'écrire en italien, mais je pense que ta mère pourra te lire ma lettre, et comme je le lui ai dit aussi je suis tellement stupide en fait de langues étrangères que si je parviens à comprendre quand on me parle ou à les lire je deviens une idiote quand je les écris.

Je t'embrasse.

Ta Goliarda

Embrasse Mehmet pour moi. Je vous enverrai les photographies. Dis à Mehmet que je pense souvent à lui et qu'il pense à moi lui aussi, si vraiment il ne veut pas m'écrire.

Des baisers encore.

Goliarda

ALESSANDRO BLASETTI

(1900-1987) Réalisateur d'une œuvre hétéroclite, après avoir été critique de cinéma. On lui doit des films à grand spectacle, dont Fabiola*, où il a donc fait jouer, à côté de Michèle Morgan, Goliarda, mais aussi* Quatre pas dans les nuages*, film annonciateur du néoréalisme ; plus tard il se tournera vers des « comédies à l'italienne ».*

Cher Alessandro,

voici, comme je te l'avais promis, mes poèmes [43]. Je m'excuse encore de ne pas t'avoir mis au courant de cette « activité clandestine », mais jusqu'il y a quelques mois c'était pour moi un « pari », une « présomption » que je n'osais confesser à personne. Je me suis toujours méfiée des « écrivaines », des « femmes-peintres » en puissance, et j'ai eu besoin de savoir clairement où j'en étais et de commencer à créer « des choses achevées » – leur valeur mise à part – pour avoir la force de surmonter mes doutes et les partager même avec quelqu'un comme toi qui m'aime et que, malgré mon apparente « distraction », j'estime et j'aime depuis toujours.

Goliarda

43. Les poèmes dont parle cette lettre, datant sans doute de la seconde moitié ou de la fin des années cinquante, sont ceux (ou du moins ceux qui étaient déjà écrits) rassemblés dans le recueil *Ancestrale*, première œuvre accomplie et revendiquée comme telle par Goliarda Sapienza. Accueillis par des rejets d'ordre idéologique mais aussi des soutiens de taille (notamment de la part de Cesare Garboli, Roberto Longhi, Anna Banti), ces poèmes ne seront pas publiés de son vivant.

FRANCA

Franca Angelini (1930-2014). Présentée à Goliarda par Citto, dont elle avait été la première petite amie. Intellectuelle, elle deviendra professeure d'histoire des études théâtrales à l'université de Rome «La Sapienza». Puis mènera une vie sans doute plus mondaine en devenant la femme de Marco Francisci (voir plus loin, p. 103), diplomate un temps ambassadeur à Pékin.

À ma chère Franchettina
ou phénix d'Arabie
je ne te trouve jamais chez toi,
je ne te trouve pas dans mon courrier,
je ne te vois pas dans les rues,
je ne te rencontre pas aux carrefours,
je ne te découvre pas aux arrêts,
je ne t'entends pas dans la nuit,
je ne t'entends pas dans la pluie,
je ne sais comment te retrouver,
je ne sais comment t'attraper,
je ne sais vraiment pas où te dénicher !
Où es-tu ?
Je t'aime
et souffre tant.
Peu d'amies me sont restées
pour combler le... vide où je suis !
Peu de voix me sont chères
peu de visages ne m'inspirent pas l'ennui
Où vais-je aller ?
Avec qui vais-je aller ?
J'ai bien des choses à te dire

mais je n'ose plus t'attendre
À qui vais-je dire ces choses ?
Et qui donc dois-je attendre ?
Ne te fais plus désirer
J'ai trop attendu !
Trop de temps désormais est
passé et j'en ai un
peu plein le... cul.

Goliarda
qui t'adore
toujours
toujours
toujours
toujours

Chers Franchettina et Tonellino[44],

comme Citto vous l'aura peut-être dit, j'ai... dérapé et j'ai choisi – pour le moment – de me laisser prendre par la... « dolce vita ». Bien sûr, elle a un goût légèrement rance et cette petite chambre d'hôtel et les vieux gueulards de théâtre qui m'entourent me ramènent dix ans en arrière et, même si c'est Naples dehors, il me semble, parfois, entendre les pas des Allemands mais... maintenant c'est fait et Tuzza est très sympathique et *Liolà* très belle et amusante[45]. Mais m'amuserai-je beaucoup ? En tout cas ce « grand amour » d'autrefois était vraiment une grande passion et peut-être as-tu raison, Franchettina, de dire qu'il vaut mieux l'affronter une fois pour toutes. Je pense beaucoup à vous et voudrais vous voir. Pourrez-vous venir avec Citto ? Vous voyez Cesare[46] ? Pensera-t-il beaucoup de mal de moi ? Si je dois être franche, il me semble commettre une trahison envers ma discipline de travail, et la pensée que j'ai

44. Antonello Frajese, premier mari de Franca, intellectuel communiste un temps assesseur à la Culture de la ville de Rome.
45. *Liolà* est une pièce de Pirandello, Tuzza le personnage qu'y jouait Goliarda au Théâtre Mercadante de Naples en mars 1960, ce qui nous indique l'année, et très probablement le mois, de cette lettre.
46. Il s'agit de Cesare Garboli, figure majeure de l'édition italienne de l'époque (voir plus loin, p. 272).

tellement peu de temps pour arriver à quelque chose de tangible me fait souffrir de ce que Tchekhov appelle « une respectable insomnie ».

Pensez à moi et envoyez-moi quelques lignes. Je vous aime.

Iuzza

Embrasse Cavallino [47] pour moi mais pas trop étroitement parce que je ne voudrais pas me retrouver à l'aimer trop... *È troppo beddu è troppo beddù pi mia* [48]*!!* Et sincèrement vous deux suffisez déjà à... me jeter dans la confusion.

Goliarda

9 janvier 1963

Cher Franchettino,

hier soir, d'une certaine façon, nous nous sommes... mal quittées. Cette sensation m'a angoissée toute la nuit. Je ne sais pas ce qui s'est passé, mais quelque chose s'est passé, et comme tu es, en ce moment, malgré mon grand nombre d'amis, l'un des quelques vrais points d'ancrage dans ma vie, cette sensation d'irréalité ancienne qui m'est retombée dessus m'angoisse. Peut-être est-ce ma faute, peut-être celle des circonstances, peut-être les fêtes, la festilence, comme l'appelle Majore [49], le téléphone... Je ne voudrais pas t'avoir fait quelque chose qui ne va pas. Cela aussi parce que hier soir tu étais très belle et que je voudrais te revoir bientôt.

Je t'aime.

Goliarda

3 mai 1963

Chère Franca,

je t'ai téléphoné plusieurs fois, avant de recevoir votre carte postale – ou plutôt la carte de Lino et Citto – et après. J'espère que ta femme de ménage te l'a dit. Et puis, pour changer, je n'ai pas été bien et j'ai commencé à penser que

47. Surnom de l'enfant de Franca et Tonello.

48. Sicilien : « Il est trop beau il est trop beau pour moi !! »

49. Ignazio Majore, le psychanalyste dont Goliarda est alors la patiente (voir plus loin, p. 128).

tu me fuyais. Je te le dis et j'ai honte de te le dire. Mais c'est ainsi. « Le sommeil de la raison engendre des monstres. »

Je n'ai pas tellement de raison, pour ma part, mais des monstres, beaucoup. Donc tu peux imaginer. En tout cas je t'aime.

Goliarda

Chère Franchettina,

comme tu le vois, je suis passée de la bruyante maison « italo-espagnole », « artistico-parisienne » de Piera à cet hôtel sans nationalité, archisilencieux et *emmerdant*, comme dit Dominique[50]. Mais ce ne sera pas pour longtemps, lundi je retourne chez Eduardo[51] dont tu ne peux imaginer combien il est sympathique et… bruyant.

Paris est toujours Paris, c'est-à-dire :
sans matinée
sans soirée
mièvre
trop grand
trop touristique
trop gentiment efficace
sans douleur
sans joie
rien qu'un petit peu lugubre
mais toujours « mélancoliquement lugubre »
les couples qui s'embrassent
dans les rues comme s'ils léchaient
des glaces
leur clarté
de discours
= ENNUI
Je veux aller à Istanbul ou en Afrique.

---

50. Dominique Maillard, grand ami parisien de Goliarda, homosexuel, architecte d'intérieur. Goliarda a fait un long séjour à Paris à l'automne 1961, année dont date sans doute cette lettre.

51. Eduardo Arroyo, peintre espagnol, compagnon de Piera Benedetti (voir plus loin, p. 76) : d'où la maison « italo-espagnole », « artistico-parisienne » de Piera.

Septembre 1966

Cher Franchettino,

vu que tu as tellement aimé la petite enveloppe (ou *chemisette*), je t'en envoie une à toi aussi pour te prouver que, fût-ce avec un « coloris » différent, je ne t'aime pas moins que...

Malheureusement je n'ai plus de cartes... dès que j'en rachèterai je t'écrirai quelque petite autre... bêtise... comme ça... juste... pour... survivre ! dans ce lac d'indifférence éditoriale. Et tout ce jeu n'est qu'un écran pour cacher la joie qu'entendre ce que tu m'as dit du non-roman m'a donnée.

Merci.

Je t'embrasse très très fort.

Goliarda

Petit clown.

J'espère que l'adresse est réussie... qu'en dis-tu ? Elle est réussie ?

Cher Franchettino,

je suis très coupable. Je n'ai pas résisté à l'appel du péché et je t'ai trahie avec... Positano. Puccio[52] et Lollo – ils m'ont assuré qu'ils en porteraient témoignage – m'ont traînée dans un bus et me voici à vaguer entre escaliers petits et grands, coupable mais... heureuse. Je ne te dis pas à quel point est belle cette petite putain de quatre sous, belle et rougissante malgré la poudre blanche et l'air distingué qu'elle essaie de se donner.

Quoi qu'il en soit, je suis venue aussi pour chercher une maison et de fait j'ai trouvé, non pas une maison, mais des chambres en veux-tu en voilà dans le « petit palais », le « *palazzotto* » – qui est le palais de Murat[53]. De très grandes chambres avec des fenêtres et des plafonds aux poutres immenses, chacune avec sa salle de bains et son lit propre et coquet, et pas « tristounet ». À propos de « tristounet », je sais que ça n'a aucun intérêt, mais laisse-moi te raconter. J'ai rencontré Gianfranco (le cousin de Citto) qui justement m'a arrêtée, me précipitant dans une mer d'angoisse... familière, en criant : « Ce Positano me semble un peu tristounet ! » Que le diable l'envoie au

52. Puccio Pastina, cousin de Citto (voir plus loin, p. 137).

53. C'est le nom d'un bâtiment devenu hôtel-pension de famille où serait passé Joachim Murat, mari de Caroline Bonaparte, du temps où il était roi de Naples.

paradis, lui, les Marziale, ses cousins, et tous les musiciens (sauf Carlo[54] !) et patrons des divers cinémas !

Mais revenons à notre *palazzotto*. Si les choses s'arrangent bien, nous reviendrons ensemble dans l'une de ces grandes pièces. C'est extrêmement confortable, on est entre la plage et la place. Quelques pas, autrement dit quelques marches, et il y a la mer.

Excuse-moi encore. Excuse-moi aussi auprès de Carla, et pas de Vittorio, qui sera tout heureux (pauvre de moi !) de ma trahison.

Salue pour moi Peppina.

Tonello ? Il est venu ? Si tu le vois, embrasse-le pour moi sur ses longs cils. Je t'embrasse.

Goliarda

Positano, un jour quelconque du mois d'août ! (Je voulais être précise mais comme tu vois...)

Si vous cherchez une boîte de poudre foncée... j'en ai une. Dès que je suis à Rome je te l'apporte.

Chère Franchettina,

excuse mon silence. Je t'avais promis de t'écrire tout de suite et je ne l'ai pas fait, et si même moi, qui ai rigoureusement le devoir de t'envoyer des lettres, je ne le fais pas, que va devenir la « règle du jeu » ? Vraiment il n'y a plus ni religion, ni patrie, ni honnêteté. Le fait est que, comme Tonello te l'aura dit, j'allais mal et cela ne serait rien, mais l'ennui de cet état est que lorsque je ne vais pas bien je tombe dans un mutisme dont, à partir de la haine qu'il suscite en moi – contre moi-même –, il m'est facile de déduire le désagrément, ou du moins la perplexité, qu'il suscite chez les autres (note que je dis « les autres » par une « pudeur » de nature... quelque peu sicilienne, pour ne pas dire : ceux qui m'aiment !). Excuse-moi.

Maintenant je vais bien. Je me suis un peu baignée, puis il a plu et Positano s'est brusquement vidé, restant plus blanc et plus gai que jamais.

Ce village est extraordinaire, il ne parvient pas à être triste même sous... que sais-je... sous... au diable... sous quelque chose de très triste !

---

54. Carlo Frajese, musicien, frère de Tonello (voir plus loin, p. 64).

Assurément, s'il y a un endroit différent de la Sicile, c'est Positano, et c'est pour cela que j'espère avoir de l'argent et m'acheter un petit bout de terre pour y amener ma mère quand je devrai la retirer du Verano[55], et y venir moi aussi quand ce sera mon tour. Bon. Je t'embrasse. Je voudrais te demander beaucoup de choses mais je pense que tu ne me répondrais pas, et puis je serai bientôt à Rome et nous pourrons parler pendant tout un hiver... du moins je l'espère. Tonello ?

Je t'embrasse.

Goliarda

Chère Franca,

hier soir en voiture avec les Marziale j'ai eu un instant la crainte que le retour de cet Oscar Wilde qu'est Mara[56] puisse de quelque façon jeter une ombre entre nous, puisqu'il est dans la nature des Oscar Wilde de vous entraîner dans des relâchements et faiblesses involontaires qui vous laissent ensuite une certaine amertume. Ne lui donnons pas gain de cause, Franchettina, c'est tout ce qu'il faut.

Elle m'a parlé du coup de téléphone et je comprends combien cette façon de faire allusion à une intimité – qu'elle nous arrache par son insistance déplaisante – peut déranger, parce qu'à moi aussi, dans les heures où elle a été ici, elle m'a parlé de vous, de vos rencontres sur un « certain ton », avec certains « demi-mots » et « regards » qui m'ont fait éprouver exactement la même sensation, inconfortable, que tu me décris. Que veux-tu y faire ! Oscar est Oscar : laissons-le gazouiller sa jeunesse de façon ambiguë et ne lui voulons pas de mal. Mais nous, je t'en prie, aimons-nous.

Ta Goliarda

Chère Franchettina,

comme toujours quand je voudrais t'appeler on me coupe le téléphone et il m'est impossible de le faire. Je voulais t'appeler tout de suite, dès que je me suis réveillée, parce qu'il m'a semblé que quelque chose était resté en suspens

55. Le cimetière communal monumental du Campo Verano, à Rome.

56. Sans doute Mara Buffa, jeune amie de Goliarda et Citto (voir plus loin, p. 97).

entre nous hier soir. Quelque chose que je n'ai vraiment pas compris mais qui, malgré Citto et Tonello – qui m'en ont parlé, en m'alarmant –, ne me paraît absolument pas grave, du moins pour moi. Qu'en dis-tu, toi ? Tu es en colère contre moi ? J'ai fait quelque chose qui t'a heurtée ? On discutait et cela me semble normal, et il ne me semble pas que mon ton d'abord, le tien ensuite, soient sortis du cadre abstrait et mécanique de la discussion. Je t'en prie, appelle-moi, parce que je suis un peu préoccupée et je suis au lit vu que – malgré mes ravissants petits manteaux – j'ai pris froid.

Je t'embrasse.

Goliarda

Chère Franca,

je t'ai appelée mais personne ne répondait. J'ai pensé que, peut-être, tu n'étais pas à Rome et malheureusement je ne peux rien faire d'autre que t'écrire. T'écrire pour te dire quoi ? Tellement de choses et tellement sédimentées en ce cas qu'il nous faudrait un traité de trois cents pages pour les exprimer clairement. Comment faire ? Une chose que je sais devoir faire, c'est de m'excuser pour la façon dont j'ai répondu au téléphone la dernière fois. Je ne me souviens pas de grand-chose parce que j'allais mal – et de cela aussi, comment te parler ? Puis je me suis rendu compte que je n'avais pas rêvé « un appel de toi », il avait eu lieu et... il y a ceci aussi, que je confonds les rêves et les faits réels et... pense à moi. Pour le reste, nous devrons en parler. Mais en parler en ignorant vraiment qu'il y a Citto, Tonello, Lino. Parce que pour moi autrement c'est impossible. Je veux parler avec toi mais, et peut-être est-ce ma faute parce que j'en demande trop ou, peut-être, y a-t-il là-dedans quelque chose de vrai – tu pourras m'expliquer, toi, en cherchant en toi-même –, cette année j'ai eu l'impression de ne pas « parler » (excuse la répétition) avec Franca mais avec une Franca insaisissable et sans consistance et dont chaque mouvement dépendait de ce Lino, ou mieux de son idée d'un Lino[57]. Maintenant, je comprends que ce qui doit être, advient. Malheureusement – j'espère que tu le comprendras – il advient aussi que moi qui t'aime j'en souffre, je me sens mutilée, mise de côté, recherchée

57. On ne sait pas qui est ce Lino, qui semble avoir eu une certaine importance dans la vie de Franca Angelini.

uniquement comme compensation. Peut-être que je me trompe et j'espère que tu vas me dire que c'est le cas. Je regrette d'avoir dû tellement attendre pour te dire ces choses. Mais ce n'est pas parce que j'ai des états d'âme ou parce que je garde en moi les choses sans les dire ; c'est juste que, en te voyant, vraiment comme je ne t'ai jamais vue, déchirée, égarée, pardonne ces mots « sanglants » – durant cette année et demie – j'ai craint que mes prétentions, un nouvel appel lancé vers toi, puissent t'angoisser davantage ou t'obliger à dire des choses que tu ne pouvais dire. J'ai eu tort peut-être, mais malheureusement il en a été ainsi et il m'en est resté une amertume impuissante. Peut-être aurais-je dû te parler, quand j'ai remarqué qu'on ne se voyait plus seules mais avec ce Lino, pardonne le mot : censeur et « jaloux », quand je t'ai invitée l'an dernier à Ravello et que j'ai insisté avec des cartes postales amères puis sur le mode de la plaisanterie sans obtenir de réponse, sinon la nouvelle que vous aviez pris une maison à Santo Stefano et que sais-je encore.

Le visage de Lino qui s'abstrayait, ton adhésion absolue à ce visage. Bien sûr, peut-être aurais-je dû te faire une scène. Mais ce n'est pas facile et j'espérais... J'espérais quoi ? Qu'au moins tu me dises ce qu'il en était, que vous vouliez rester seuls, que... bon, comme tu le vois, ce n'est pas facile. Ce n'est pas facile.

Goliarda

Chère Franca,

excuse la brutalité de la question par laquelle j'entre tout de suite dans le vif du sujet : pourquoi insistes-tu tellement – et, semblerait-il, malheureusement, avec un peu d'ironie – sur le fait que ma lettre t'a paru belle et que toi, tu ne crains pas de n'être ni élégante ni tendre en écrivant ? Je te la pose ainsi, avant même de commencer, parce que je ne voudrais pas que ce soit là le germe d'une nouvelle réserve qui, volontairement ou involontairement, serait en train de se former en toi. S'il en est ainsi, je te prie de faire la lumière là-dessus pour toi-même et de me le dire tout de suite afin que je puisse être en mesure de combattre cette impression latente que tu as avant qu'elle ne s'enracine, en se nourrissant de solitude, dans ton cœur – tenacement – pour se montrer d'ici à une petite année fortifiée et inébranlable.

Ma lettre ne voulait pas être belle. Elle voulait seulement éclaircir encore une fois ce qui s'est passé à Positano et ce qui, après ça, ne s'est pas passé à Rome et rien d'autre. Mais je pense qu'il est inutile de t'expliquer ce qui arrive, inutile de t'expliquer comment douleurs physique et morale m'avaient jetée dans un état maladif où toute stridence, fût-elle minime, résonnait dans mes oreilles au point de m'assourdir ; inutile de t'expliquer comment après cela j'ai changé envers la vie, envers Citto, envers moi-même, comment j'ai dû me saisir par les cheveux pour ne pas me noyer dans une mer d'inertie et d'impuissance ; comment j'ai dû discipliner mon temps matériel et renoncer, douloureusement, à des heures à passer avec toi, avec Haya, avec Citto lui-même. Inutile de te répéter mon amour présent pour une Franca présente et non pour une amie d'autrefois dont l'image aurait été en quelque sorte polluée (ne te semble-t-il pas que dans ce cas mon poème aurait eu un autre ton ?).

Inutile de te répéter l'amour qui m'a fait surmonter la pudeur de concevoir un poème très tendre et peut-être même « sentimental » pour toi.

Le fait que tu ne veuilles pas admettre qu'aucune ombre n'était restée en moi après mes explications – et la lettre d'excuse que je t'ai donnée sur la plage de Positano –, mais seulement un sentiment de culpabilité vis-à-vis de toi et de Tonello, que j'aurais essayé de compenser avec le temps et mon affection ; le fait que, au fond, tu ne veuilles pas croire et accepter mes excuses, me fige dans une attitude d'insécurité ou pire d'« hystérie » qui m'appauvrit et me rend impuissante devant ton insistance à parler « d'un ton », « d'embrouillaminis » – qui ne sont d'ailleurs pas au pluriel mais au singulier : « Cet embrouillamini, selon moi, a d'autres et plus ou moins profondes racines. » Ce sont tes mots.

Tu dis encore : « Je serais heureuse que quelqu'un me réclame de la clarté, fût-ce de façon offensive, me réclame le maximum de ce que je peux donner, et polémique lui-même, fût-ce là encore durement. » Mais ne te vient-il pas le soupçon qu'à Positano je ne voulais pas autre chose de toi que le maximum ? Ne te vient-il pas le soupçon que moi aussi je pouvais avoir quelque raison de ne pas me sentir payée de retour comme mon affection pour toi l'imposait ?

Quant à l'interprétation de ta première lettre, je m'étonne beaucoup de ton effroi causé par la constatation que tes lignes pouvaient être interprétées comme je les ai interprétées. Mais, chère Franca, en recevant une lettre de toi je me trouve face à une personne perspicace et sûre d'elle-même, maîtresse de ses convictions et de ses moyens, et pas face à une naïve peu avertie et j'ai donc tous les droits d'interpréter jugements et conclusions comme ils sont exprimés, phrase par phrase, virgule par virgule. Je n'avais qu'à lire et digérer ce qui, clairement, sans incertitudes, y était écrit. Maintenant tu me dis : « Pour ce que j'ai écrit, je n'en aime pas le ton mais ces choses-là, je les pense et ne me repens pas de les avoir écrites. » Très bien, je suis moi aussi disposée à parler avec toi sur un autre ton de ce qui nous tourmente et nous lie ; disposée à en parler pendant des jours et jusqu'au bout, pourvu bien sûr que tu ne dises pas : « Il se produit dans les cœurs des hommes des embrouillaminis qu'il est aussi *difficile* qu'impossible de préciser. » Mais que tu dises : il se produit dans les cœurs des hommes des embrouillaminis que, même s'il est difficile et douloureux de le faire, nous avons le devoir de préciser par respect pour nous-mêmes et pour notre amitié, au prix de tout le tourment et l'effort que cela implique. Et si tu parles ainsi tu verras que non seulement le ton changera, mais aussi l'essence même de ta lettre.

Excuse cette parenthèse méfiante mais tu dois comprendre qu'un an – comme tu le dis toi-même dans ta lettre – de réserves graves et presque insultantes sur le choix de mes amis, sur mes lectures et sur toute ma façon de vivre, un an de ces états d'âme sourdement entretenus, qui font penser qu'ils ont une origine plus lointaine dans le temps, vu que ma vie depuis cinq ou six ans se déroule sur ce plan « mondain » que tu dis – et puis qui explosent dans une lettre amère et passive, presque fataliste en ce qui concerne notre avenir en commun[58]. Et je te rappelle : « Alors que je sais que nous resterons amies toute la vie, *je ne sais comment seront et ce que vaudront* nos relations. » Tu comprends que l'idée que ces pensées t'ont accompagnée – sans que tu te rebelles contre elles – chaque fois que nous nous sommes vues, et alors que rien ne laissait rien soupçonner, fait souffrir, cela aussi parce qu'une année, c'est long, et les soirs où nous nous sommes vues nombreux, et enfin le temps qui nous reste pour développer notre amitié – divisé en années – est bien court pour le gâcher ainsi en solitude et amertume stériles.

Pour ce qui concerne la lecture de mon roman, je dois te préciser que ce n'est pas moi qui ai eu cette impression, et que je ne t'ai pas écrit là-dessus, comme tu t'en souviendras. C'est Citto qui en a parlé après avoir lu ta lettre,

58. *Sic.* La phrase est inachevée.

et selon moi pour une raison qui d'abord m'échappait et que, sans le savoir, tu m'as fait comprendre toi-même, avec ta seconde lettre.

Je te dirai ça plus tard. Maintenant je tiens à te dire que durant tout l'hiver le soupçon ne m'avait jamais effleurée que tu ne t'intéressais pas à mon travail ou étais paresseuse en quelque façon que ce soit, il me semblait même qu'après mes crises de Positano tu t'efforçais de me téléphoner plus souvent que d'habitude, et plus d'une fois ça m'a émue d'entendre tomber le jeton et avec lui ta voix tombant au milieu des bruits du bar comme une voix de petite fille qui met tout son souffle à se faire entendre par les grands. Je savais dans quelles difficultés vous étiez pour la maison et j'étais sûre, comme je le suis encore à présent, qu'un jour ou l'autre viendrait le moment où nous lirions ensemble mon travail, non pas un samedi ou un mardi, mais quand ça arriverait, simplement, comme il en a été pour mes premiers poèmes. En ce qui concerne cela aussi ta lettre n'a donc provoqué aucun ressentiment caché, etc. mais a seulement révélé tes doutes sur nous et rien d'autre.

À un certain endroit de ta lettre tu dis que tu es effrayée par l'idée que Citto ait pu rester ami avec Aggeo, qui n'a jamais répondu à une fameuse lettre de lui, et par ailleurs rompre avec toi qui... Et là tu te trompes parce qu'en fait l'amitié entre Aggeo et Citto a cessé avec cette réponse manquée. À partir de ce jour-là ont fini cette confiance et cet élan qui sont nécessaires à tout lien affectif digne de ce nom. Et même si Citto a encore essayé, en vain, de réveiller cette amitié, elle n'a cessé de s'affaiblir et maintenant n'est plus qu'une apparence, comme une enveloppe vide, un souvenir que l'on veut garder vivant à tout prix mais qui ne pèse plus sur les événements quotidiens et reste là dans le tiroir à se laisser contempler comme un vieux négatif abîmé. Bien sûr Citto reste bien gentil et bien tranquille pour qu'au moins ce fantôme ne se pulvérise pas sous un soupir plus fort que les autres, mais je ne sais pas combien de temps il pourra encore tenir. Je n'aurais pas pu – mais comme tu sais je n'ai jamais été amie avec Aggeo et donc il n'y a pas eu de drame : je l'estime comme je l'ai toujours estimé pour ce qu'il vaut, et ce n'est pas rien, pour son intelligence et sa profondeur et pour cette espèce de pathétique rigueur résignée qui lui fait parfois hocher la tête. Ainsi que je te le disais, je n'aurais pas pu parce que moi aussi – comme tu dis en te comparant à Tonello – je suis différente de Citto, et ce n'est pas pour autant que nous avons, lui et moi, une plus petite ou plus grande capacité d'aimer.

Maintenant venons-en au fait auquel je faisais allusion auparavant : dans ta lettre tu me dis quelque chose que je ne savais pas, concernant un projet de film que Citto t'a fait lire ou dont il t'a parlé – je n'ai pas bien compris – et dont, par pudeur, tu n'as pas osé lui reparler. Cela éclaire pas mal de choses et surtout cette accusation que Citto t'a lancée concernant mon roman. C'était lui qui t'accusait, et pour *son* travail, et je le comprends bien d'autant plus que, échaudé comme il l'avait été par l'indifférence d'Aggeo, cela aura réveillé en lui un ancien tourment assoupi.

Mais ne te semble-t-il pas, Franca, que dans ce cas rester victime d'une pudeur aussi stérilisante est un tort non sans gravité envers Citto, qui t'aime, et envers toi-même ? Ne te semble-t-il pas qu'après qu'il t'eut parlé de son projet (et il venait clairement te voir pour avoir de l'aide, se trouvant, comme il se trouve encore, dans un moment de dépression et de manque de confiance en lui-même causé par le peu de succès qu'a eu *La donna del giorno*) c'était ton clair devoir de te dominer et d'écrire alors une lettre sur ce projet de film et sur tout le reste ? Ne te semble-t-il pas que cela l'aurait rendu heureux et moins « distrait », et qu'il aurait couru te voir pour parler et travailler avec toi et te démontrer que sa vie, ses choix, sont pareils aux tiens ?

Tu n'as pas pensé que Citto, lui aussi, pouvait avoir la *pudeur* de ne pas te parler une seconde fois de son projet par peur de te prendre du temps ou de te distraire de ton propre travail ou, chose pire encore – se trouvant dans un moment de doute –, pouvait penser que ce projet ne valait rien et avoir la pudeur de ne pas te parler de quelque chose qui, vu ton manque d'intérêt, pouvait ne t'avoir pas plu ?

Excuse-moi mais tu me dis quelque chose que je ne savais pas et je ne peux pas ne te dire tout ce que je pense à ce sujet.

Et pour finir, en ce qui concerne la lecture de mon roman et Aggeo, je ne comprends pas pourquoi tu déclares avec tant de force (et tu tiens à ce que ce soit manifeste et indiscuté) que ta position est détachée et indépendante de celle de Tonello, je ne comprends pas pourquoi tu t'obstines à m'écrire à moi en pensant à Citto et à m'adresser tes réponses à ce dont Citto t'accuse.

Je te prie honnêtement de faire la lumière en toi sur ces points essentiels, et – excuse-moi, ce n'est pas pour polémiquer – essaie de te laisser vivre.

Goliarda

Chère Franca,

pendant des jours et des jours j'ai essayé, en relisant ta lettre, de me calmer et de trouver la force de te répondre. Mais aujourd'hui encore, après plus d'un mois, la vue de ces lignes pleines d'assurance et de ces jugements sans appel et tranchants me remplit d'un effroi et d'une douleur qui m'empêchent de m'emparer du stylo. Du reste, que te répondre ? Aujourd'hui encore, retournant à ce petit mot rapide et tranquille, écrit entre deux trains comme pour arranger une petite affaire embêtante et c'est tout, je me rends compte que ta lettre ne réclame pas de réponse, qu'elle ne veut que blesser, et quant à cela je t'assure qu'elle y a réussi.

Je te la renvoie parce que je n'en veux pas, parce qu'il n'y a dedans rien de toi et surtout pour que tu puisses l'avoir sous les yeux comme je l'ai eue jour après jour et que tu puisses te rendre compte de ce que tu as écrit et de la dureté impitoyable de chirurgien avec laquelle tu as conclu et détruit une amitié qui durait depuis tant d'années.

Il serait facile de répondre et de répliquer, une à une, à tes affirmations et à tes jugements définitifs et glacés, mais je ne peux et ne veux pas accepter ce ton en lequel je ne parviens pas à retrouver la moindre trace de notre histoire (ou peut-être ne le veux-je pas).

Il y a une seule chose que j'ai le devoir et le droit de te rappeler : quand tu parles d'« embrouillaminis » et d'entêtements, je te ferai remarquer qu'en des années et des années d'amitié il n'y a eu qu'un « embrouillamini » et il venait d'une raison précise que, si tu l'as oubliée, je te rappellerai par le simple déroulement des faits de cette sale année.

Si tu t'en souviens, j'allais très mal, avec des douleurs que je te souhaite de ne jamais ressentir, des douleurs quotidiennes, de 3 à 6 heures du matin, avec des séances de rayons et des piqûres qui me laissaient épuisée sans presque la possibilité de parler. Au milieu de tout cela il y avait eu le XXe congrès, la crise de mon travail au théâtre, etc. Nous avons décidé de prendre une maison ensemble à Positano, et ma joie de passer deux mois à la mer avec toi et Tonello et Cavallino était telle qu'elle m'a fait dépasser l'ennui d'avoir avec nous Giulia et Marilù[59] avec qui je n'étais pas encore très amie.

59. Marilù Carteny, costumière, avec qui Goliarda ne tardera pas à devenir très amie.

Puis un soir, précisément celui où, en mettant Vittorio[60] au lit, tu t'es endormie près de lui, quand tout était décidé et qu'il y avait aussi Giulia et les autres, Tonello m'a dit négligemment : « En définitive, nous ne viendrons pas en juillet, nous viendrons dans la seconde moitié du mois d'août. » Tu peux imaginer comme j'en ai été déçue, il me fallait partir seule, avec Marilù avec laquelle je n'étais pas encore très intime, avec le poids de la maison, etc.

Après ce soir-là, si tu t'en souviens, je n'avais pas le téléphone pour les raisons habituelles et vous rien, vous avez complètement disparu, etc.

Quand vous êtes venus à Positano j'aurais peut-être pu faire semblant de rien et sourire et être affectueuse (comme il semble que tu saches très bien le faire avant d'écrire une longue lettre glaciale après un an ou deux), mais ce n'est pas dans ma nature et si ma douleur de ces vacances manquées et du soupçon que je vous aimais plus que vous ne m'aimiez a explosé avec trop de brutalité, je m'en suis amèrement repentie et je vous en ai demandé pardon plus d'une fois. Voilà ce qu'a été « l'embrouillamini » de Positano. Après, j'ai beaucoup changé, j'ai décidé de me lancer dans un travail et j'ai aussi dû continuer avec Citto, et suivre sa vie. Il ne me reste plus de temps pour ces merveilleux après-midi à passer chez vous à votre charge (comme ce Noël que nous avons fêté avec Tonello et Cavallino seuls et heureux pendant que tu dormais et puis tu es venue, etc.). C'est un luxe que je ne peux plus me permettre parce que désormais le temps m'est compté. Quoi qu'il en soit, il me semblait que cet hiver, en vous mettant au courant de mon travail, avec les heures que j'ai passées avec toi à t'écrire la douce cantate[61] et tant d'autres choses, je vous avais donné la preuve d'une amitié renouvelée et sans ombre, plus chaleureuse et plus intense qu'avant.

Quant au « je sais que nous resterons amies pour toute la vie, etc. » qui sonne comme le coup de grâce, malheureusement je ne comprends pas cette attitude, l'amitié n'est pas n'importe quoi entre femmes et tout s'arrête si elle n'est pas alimentée et ne permet pas cette affection charnelle, mais veut à tout prix cette affection familiale qui est une autre chose, et qui en tout cas ne me dit rien et me dégoûte.

Goliarda

---

60. Vittorio n'est autre que Cavallino, le fils de Franca.
61. Sans doute un poème, dont on a perdu la trace.

Je te demande de faire lire à Tonello cette lettre parce que, même si je ne sais rien de lui, il participe à tout cela lui aussi, c'est avec lui que j'ai eu l'explication à Positano et je voudrais qu'il sache.

CARLUZZU

Sans aucun doute Carlo Frajese, frère de Tonello ; musicien.

Carluzzu,

vu que je ne te trouve pas et que tu ne te manifestes pas, je pense que : ou mes poèmes – appelons-les ainsi – t'ont effrayé ou tu t'es vexé de quelque chose ou… Tonello a « manigancé » quelque diablerie « catholico-existentialistico-éthico-TONELLIENNE ».

S'il n'en est pas ainsi et si tu es là, fais-moi signe.

Je ne t'attends pas « avec confiance » et ne t'embrasse pas.

Goliarda

Carluzzu,

pour mettre fin à ces… hispanico-sicilianesques manières je te signale que, comme convenu, hier, 26 février 1962, je t'ai téléphoné. Tu n'étais pas chez toi.

Je déduis de cela que tu n'es ni malade ni… N'ayant pas confiance en la mémoire de ton concierge, je veux que tu saches que… J'AI TÉLÉPHONÉ + Tu n'as pas téléphoné + La maladie était une excuse + Tu m'as cassé les… avec ces tergiversations goldoniennes + Je te le dis et donc… Je t'aime + Tu es le frère d'un saint luciférien qui profite de ma « douceur païenne » + Tu es un musicien + Je suis sicilienne donc saturée de jeux barocco-hispanico-éthico-religieux.

.... + ... = Je Te Hais.

Goliarda.

Je t'accorde 48 heures pour réparer.

De très froids baisers à Tonello.

?? 48 heures ?? Encore.

Goliarda

BIANCA

Bianca Belaleff. Grande amie de Goliarda (et maîtresse épisodique de Citto).

Rome, 28 juin 1962

Cher Bianchettino,

hier soir j'ai téléphoné pour te parler mais je ne t'ai pas trouvée. J'étais très inquiète car j'ai rêvé – parmi d'autres choses que je ne te dis pas ! – que tu m'embrassais et riais d'une façon si affectueuse et exagérément sereine que j'ai craint, toujours dans le rêve, que tu ailles très mal, aies besoin d'aide et me le caches, avec des petits rires et des baisers, pour ne pas m'inquiéter. Oui, les rêves sont des rêves mais...

Je t'en prie, de quoi que tu aies besoin, dis-le-moi. Je t'aime.

Goliarda

Rome, 14 mars 1963

Chère Bianchettina,

une fois encore j'ai rêvé de toi. Dans le rêve je devais te donner un petit flacon de parfum qu'en effet j'ai ici pour toi depuis longtemps. Il semblait, toujours dans le rêve, que de ce flacon dépendaient beaucoup de choses ! Je vous ai téléphoné plusieurs fois mais personne ne répondait. Pour honorer ce rêve je voudrais te voir et te donner... ce parfum qui assurément ne fera rien bouger, et qui très probablement ne te plaira pas. Va te fier aux rêves.

Je t'aime.

Goliarda

Rome, 21 mai 1964

Chère Bianca,

comme tu vois je t'écris sur la petite machine à écrire rouge. Je t'écris pour m'excuser de t'avoir « sauté dessus » comme ça, aujourd'hui, en une heure qui, peut-être, était pour toi une heure de repos. Mais... que veux-tu y faire ? Ce sont là les inconvénients de l'amitié, et te sentant de plus en plus proche il m'est arrivé de me lâcher avec toi sans me rendre compte d'autre chose. Bon. Tant pis. C'est comme ça, tu me plais de plus en plus et, je le crains, cela sera quelquefois désagréable pour toi... on n'y échappe pas. La loi est : relation = incommodité !!

Mais ce n'était pas ça que je voulais te dire. Je voulais te dire que j'aime comme tu grandis et comme tu ris et... ciao.

Goliarda

Rome, 8 octobre 1964

Chère Bianca,

ne crois pas que je me suis isolée comme ça, par détestation envers toi ou d'autres. J'ai seulement besoin de rester seule, de faire le bilan, de bien y voir, justement, pour ne détester personne.

Ainsi que tu le sais peut-être, revenue de Ravello – comme si cela ne suffisait pas –, je me suis retrouvée à avoir récité, joué un rôle dont vraiment je ne supposais pas qu'on puisse encore le confier à quelqu'un. J'ai trouvé Rome pleine des choses que « j'aurais dites », de jugements que « j'aurais exprimés ». Bon, pour savoir comment contrecarrer tout cela, ou mieux, excuse le terme, pour voir comment me libérer de tous ces enfants intestinaux attachés à leurs mères-esclaves par un cordon ombilical plein de caca, je dois rester seule un moment et m'occuper de couper à fond dans tout ça. Je suis lasse de leurs émotions viscérales et de voir des personnes – des gens qui pourraient être des personnes – déféquer avec eux par sympathie. Pardonne-moi cette dureté mais tu le sais, à toi je n'ai jamais menti et je t'ai toujours aimée comme je le fais maintenant.

Goliarda

Rome, 31 décembre 1964

Chère Bianca,

je t'ai téléphoné plusieurs fois mais... tu es là? Si tu es là fais-moi signe. Je suis un peu inquiète pour toi.

Goliarda

Rome, 22 janvier 1965

Pour Bianco,

si grand et si petit si sûr de lui-même et si peu sûr de soi si affûté et si... trouve le mot toi-même.

Goliarda

Rome, 29 juin 1965

Bianchettina,

excuse-moi pour hier soir
mais le téléphone ne marchait pas
comme moi
maintenant
et
le
téléphone
ne marchons pas... si
tu peux,
si bien sûr
tu marches,
me rejoindre
même
en
boitant
je

courrai
à ta rencontre
en bégayant.
Goliarda

Ponza, 1er août 1965

Chère Bianca,

excuse-moi si j'ai tardé à répondre mais ta lettre m'a bouleversée et préoccupée. Clairement, tu ne t'en es pas rendu compte en l'écrivant, mais elle a une coloration exaltée qui m'a obligée à beaucoup réfléchir avant de répondre. Et maintenant encore en t'écrivant, je ne suis pas sûre de bien faire ou pas, ni sûre de ce que je pense, sauf d'une chose : Bianca va mal et je ne peux pas l'aider. Cette phrase, qui seule se dégage de mes émotions, m'a amenée à une interrogation : pourquoi ne puis-je pas l'aider ?

Tout de suite après avoir reçu ta lettre j'ai répondu : parce que moi aussi, même si je vais mieux qu'avant, je suis trop occupée à ne pas perdre ce minimum de sérénité que j'ai regagnée avec tant de peine et à ne pas succomber sous la tristesse d'un état – que tu connais – définitif et sans appel, que je ne peux maintenir à distance qu'en étant très prudente. Ce n'est qu'en guettant sans cesse ses attaques sournoises que je peux espérer le surmonter avec le temps. En plus de cela, dans ces derniers mois je me suis rendu compte que je m'étais leurrée sur le temps qu'il faudrait pour m'en débarrasser et, voyant que cette période serait peut-être très longue, mon attention à moi-même, à ne pas penser à chaque instant, à ne pas m'arrêter – pas même quelques secondes – à ce que j'ai perdu – toujours pour ne pas succomber –, cela aussi parce que tu sais à quel point c'est pour moi définitif ; cela aussi, j'ai pensé que c'était la cause de mon « impuissance » envers toi.

Mais en repensant bien aux derniers événements ici et à ta lettre, je vois que ce n'est pas là la réponse. La réponse se trouve dans l'aggravation de ton état – entends maladie ou état de confusion – en cette dernière année. Cette aggravation de tes problèmes restés en sommeil jusqu'il y a un an est la seule raison pour laquelle j'ai les mains liées par rapport à toi. Ce que j'ai pu comprendre, en me trompant peut-être, est que : si auparavant ton état de somnolence ou de passivité partielle vis-à-vis de toi-même et des autres a pu me donner la possibilité de te faire quitter la via dei Salumi, et après, encore, la possibilité d'autres actions, aujourd'hui cette possibilité n'existe plus.

Souviens-toi de ce que tu m'as dit quand tu avais décidé d'aller en Autriche : je suis heureuse parce que c'est enfin quelque chose que j'ai décidé et que j'entreprends seule. Tu te rappelles ? Donc, la demande que tu me fais dans ta lettre de te donner un conseil est un résidu d'émotions d'autres temps et si j'agissais en te donnant un conseil ou en te rappelant affectueusement à Ponza, tu en serais déçue et amertumée, même si tu ne le sais pas. Il faut que tu voies par toi-même. Et peut-être que tu songes à faire quelque chose qui t'appartienne, et seule. Cela dit, tu comprends que ne sont en discussion ni l'amour que j'ai pour toi, ni celui que tu as pour moi. En fait, excuse ma franchise, mais je crains que ton insistance sur ce point ne vienne d'une ambivalence profonde chez toi, dictée par des mouvements récents en toi vis-à-vis de moi : désir d'être protégée et désir de me détester si je ne te laissais pas toute la liberté qu'au fond de ta recherche de toi-même tu désires avoir, y compris par rapport à moi.

Ta question – « me supporterais-tu muette et triste ? » – tombe elle aussi à la lumière de notre relation passée et n'est que la confirmation que c'est toi, maintenant, qui ne supporterais plus de te montrer à moi muette et maussade.

Pour mieux m'expliquer, tu ne supporterais pas que je te console parce que l'exigence nouvelle qui est en train de s'éveiller en toi est de n'être pas consolée ou distraite mais de lutter seule avec toi-même, résultat de processus récents en toi que je ne sais identifier. Voilà les quelques petites choses que j'ai comprises et que je ne peux m'abstenir de t'écrire justement parce que, comme tu le dis, il faut sauver ce qu'a été et sera notre relation. À bientôt donc. Je ne sais pas combien de temps je resterai ici à Ponza.

Depuis que tu es partie, une chaleur insupportable a explosé. J'ai la vague tentation d'aller dans quelque forêt du Nord. Je t'en prie, Bianca, essaie de te comprendre comme tu l'as toujours fait jusqu'à aujourd'hui et ne doute pas de mon affection. À bientôt, en espérant en nos intelligences.

Je t'embrasse fort.

Goliarda

Ponza, 2 août 1965

Chère Bianca,

ce matin, après t'avoir envoyé un télégramme et expédié l'exprès, j'ai reçu ta seconde lettre qui m'a profondément bouleversée et me pousse à t'écrire tout de suite pour te dire que même si tu ne t'en rends pas compte, si ton comportement à Ponza m'avait attristée et stupéfaite, le ton de ces deux lettres m'a jetée dans un état de dépression et de douleur que je n'avais pas éprouvé depuis longtemps et qui me fait craindre pour ma santé. Je ne comprends pas cette morbidité qui te possède, je ne comprends pas un vocabulaire comme « se comporter virilement », « abandonner », « amante », « reconquérir ».

Je croyais avoir établi avec toi ces dernières années une amitié sereine et sûre qui – ainsi que je te l'ai dit si souvent, et il me semblait que tu étais d'accord – est la seule véritable essence et richesse d'une amitié entre femmes. S'il n'en est pas ainsi, on entre sur des terrains que je ne connais pas et qui m'apparaissent comme : des imitations de rapports avec un amant, de rapports avec une mère, etc.

Je ne t'ai jamais abandonnée et je ne suis pas en mesure, et tu devrais le savoir, de jouer à être « conquise ». Il n'y a rien à conquérir, comme il n'y avait aucune possibilité d'être abandonnée, ni moi par toi ni toi par moi. Je te prie de réfléchir et de sortir de ce bourbier d'émotions qui s'ouvre tout grand devant toi par je ne sais quel mécanisme profond. Et je te prie aussi de considérer de quoi je sors, dans quelle situation précise je me trouve aujourd'hui[62] et ce qui m'attend. Je ne peux te dire autre chose. J'espère seulement pouvoir te voir quand tu seras sortie de ce brouillard et parler avec calme. Je suis contente des bonnes nouvelles, et de femme à femme et non de mère à fille, ni d'amante à amante, je te conseille d'étudier et de travailler à ce que tu as pensé faire, et de ne pas te perdre dans des détours douloureux et stériles, pour toi et pour qui a de l'affection pour toi.

Goliarda

62. En 1964, Goliarda avait fait une tentative de suicide, suivie d'un coma de plusieurs jours, à la suite des errements de sa cure psychanalytique. En 1965, elle et Citto se séparent. Elle en prend la responsabilité, tout en sachant que cette décision lui sera reprochée.

5 mai 1969

Chère Bianca,

je te remercie de m'avoir – l'autre soir – (en véritable amie) contredite. Tu as raison et... excuse-moi si, par peur, j'ai choisi des «armes» vulgaires pour me défendre.

Je t'aime.

Goliarda

GIULIO QUESTI

(1924-2014) Réalisateur, scénariste, monteur, producteur, Giulio Questi avait été partisan. C'était le compagnon de Bianca Belaleff.

Cher Giulio,

après t'avoir écrit, j'ai reçu à mon tour une lettre de Bianca qui m'a beaucoup impressionnée. Qu'arrive-t-il ? S'il te plaît, dis-le-moi.

Ravello, 24 août 1964

Cher Giulio,

il m'est très difficile de t'écrire, cela aussi parce que je crains que cette lettre ne brise, peut-être, notre relation qui est l'un des rares éléments de notre passé commun à être resté vivant pour moi, mais je ne peux faire autrement. Je suis exaspérée par ces accusations dissimulées ou pas, qui cette année nous pleuvent dessus, sans arrêt, de la part de Marco, Gianni, Gigi, Franca et... toi aussi semble-t-il. Bon. Je ne dis pas, maintenant, tout cela pour chercher des circonstances atténuantes. Je ne le dis que pour « l'histoire » et pour que tu saches comment les choses se sont passées. Comme tu l'as vu, je suis restée ici, seule, avec Gigi qui a commencé à nous accuser, Citto et moi : accusation de corruption, accusation de « climats érotiques déplacés » qui se créeraient chez nous, accusation de t'avoir fait connaître une Circé comme Bianca qui aurait, par d'habiles manigances, corrompu ton intégrité. J'ai essayé d'opposer une barrière à ses accusations à l'aide des digues de nos abstractions habituelles en répétant pour une énième fois que je ne crois en aucune « intégrité », ni « fidélité », ni « trahison ».

J'ai répliqué que mon choix de vie m'a toujours empêchée d'employer ces mots et qu'aujourd'hui, plus qu'hier encore, ça me dégoûte de les entendre prononcés par des personnes que j'estime adultes, et que donc il arrête d'en rajouter et de les coller abstraitement à ceci et cela. Je sais que, peut-être n'aurais-je pas dû, mais quand est sorti le nom de Giannina Bertoletti[63], etc. je n'ai pas pu ne pas lui parler aussi de toi, et lui dire qu'il cesse avec ce jeu rhétorique de purs et de corrompus. J'ai eu tort. Je suis à ta disposition et tu peux à ton tour me gifler et m'insulter à ton gré. Je ne me justifie pas. Je suis fatiguée de toutes ces lubies moralisantes qui flottent dans l'air et je préfère une vraie tempête.

Gigi, naturellement, ne veut rien te dire. Qu'il fasse comme il le croit. Moi, je ne peux pas te taire ce que par « légitime défense » – comme disent les avocats – je me suis retrouvée à dire. Je ne peux plus entendre théoriser la vie et les gens. Mon incompréhension ancienne des mots « Fidélité », « Amour », « Sincérité », « Honnêteté » est devenue aujourd'hui, en moi-même, une véritable répugnance pour ces vieux modules dépassés. Je crois de plus en plus qu'on ne peut dire la vérité, jamais. Ni aimer de façon absolue, jamais.

Pardonne-moi mais je préfère te perdre et perdre Gigi et Bianca et Franca plutôt que de stagner dans ce lac de mots usés jusqu'à la corde qui ne parviennent plus à vêtir personne.

Goliarda

Ponza, 26 juillet 1965

Cher Giulio,

je voulais t'envoyer cette carte postale pour m'amuser, et puis, vu que la boîte aux lettres est loin de chez nous, j'ai différé et... naturellement aujourd'hui en la relisant j'ai vu comme la plaisanterie, plus que de mauvais goût, était sinistre, et qu'elle cachait des pensées que j'essayais de ne pas formuler mais que je ne peux pas, maintenant que Bianca est partie, te taire.

Il ne me plaît pas, et il me répugne, d'entrer dans votre vie. J'ai essayé, comme tu sais, après le premier moment autorisé par l'affection que j'ai toujours eue pour Bianca, du fait que je l'ai amenée dans notre « cercle », du fait qu'elle a, je crois, dix ans de moins que notre génération insensée, du fait qu'elle est seule, j'ai essayé, disais-je, après ce premier moment passé

63. Première femme de Gigi Vanzi. Elle avait eu une liaison avec le cinéaste Valerio Zurlini.

à la protéger peut-être excessivement, peut-être « à ma façon », comme dirait Pirandello, de m'éloigner en voyant naître de nouveaux développements difficilement déchiffrables en vous et en moi : en vous une évolution apparemment positive, en moi de la fatigue et un besoin de me renfermer pour rassembler toutes les forces qui me sont restées afin de démêler ce nœud auquel je suis arrivée dans mes rapports avec Citto, avec moi-même et par conséquent avec les autres. Mais des bruits, des mots, des murmures, l'arrivée de Bianca complètement défaite et égarée – excuse ces termes douceâtres mais il n'y en a pas d'autres –, ses comportements désespérés et confus qui n'entament pas encore son intelligence si elle est appelée à réfléchir, mais rendent spasmodiques, irrationnelles ses émotions et donc ses actes, y compris envers moi... quand j'ai vu cela, et étant donné que Bianca, je le répète, est seule, et étant, moi, l'unique personne, malheureusement, responsable et qui l'aime sans rien de « passionnel », étant donné cela je suis obligée de t'avertir qu'elle va très mal et, excuse ma franchise, de te demander de sortir la tête de vos « eaux amoureuses » et de te rendre compte de la gravité de ce qui est en train d'arriver à Bianca. Je ne voudrais pas que toi et moi nous retrouvions demain à nous désespérer. Malheureusement ou pas, je connais ces choses pour les avoir vécues dans ma chair et je ne peux ni les ignorer ni ne pas avertir un ami qui, peut-être désorienté lui aussi, ne se rend pas compte qu'il a entre les mains quelqu'un qui semble fort mais qui comme nous tous se fait fort pour ne pas mourir.

Ta Goliarda

Septembre 1965

Cher Giulio,

j'ai reçu aujourd'hui ta lettre et je te réponds avec une lettre encore plus bête que la première. Excuse-moi si je n'ai pas répondu à ton télégramme mais la mer, le peu agréable retour à Rome qui frappe... – contre quoi ? – m'ont distraite et puis je ne savais pas où était Bianca et ce que je pouvais te dire.

Bien sûr, tu diras que Bianca n'était pas ici mais cela il me semblait que tu le savais, et vu que Bianca ne me paraissait pas un sujet de dialogue sain entre nous mais plutôt aliénant et qu'après son séjour ici elle s'est comportée avec moi d'une manière très équivoque dont la seule chose qui a clairement émergé était qu'elle avait besoin de se détacher de moi, au moins pour un moment, d'être seule et de se diriger elle-même, je l'ai laissée partir, n'étant ni un médecin, ni sa mère, ni son amant – rôles, tous ceux-là, qu'elle semble vouloir me coller dessus depuis un certain temps – mais seulement une amie qui ne lui a tendu la main qu'en tant qu'amie. Probablement n'a-t-elle plus besoin de cette main à présent, peut-être lui fait-elle plus de mal que de bien et donc je l'ai retirée et... espérons que ça se passe bien pour elle. Ce sont des histoires que je ne rencontre pas pour la première fois et qui ne m'impressionnent plus avec leurs fausses étiquettes d'amour-haine, besoin de protection et haine contre la protection donnée, etc. Ce sont des jeux dépassés.

J'y ai joué moi aussi et ça m'a toujours fait du bien quand j'ai rencontré des gens qui m'ont fait arrêter. Si l'on s'aime, cela signifie qu'on est bien avec la personne qu'on aime. Si l'on s'aime profondément on est sûr d'être aimé en retour et on ne recourt pas à des émotions parasites comme haine, amour, incertitudes, peurs. Ce type d'amour profond, je l'ai connu aussi et pour cette raison justement je ne m'égare pas à chercher dans tous les coins pour le retrouver. Il en est ainsi également du « fait de pouvoir parler avec quelqu'un », comme tu dis. Si on veut parler on parle et certains écoutent et on n'a pas besoin d'avoir pour ça une thématique Bianca (Blanche), noire, verte et... excuse la stupidité de tout cela mais comme tu le sais j'écoute et... à toi de parler.

Affectueusement.

Goliarda

PIERA

Piera Benedetti. Fortunée, « éternelle étudiante », selon Angelo Pellegrino. Compagne du peintre Eduardo Arroyo et grande amie de Goliarda, bien qu'elle ait sans doute été elle aussi une maîtresse épisodique de Citto.

5 mai 1959

Chère Piera,

j'ai le devoir, au point où nous en sommes, de prendre courage et de t'expliquer comment se sont passées les choses. Par où commencer ? Il m'est difficile de comprendre comment a débuté cette crise étant donné qu'aujourd'hui encore, bien que j'essaie de me convaincre que je vais mieux, je vis dans un état de somnolence et de cauchemar continu qui m'embrume et me tourmente.

Nous pouvons reprendre et suivre à nouveau ensemble, depuis le début, les étapes de notre relation et ainsi déceler le germe qui a pu lentement mûrir entre nous et causer tout cela. Peut-être ce germe est-il l'absolue différence de nos caractères ou peut-être ma propension maladive à m'attacher, qui me pousse toujours trop au-delà des limites fixées entre deux personnes et donc, en conséquence, à trop demander et à croire de manière exagérée – et je le répète, maladive – en ce que l'objet de mon affection peut faire ou veut faire pour moi.

Allons-nous commencer par le début ? Quand je t'ai revue j'ai eu tout de suite beaucoup de sympathie et de tendresse pour toi bien que j'aie aussitôt remarqué certaines disons... particularités de ton caractère qui généralement sont dissuasives pour moi – rien de grave, je dis bien « dissuasives pour moi » – par exemple : un manque absolu de sens du temps, une certaine élasticité dans le respect des engagements pris (si tu t'en souviens je t'ai même raconté comment, de fait, j'avais coupé net avec Gerardo[64], bien que j'en aie été amoureuse, quand j'ai compris qu'il ne pourrait jamais se débarrasser de cette façon qu'il avait de faire attendre les autres des heures et des après-midi entiers, de cette façon de vivre en changeant sans arrêt de programme, etc.). Et cela non parce que j'estimais qu'il s'agissait d'un défaut condamnable, comme je n'estime pas qu'il le soit chez toi, mais seulement parce qu'il m'est physiquement impossible d'attendre quelqu'un que j'aime et qui est en retard.

Cela me trouble profondément, me rend nerveuse et me détourne de toute activité ; me ramène automatiquement à un sentiment d'instabilité et de provisoire dont j'ai toujours souffert, depuis l'enfance, que ce fût à cause du caractère exceptionnel de la vie de mon père, de son caractère propre, ou à cause des circonstances politiques et financières. Maintenant, vu que notre vie, comme tu sais, est pleine de changements, d'incertitudes et d'épreuves, j'ai besoin, dans les petites choses de mes journées, dans mes heures et dans mes affections, d'un ordre et d'une sécurité qui probablement peuvent sembler excessifs à quiconque, vus de l'extérieur. Et sont peut-être excessifs. Mais pour moi, sans cela, il n'y a pas de vie possible.

Je ne te cache pas que ce besoin d'ordre que j'ai vient également du fait que moi aussi j'ai eu de la peine à m'équilibrer et à me canaliser dans une seule et même direction ; et je n'y suis pas encore tellement assurée. Dès que cet ordre est troublé, voilà que je tombe dans un état morbide qui me fait beaucoup souffrir et m'empêche de travailler.

Donc, Piera, une fois établie cette... particularité que j'ai, qui découle d'exigences absolument opposées à celles dont provient ton besoin de ne pas avoir de liens, d'engagements et d'horaires, autrement dit : tandis que je cherche une stabilité que je n'ai jamais eue dans ma famille, tu te rebelles contre la tienne, la façon de vivre des tiens, rythmée par les horaires du magasin et par les dimanches avec le temps fort de la messe.

Cela établi, qu'est-il arrivé ? Si nous avions continué à nous voir comme dans les premiers mois, comme ça, sans engagement particulier – même si c'était avec grande sympathie –, en fin de journée avec des amis ou pour aller au cinéma, probablement notre relation ne se serait pas beaucoup approfondie mais serait restée une relation très douce et, dans ses limites, importante.

---

64. Il s'agit de Gerardo Guerrieri (1920-1986), metteur en scène, scénariste, traducteur, essayiste, premier et éphémère ami de Goliarda.

Mais au lieu de cela, que s'est-il passé ? Par le concours de circonstances que tu sais, tu es venue habiter chez nous et l'habitude, l'absence de rendez-vous fixes (que ta maladie et le fait de se trouver dans la même maison ne réclamaient pas), m'ont amenée à oublier ta façon d'être, d'une part, et de l'autre la tendresse que j'ai toujours eue pour toi, le plaisir de parler avec toi et la manière dont tu es attentive et profonde en tant de choses m'ont fait franchir les limites qui sont indispensables en beaucoup de bonnes amitiés et m'ont – pour dire un gros mot – rendue amoureuse de toi (toujours à cause de cette maudite propension maladive ancrée dans ma nature) et sans m'en rendre compte j'ai commencé à trop demander et à m'imaginer que tu pourrais changer ta nature et te comporter comme naturellement tu ne le peux pas. Je tiens à te répéter que cela n'est pas une accusation envers toi, pour quelqu'un d'autre cette façon d'être qui est la tienne pourra ne pas avoir un poids déterminant, comme ça a été le cas pour Gerardo qui après moi a eu et a des femmes – et de valeur – qui l'ont aimé et l'aiment tel qu'il est.

Puis il y a eu Positano, le retour. Et tout serait peut-être encore allé bien si ma maladie n'était pas survenue. Que s'est-il donc passé depuis que tu as trouvé un logement ? Rien encore de grave en soi, mais pour moi si. Tu te souviens que Citto a dû partir soudainement et que je t'ai dit de venir dormir à la maison parce que j'avais peur de rester seule ? Ce fut exactement ce soir chez Celestina, avant que tu n'ailles chez Vanessa avec Lollo. Bon, le lendemain tu es tombée malade – Citto me l'a dit avant de partir – et j'avais prié Lollo de me donner de tes nouvelles. Vous ne vous êtes pas manifestés jusqu'à cinq heures du soir puis, alarmée, craignant aussi que Lollo ne t'ait laissée seule et tu en aies besoin, je me suis habillée en vitesse – étant donné que moi aussi j'étais au lit – et je me suis précipitée chez toi, et si tu te souviens bien j'étais très agacée et je vous l'ai dit. Puis nous sommes restés à bavarder et pendant tout l'après-midi j'ai attendu – vu que tu n'allais pas mal au point de ne pouvoir parler, raconter et discuter – que tu fasses allusion au fait que tu ne pouvais venir chez moi pour la nuit ou que tu montres d'une façon quelconque que tu étais inquiète pour moi, etc. Il aurait suffi d'un mot et probablement tout se serait terminé là. Mais ce n'est pas venu. Puis tu as guéri et tandis que je pensais que nous aurions recommencé à nous voir seules – comme il arrivait à Positano et avant ça à Rome quand tu étais chez nous –, et sans le savoir je désirais parler avec toi et peut-être me lâcher et peut-être te lire ce peu de travail que j'avais fait ou revu, ou simplement nous consoler ensemble, moi de mes maux et toi des tiens, au lieu de cela a commencé cette façon de se voir tout le temps à trois avec Lollo, ces balades et ces soirées qui sans être désagréables au départ avaient un ton naturellement superficiel. Si j'avais été en bon état, je les aurais probablement prises pour ce qu'elles étaient, mais n'étant pas bien et désirant, inconsciemment, me retrouver avec toi (tu te souviens que dans cette période-là et, malheureusement, aujourd'hui encore je ne voulais voir personne ?) elles ont commencé à me peser et à me sembler artificielles et forcées. Cela aussi, peut-être, parce que quand Lollo et toi êtes ensemble vous prenez – chose qui ne ressemble à aucun de vous deux – un air de gamins qui s'asticotent.

Tu m'as dit un jour, je ne me souviens pas bien si c'était au téléphone ou de vive voix, que tu ne comprenais pas pourquoi je voulais te voir seule quand pendant des mois nous nous étions tout le temps vues avec Citto. Certes, Piera, pendant des mois le soir nous étions tous les trois, mais si tu te souviens bien notre rapprochement et notre compréhension plus profonde l'une de l'autre n'est advenue que lorsque nous sommes restées toutes les deux seules durant nos après-midi ou nos balades. Et je te rappelle cette nuit où nous sommes allées voir les azalées et qui a été, au moins pour moi, la découverte – toujours imprévue et toujours nouvelle – de la façon dont pouvait naître entre nous quelque chose de plus qu'une simple connaissance. Précisément parce que ce n'est qu'en restant seules, en tête à tête, qu'on peut construire une vraie amitié, un vrai dialogue qui n'a pas besoin pour survivre d'aliments fortuits et externes mais se nourrit d'une entente qui – loin des gens divertissants, du cinéma, des réunions, etc. – naît ou ne naît pas. Et si cela – qui n'est pas si fréquent – se réalise, comme ça a été le cas entre nous ou du moins pour moi, ce nouvel état a besoin pour se développer de cette « solitude à deux », appelons-la ainsi ; du fait de recommencer, après avoir été avec les autres, de se voir de près ; de cette liberté de se parler de choses qu'on ne dit pas si on est ne serait-ce que trois ; de cette façon de revoir dans les yeux de l'autre l'éclosion de sensations identiques aux vôtres.

Et puis il y a autre chose : tandis que tu es venue à nous qui sommes comme une seule personne et qu'il était logique d'être toujours ensemble à trois (bien que, j'insiste, quelque chose de fort et de plus profond entre nous ou entre Citto et toi n'ait pu provenir que de la découverte d'être aussi bien, seules, nous deux, ou aussi bien que vous l'étiez, seuls, Citto et toi), Lollo était un élément étranger – même s'il t'était cher, à toi, et à moi aussi – qui s'insérait dans un second temps dans notre histoire ; et qui de ce fait était, à mes yeux, perturbateur. Et, attention, non pas parce que Lollo est Lollo, ç'aurait pu être Mara, Giselle ou Franca ou Tonello.

Qu'est-il sorti de ces excursions dominicales à trois ? La sensation, pour ma part, d'avoir été écartée pour une de tes, permets-moi de l'appeler ainsi, nouvelles distractions qui à ce moment-là t'attiraient davantage. Je t'ai dit aussi, bien que je ne l'aie que confusément senti, que j'avais l'impression d'être de trop quand j'étais avec vous, et le matin de « l'équivoque Teresa » ma conviction que pour toi ne pas voir Lollo un après-midi ou un soir était quelque chose qui t'ennuyait m'a donné la sensation précise d'avoir été mise de côté pour ce qui était, à ce moment-là, un intérêt nouveau plus stimulant ou, si tu veux, plus important pour toi. Mais là n'est pas la question, comme tu le comprends bien. La question était que je me suis sentie exclue.

Puis la sottise du billet à ordre et puis encore ton appel où j'ai peut-être été froide mais, je t'assure, seulement parce que j'allais mal et ne savais pas ce que nous allions faire le soir, travailler ou autre chose (du reste, comme tu le sais, cela arrive fréquemment). Je ne t'ai pas dit si nous nous retrouverions ensemble ce soir-là parce que je savais que tu devais aller avec Lollo chez Giselle, en tous cas tu allais le voir, et à ce moment-là je ne pouvais plus te demander – ne serait-ce que par amitié pour Lollo – de venir me retrouver sans lui.

Et là est arrivé ce qui m'a peut-être le plus surprise. Toi qui avais été pendant des mois avec nous et qui savais que mon humeur était altérée par l'anémie et l'épuisement, avais-tu le droit de ne pas chercher à en savoir davantage sur ma froideur ou ma distraction, appelle-la comme tu veux, et de disparaître pendant des jours et des jours en sachant que Citto partait et en sachant aussi – puisque tout ce temps-là tu as continué à voir Lollo, auquel Citto, inquiet, avait demandé de s'occuper de moi – dans quel état j'étais retombée ? Le sais-tu – et Lollo m'a vue et s'en est rendu compte – que je restais toute la journée jetée sur le lit sans avoir la force de bouger, hantée de cauchemars, attendant qu'on me fasse ces maudites piqûres et que je ne soupçonnais même pas que, quelle qu'ait été ton impression, tu n'allais pas, d'un moment à l'autre, te manifester ?

J'ai dû t'envoyer un télégramme dont il me semble qu'il était assez vif et qu'il requérait donc une explication. Te voir arriver au Colony avec Lollo, avec lequel j'avais rendez-vous, tous les deux tranquilles et décidés à m'emmener au Cirque – moi qui espérais te voir seule et pouvoir ainsi t'expliquer bien des choses qui s'étaient alors suffisamment éclaircies en moi et qu'ensemble, peut-être, nous aurions pu finir de démêler –, vous voir arriver, comme toujours, pimpants et en retard, m'a mise hors de moi et malheureusement m'a confirmée dans l'idée, encore embryonnaire jusqu'à ce moment-là, qu'à présent que tu avais trouvé un Lollo qui t'intéressait et te permettait de n'avoir pas besoin de me rechercher tu étais devenue brusquement susceptible, trop susceptible, pour ce que je savais de toi.

Après quoi, l'histoire du départ. D'accord, tu étais sûre de partir et puis tu as différé de jour en jour. Mais comment m'expliquer que, clairement, tu ne voulais pas nous voir au point d'empêcher Lollo de dire que tu étais là ? Il y a trois mois, quand tu étais seule, n'aurais-tu pas téléphoné tout de suite, le lendemain, à peine aurais-tu changé de programme ? Que penser ? Tu voulais être seule avec Lollo ? Très bien, tu n'avais qu'à le dire et je l'aurais parfaitement compris sans pour autant penser qu'il y avait quelque chose entre vous ou prétendre, en tout cas, que tu le dises.

Haya, Mara, et d'autres chères amies à moi que tu n'as pas connues ont eu, dans les périodes où la vie nous a gardées proches, des intérêts et des histoires – certaines très importantes –, mais ne m'ont jamais donné le sentiment de m'écarter ou ne m'ont imposé la présence continuelle de l'objet de leur intérêt ou ne se sont vexées (me connaissant comme je croyais que tu me connaissais) avec autant de facilité et d'obstination.

Chère Piera, voilà l'histoire de notre dernier mois tel que je l'ai vécu et j'avais le devoir, puisque je tiens à toi, de te mettre au courant, étant donné que ce que nous nous sommes dit par téléphone n'était clair ni de ma part ni de la tienne. Je voulais te voir. Malheureusement l'idée que tu viendrais en retard au rendez-vous, risquant ainsi de trouver d'autres personnes (je me souviens que ce jour-là je devais justement voir Mara), de telle sorte que nous n'aurions pu parler et serions restées, au contraire, plongées dans ce climat de choses non dites, m'a effrayée. J'ai préféré remettre à plus tard et t'écrire, ne serait-ce que parce que je n'étais pas sûre de pouvoir être claire avec toi en te parlant – me trouvant dans l'état que tu sais – ou de ne pas être excessive comme l'avant-dernière fois où tu m'as téléphoné et où je t'ai littéralement agressée, chose pour laquelle je te demande pardon.

C'est lors de cette conversation que tu m'as dit que tu m'aimais même si tu ne savais pas montrer l'affection que tu as pour moi. Je te crois, Piera, mais malheureusement l'affection doit se démontrer, doit agir, autrement elle reste quelque chose d'informe, un sentiment qui n'est qu'une fin en soi-même et n'est utile à personne. Comme la bonté dont nous avons parlé bien des fois et nous étions d'accord pour affirmer qu'une bonté inerte, sans combativité, ne peut se dire telle et reste un objet de luxe forgé pour le plaisir de qui s'en réclame et n'est de secours pour personne.

Encore pardon si je suis franche avec toi, mais la tendresse que je t'ai montrée m'en donne le droit. Ce que j'ai pu deviner en toi est que : ta joie de vivre, ta vitalité et ta peur de perdre quelque chose en te soumettant à des horaires et des règles – que pourtant, parce qu'elles servent à protéger la liberté de chacun d'entre nous par rapport à la liberté des autres, il faut respecter –, ta peur d'accepter quelque discipline que ce soit, t'amènent à ne pas te rendre compte de ce qu'on te demande.

Toujours pour te rebeller contre une vie opprimée par des devoirs et des conventions mal compris et mal appliqués qu'on voulait t'imposer chez toi, tu es portée, quand tu as décidé de faire quelque chose qui te fait plaisir, à ne pas t'apercevoir que d'autres ont à ce moment-là des exigences différentes et à ne pas te demander si ce qui te fait plaisir ne blesse pas les autres d'une façon ou d'une autre.

Et ainsi, sûre de toi, dans cette cuirasse vitale tu vas de l'avant et fais ce que tu as décidé. Tu ne te demandes pas si d'autres ont de l'argent ou pas, si être en retard de trois heures ne bouleverse pas la journée de la personne que tu vas retrouver. Et si cette personne en prend ombrage et, sans te le dire, essaie de te le faire comprendre, tu te fermes et n'acceptes pas qu'on puisse être différent de toi, quand un retard de rien qu'une demi-heure peut parfois être décisif dans une amitié comme peut l'être pour un malade le retard d'un médecin, d'un médicament.

Tout cela, tu penses, inconsciemment, que c'est seulement parce que ça fait partie de la rébellion – parfaitement juste en effet au départ – qui t'a permis de ne pas succomber aux tiens et à leurs règles rigides. Mais – et ici pardonne-moi de me remettre encore à parler de moi – si moi aussi, j'avais suivi à corps perdu ce qu'était ma propre rébellion, nécessaire, pour pouvoir grandir, contre l'instabilité et l'impermanence de ma famille, à quoi serais-je arrivée ? À m'enfermer dans un couvent si j'avais cru en Dieu ou à pourrir dans une filature en Amérique du Nord tout de suite après la guerre. Et donc toi, Piera, ne crois-tu pas qu'en t'obstinant dans une rébellion aussi indiscriminée et chaotique, ne crois-tu pas que tu pourrais risquer, à la longue, de te noyer dans un désordre de rendez-vous manqués, de choses non dites ou oubliées et de perdre ainsi – exactement comme j'ai risqué de les perdre – les choses les plus importantes et profondes que « la vie », pour le dire comme tu le dis si souvent, « nous offre » ?

Pardonne-moi encore pour cette dureté, mais tu vois qu'elle provient de l'estime que j'ai pour toi et de la certitude que j'ai de ton intelligence. Cette certitude et cette estime m'imposent de te dire toutes ces choses que peut-être personne ne t'a jamais dites et que peut-être personne ne te dira jamais parce que les gens, même les meilleurs, préfèrent s'éloigner et passer outre en n'aimant pas et en ne disant rien. Je t'embrasse.

Goliarda

Chère Piera,

excuse-moi si je ne t'ai jamais écrit comme je l'avais promis mais... mais... comme d'habitude il y a toujours quelque chose... ou plutôt... trop de choses ou trop de gens : ce qui signifie trop d'amis et de connaissances et d'invitations et d'obligations, de sorte qu'on voit le temps filer vertigineusement à la fenêtre (entends la fenêtre d'une voiture) comme on voit un paysage (comme les poteaux téléphoniques) du train. Le malheur est qu'on n'est pas en voyage, ou mieux, comme disent les anciens (je ne sais à quels anciens on se référait quand j'étais enfant en Sicile mais sûrement à des anciens très anciens), on est dans une voiture en route vers la mort (heureux étaient-ils, eux qui ne connaissaient ni le train ni... le téléphone !) et on doit bien regarder (dans ce cas, de la portière) et faire tout ce qu'on doit... Faire ce que l'on doit ! J'ai l'impression de ne pas faire ce que je dois, et c'est une sensation « inconfortable » qui me rend distraite et le travail non fait me pèse sur les mains... « inconfortablement ».

Pour le reste, rien n'a changé : en décembre, ponctuellement, je tombe malade de quelque chose (entre l'hiver et moi il y a une affaire personnelle), cette fois ça a été le foie, il pleut, les amis viennent, ne prennent pas le thé et s'en vont se promener dans les pièces en parlant de Michelangelo[65] mais... en saccageant lesdites pièces. Haya... oui... Haya. Haya est merveilleuse et c'est un bonheur qu'elle existe et revienne à Rome de temps en temps et qu'elle m'aime, bien entendu. Haya est l'un de ces sujets que tu pourrais légitimement me balancer à la figure quand je me plains de la nature... Souviens-t'en pour nos prochaines discussions.

Cesare est toujours plus... beau, ou mieux, comme dit Titina, il est toujours plus « mangé de l'intérieur par ce feu spirituel » que nous savons.

Franca a toujours plus de vert dans les yeux et les gestes intenses et est tout occupée à comprendre...

Citto... Citto est Citto comme tu sais, et comme tu ne sais pas il est fou d'enthousiasme pour la mise en scène d'opéra, et nous avons craint après Venise qu'il ne veuille tout laisser pour se dédier au... bel canto italien. Mais il semble que cette « folie » soit passée... Il ne fait que lire et quand il ne lit pas il écrit des synopsis et téléphone et quand il ne téléphone pas il écoute... Verdi, et si ça se présente... il dort quelques heures. Bon. Cette parenthèse-sortie rose sentimentale refermée, passons à autre chose, ou mieux, passons à toi. Elena m'a transmis tes nouvelles officielles (on aurait cru un évêque). Elle m'a dit que vous avez une maison « ravissaaante » et qu'Eduardo est... « déélicieueueux ».

Tu peux imaginer comme ces nouvelles m'ont réconfortée ? Pendant qu'elle me parlait je vous voyais nager dans la mélasse avec des larmes de barbe à papa sur vos joues émues par tant de délices... Écris-moi avant que cette image ne se consolide en un beau gâteau. Comment allez-vous ? Eduardo travaille ? Embrasse-le pour moi. Merci pour vos vœux. Et écris-moi aussi pour me souhaiter bon voyage parce qu'en mars je vais en Russie avec Joyce, reçue par Nâzim Hikmet[66]. Voilà une belle chose pour le coup. Imagine qu'en t'écrivant je l'avais oublié, si bien que maintenant c'est une surprise pour moi aussi. À Moscou... À Moscou...

Quand viendras-tu à Rome ? Écris.

Je t'embrasse.

Goliarda

65. Antonioni.
66. Ce voyage ne se fera finalement jamais.

Chère Pietruccia,

pardonne-moi cette trahison, mais il n'y a rien à faire avec Joyce, elle est... irrésistible ! Je suis en route pour la Turquie et... que le diable m'assiste ! Je te laisse dans les mains des cousins avec un certain remords, essaie de te consoler en regardant Titina et ne m'en veux pas. Ne te laisse pas troubler par mon caractère, comme dit Cesare[67], insulaire, et souviens-toi que je t'aime. Je sais que parfois je suis distraite ou chimiquement renfrognée, bref, insulaire, mais je t'assure que tout cela n'a rien à voir avec mes affections et mes inclinations. C'est, comme je viens de te le dire, un fait *chimique* et si tu veux... végétatif.

Pour mieux t'expliquer : parfois, particulièrement quand je suis fatiguée, je me laisse végéter mélancoliquement comme une petite couleuvre au soleil. En tout cas pardon encore parce que si tu as eu ces doutes que tu disais hier soir, à Franca et moi, sur mon affection pour toi, c'est ma faute et je n'ai pas d'excuses.

Je t'embrasse.

Goliarda

Chère Piera,

avant tout, merci pour ta lettre et merci à Eduardo pour les merveilleux petits dessins qui ont fait la joie de tous nos amis et sont maintenant suspendus au mur de la petite pièce d'où ils nous font joyeusement signe. Je voudrais moi aussi t'écrire longuement mais comme d'habitude...

Venons-en donc à notre voyage. Je pourrai presque sûrement venir avec vous à Majorque mais malheureusement pas à Paris parce que je dois travailler avec Citto et ce ne me sera pas possible à ce moment-là. Nous pourrons faire ceci : vous partez en voiture et au premier aéroport qui se trouve sur la route – Eduardo le saura – je vous rejoins. Au fond c'est beaucoup plus... « poétique » de se donner un rendez-vous aux... portes de Majorque. Qu'en penses-tu ? Écris-moi tout de suite si le projet vous convient, et pour Paris ne t'inquiète pas, je viendrai bientôt vous rejoindre, pourquoi pas quand vous reviendrez de Positano, parce que vous viendrez, n'est-ce pas ? Et j'y resterai plus longtemps, jusqu'à vous lasser. Naturellement je viendrai (à Paris, pas

---

67. Garboli.

à Majorque) avec champagne et beaucoup de critiques de noms illustres sur mes écrits « si vivants », « si authentiques » !!

Je vous embrasse et vous aime.

Goliarda

Merci pour le beau petit éventail.

Que de mercis, oh là là !!

Vous m'emplissez de confusion !!

Chère Piera,

je suis incorrigible et je crois que d'ici peu tu m'enverras me faire... Encore une fois j'ai eu l'impression d'avoir été froide avec toi quand tu es venue chez Cristina. Et la raison était celle-ci : je m'en voulais beaucoup de t'avoir obligée à venir jusqu'à la via Giulia qui, même si elle est très belle, est éloignée de là où tu étais et... très éloignée de là où tu pensais me trouver !! Que dire... seulement que je suis incorrigible – comme dit Citto – et comme ne dit pas Citto – CATHOLIQUE – je ne fais que te demander pardon.

Sicilienne +

Catholique +

La tête dans les nuages +

Sans aucun sens du temps +

Insulaire +

Égoïste (depuis 3 ans seulement, depuis que je travaille pour moi) +

Peu expansive +

Peu jalouse (sauf dans l'amour charnel entre homme et femme) +

Anémique +

Vieille +

... (ajoute, toi) =

personne intraitable et à laisser... seule.

Je te dis cela « joyeusement » parce que je sais que tant que des gens comme toi et Citto (catholiques et pleins de *pietas*) existeront, je ne serai pas seule. Je viendrai dans les premiers jours de novembre et resterai chez vous jusqu'à ce que « catholiquement » vous me chassiez à... coups de pied.

Je vous aime.

Goliarda

Chère Pietruccia,

merci encore pour la preuve d'amitié que tu m'as donnée à Positano et dont, peut-être, tu ne sais pas combien elle m'a aidée. J'espère pouvoir tout te dire un jour mais, malheureusement, quoi que je veuille, ma nature – « insulaire » comme dit Cesare[68] – m'empêche de m'ouvrir complètement. Pardonne-moi. J'apprendrai cela aussi. J'ai été tellement heureuse de te revoir à Rome mais je crains de n'avoir pas su te « démontrer » cela non plus. Bon. Pardonne-moi cet épanchement de petite femme ou de femme-femme, comme dirait Franca, et passons à autre chose. Comme tu le vois, ça va mieux maintenant. J'ai recommencé à travailler, rangé la maison et hier, pour changer, nous avons eu une « petite soirée » avec de nouveaux et d'anciens amis, des conversations nouvelles et anciennes, en un mot : une soirée agréablement nouvelle et terriblement... peu nouvelle !!

Citto va bien. Il travaille, on ne sait pas ce qu'il fabrique, il tourne sur lui-même, ouvre et ferme valises et enveloppes et emplit nos deux pièces de la gaieté que tu sais. Il s'est coupé les cheveux et a acheté une très belle cravate pour lui et une autre pour Lorenzo... Quelles... petites femmes... femmes-femmes !

J'ai lu la première partie du scénario qui me semble très beau et cela me rend heureuse. Nous sommes en train de travailler à l'épisode du film de Zavattini[69] dont nous avons parlé à Positano. Tu te souviens ? Bref je n'ai de temps pour rien et pour personne et tout le monde m'accuse de manque d'amour, d'indifférence, etc. Mais que dois-je faire, merde ?!!! Ce que je ferai sûrement – cela aussi pour me débarrasser de toutes ces accusations et procès – sera de venir à Paris pour un petit mois. Comme je t'ai dit je viendrai chez vous pour quatre ou cinq jours et puis... nous chercherons ensemble un petit hôtel très proche de chez vous et où je puisse aussi travailler un peu. Naturellement, vu que je viens pour être avec vous, le soir je serai collée à vous comme... (vous trouverez le mot adapté plus tard...) Ça ira ? Eduardo comprendra que j'ai besoin d'être seule ? ou m'accusera-t-il lui aussi ? Écris-moi.

Je vous aime.

Goliarda

68. Garboli.

69. *Le italiane e l'amore* (*Les femmes accusent*) est un film à sketches, sorti en 1961. L'épisode en question a été dirigé par Maselli *Le adolescenti* (*Les Adolescentes*).

Chère Piera,

je suis un monstre. Je me jette à terre et en demandant pardon je vous dis… JE SUIS UN MONSTRE. Chaque jour je pense écrire et chaque jour je me laisse entraîner par le rythme insensé de ces HEURES ROMAINES et m'y perds comme une petite poule quelconque. Si seulement je pondais un œuf ! Ce n'est pas si facile, tu sais ? Et vous, combien d'œufs pondez-vous ? Citto en sème dans toute la maison. Dommage qu'ensuite il s'amuse à les picorer et donc… Basta !

Comment allez-vous ? Moi beaucoup mieux, depuis que je suis revenue de Paris, non seulement je dors, je mange, je n'ai pas perdu de poids – mon Dieu quelle désagréable impression – mais, et c'est le plus important, je travaille. Sans cela, je prendrais l'avion et m'enfuirais chez vous. On est très bien dans votre petite chambre et… Je n'aime pas dire ces choses-là, mais… je vous aime. Je suis une poule, mais je vous aime. Belle satisfaction pour vous ! Belle satisfaction, avoir une poule qui vous aime et ne fait pas d'œufs. J'ai entendu dire que, si vous m'attachez au lit et mettez de la musique qui me tienne éveillée et m'obligez à manger au moins dix fois plus que ce que je mange, moi aussi – petite poule stérile –, je pondrai un œuf. La prochaine fois que je viendrai chez vous nous essaierons.

Goliarda

Je voudrais vraiment vous faire un beau petit œuf blanc et lisse. Mais bon (à bientôt) !

Basta. Basta. Basta !

Je vous aime.

Goliarda

Rome, 28 juillet 1963[70]

Chère Piera,

Citto m'a dit qu'il t'avait parlé. Je voulais le faire moi-même mais j'ai eu vingt jours difficiles à décrire et… passons. Je regrette ce malentendu mais prenons-le pour ce qu'il est. Toi surtout, essaie d'accepter ce, comment

70. Plus probablement 1962, année durant laquelle Goliarda a subi la « cure » dévastatrice d'électrochocs à laquelle elle fait allusion dans cette lettre.

l'appellerons-nous, moment de stase transitoire ? Espérons qu'il en sera ainsi.

Ce que je voulais te dire, maintenant que je peux te parler seule, est que je ne comprends pas comment tu ne te rends pas compte de l'état dans lequel je me trouve. Pourtant je vous ai tout dit, précisément pour que vous sachiez que je ne suis libre d'aucun de mes « comportements » en ce moment. Comment cela se pourrait-il quand je sors d'un néant artificiel dans lequel on m'a plongée mécaniquement ? Quand nous nous sommes vus la première fois, ma normalité apparente – je pensais que c'était clair – était due à un affaiblissement de ma mémoire et surtout à l'instinct de ne pas vous inquiéter à l'excès même si, comme tu as pu le constater, je ne vous ai rien caché.

Vous savez que nous ne voyons personne. J'ai vu Franca trois ou quatre fois, Mara pareil, les De Seta[71] et Puccio seulement une fois ; pour les autres, rien. Seule chose, il m'a fallu passer outre mes difficultés pour Gigi que – comme tu l'auras su – on ne pouvait abandonner dans un moment aussi grave de sa vie.

Quant à Citto, comme il a dû rester près de moi tout le temps et a ainsi complètement laissé de côté la préparation des *Deux Rivales*[72], il a été obligé dans ces vingt derniers jours de travailler jour et nuit pour regagner le temps perdu, cela aussi parce que, semble-t-il, le tournage commencera plus tôt que prévu. Et tu sais, y ayant assisté une fois, ce que veut dire travailler à un scénario avec une échéance précise devant soi.

Maintenant, Piera, pourquoi continues-tu de te préoccuper de « la façon dont tu te comportes », de « ce que tu as dit » ? Pourquoi as-tu peur de « décevoir » ? que je ne t'aime plus, etc. ? Si tu regardes au fond de toi-même, tu verras que c'est quelque chose qui te vient seulement du fait d'être habituée à avoir, à tout moment, des preuves du contraire. Je suis heureuse de t'avoir donné, naguère, cette preuve. Mais maintenant que j'ai besoin de toi, que j'ai besoin que tu sois sûre de toi et que je n'ai pas la force d'être proche de toi comme avant, c'est à toi de « comprendre ». Comprendre que je lutte jour après jour pour rester. Comprendre que l'affection ne change pas à cause d'un « malentendu », une « attitude », ou un « destin » ; et moins encore

---

71. Vittorio, réalisateur (1923-2011) et sa femme Vera, grande amie de Goliarda. Mara est Mara Buffa (voir plus loin, p. 97).
72. Le titre italien du film, adaptation du premier roman, homonyme, d'Alberto Moravia, est *Gli indifferenti*, *Les Indifférents*.

à cause d'un « éloignement physique ». Tu as été effrayée parce que je t'ai dit que j'avais coupé les ponts avec Lorenzo[73] et quelques autres ?

Mais Piera, avec Lorenzo il y a eu une histoire complète, menée jusqu'à son terme – et dans ces derniers mois sa fin était prévue des deux côtés. Avec les autres ? Qui sont ces autres ? Ce sont des gens avec qui j'ai eu, peut-être, avant, de vraies relations ? Tu sais que ce n'est pas le cas : ils représentent un cercle disons « mondain » dont aujourd'hui j'ai eu la chance de comprendre qu'il ne m'avait jamais intéressée. Parmi ces gens il n'y a pas une seule personne à qui, mis à part le plaisir de m'avoir dans leur salon, je manquerai.

Alors, chère Piera, essaie d'y voir clair. Pense aux jours que nous avons partagés à Paris, pense à nos rencontres ici à Rome. Souviens-toi de ce que je t'ai dit, ne te perds pas dans un nœud empoisonné d'« impressions de non-dit » qui peut vraiment t'éloigner de moi. Reste proche de moi sans crainte. Tu sais que je ne fais pas confiance aux *impressions* et tu sais aussi que, si quelque comportement me paraît déplacé, je le refuse et je demande des explications. L'« éloignement », les « erreurs », ne changent rien en moi, je ne connais pas la signification de ces mots, et surtout je ne décide pas d'un jour à l'autre de « ne plus aimer ».

Je t'aime, Piera, essaie d'en être sûre et tu me donneras la seule preuve d'affection que je te demande.

Embrasse Eduardo pour moi. Que lui aussi me comprenne et me garde dans ses pensées.

Goliarda

Chère Piera,

je suis très coupable envers toi et il est inutile que je cherche des excuses... Et ce n'est pas pour m'excuser que je te dis : ici on ne vit plus. Trop de personnes à voir, trop de correspondance à poursuivre, trop... de tout. Citto travaille comme... je voulais dire un forcené mais est-ce suffisant... Citto... au synopsis de son nouveau film, sans titre encore, toujours avec la Vides, toujours avec indécisions « neuro-productives » du toujours jamais

73. Lorenzo Tornabuoni (1934-2004), peintre homosexuel dont Goliarda était tombée amoureuse après l'avoir côtoyé comme ami pendant plusieurs années.

trop célébré « nord-efficient » Cristaldi encore installé dans ce brillantissime « onirico-american-bureau-plastique-modèle » pour producteurs scientifiquement sélectionnés, stérilisés, automoteurs et pensants sur la piazza Pitagora (celle avec le pin au milieu). Suffit !! Excuse-moi mais je suis sous « l'urine-dolente » influence de Joyce, ou mieux, sous celle de la « foutue-bestiale-méritante-putain » de traduction d'*Ulysse* !!

Quant à Rome, c'est toujours Rome, autrement dit : un continuel faux printemps douceâtre et épuisant parsemé de petits prêtres très « pittoresques ». Quant à moi, j'essaie de travailler mais depuis deux mois, pratiquement, je suis au lit avec grippe + arthrose + anémie = dépression = oisiveté punissable d'enfer.

Chère Pietruccina, embrasse pour moi Eduardo et merci à lui aussi pour tous ses bonjours et vœux et petits prêtres si mignons.

25 octobre 1966

Chère Piera,

tu ne peux pas imaginer – dans la solitude à laquelle nous contraint notre travail – la joie que m'a donné d'entendre, « entre les lignes » de ta voix, comme tu as compris les intentions de mon récit. Merci pour cette joie qui me pousse à revoir, corriger avec moins d'angoisses et d'incertitudes.

Je t'aime.

Goliarda

11 juillet 1969

Chère Piera,

en premier lieu, « à la façon insulaire », un merci pour ton appel qui, me donnant « de l'amour », m'a arrachée à l'une des nombreuses morts minuscules que la vie nous balance dessus chaque jour (nous offre, peut-être, pour pouvoir renaître bien nettoyés ?) et… pour revenir à ta voix (prolonger l'appel téléphonique) à propos de notre ami Stendhal dont on parlait : quand on te dit que « tu te balades trop », que tu ne te concentres pas, que tu ne sais pas rester seule, etc., réponds avec ses mots : *Je me souviens avec peine du temps que j'ai passé dans la solitude. Je trouve ceci commun, lourd et orgueilleux. Je trouve bien plus utile de vivre dans le monde.*

Ta Goliarda qui est joyeuse, comme tu dis, avec la saine intuition que seuls peuvent avoir les vrais névrotiques, réponse à qui me voudrait nécessairement, sinon morte, du moins triste... joyeuse et heureuse de t'avoir rencontrée et que tu me sois toujours proche. (Eh oui parce que si tu m'as voulue un temps, maintenant c'est moi qui te veux et je ne te laisserai plus t'échapper).

EDUARDO ARROYO

(1937-2018) Peintre, graveur, lithographe, sculpteur et décorateur de théâtre espagnol. Il s'installe à Paris en 1958 pour fuir le franquisme. Compagnon de Piera Benedetti.

Rome, 8 octobre 1964

Cher Eduardo,

je viens de sortir de clinique ; je n'y suis restée que cinq jours mais c'est comme si un temps incommensurable était passé depuis Positano, Ravello, ta vie de travail, la mienne « horriblement » – comme tu dirais – sportive et... Bon. Ce n'est pas ça que je voulais te dire. Ce que je voudrais te dire – je ne sais pas si j'y arriverai – c'est que, sortie de la clinique, j'ai recommencé à entendre des rumeurs... des mots... sur Piera et toi. Tu peux imaginer que tout cela est irritant. Est-il possible qu'on ne parvienne pas à en sortir ? Ça suffit. À Ravello aussi Piera est venue et a dit beaucoup... de choses. Je ne l'ai pas écoutée, ou mieux, je l'ai écoutée comme on écoute quelqu'un d'angoissé qui vous parle. Qu'y a-t-il derrière tout cela ? Ce n'est pas une question que je te pose à toi, je me la pose à moi-même. Qu'y a-t-il ? Les prétendus « vie », « passion », « amour », etc. ?

Maintenant, excuse-moi si je t'écris, peut-être que ça ne te fera pas plaisir, mais je tiens à ce que tu saches que je n'ai jamais eu aucune part dans tout cela. Quand Piera est venue chez moi à Ravello, elle ne m'a pas dit que tu ne le savais pas. Elle ne me l'a dit qu'au bout de quatre ou cinq jours et il était trop tard. Que pouvais-je faire ? T'écrire ? Me manifester ? Tout acte de ce genre me serait apparu comme une effraction dans votre histoire, qui n'appartient qu'à vous, et je n'ai pas voulu intervenir. Que sais-je ? Que dois-je faire ? Je sais seulement que, comme je te l'ai écrit il y a de nombreuses années, je m'intéresse à toi, ou mieux, à ton être individuel, à ton travail, à ta façon d'agir, quotidiennement, en personne chez qui « passion », « amour », etc. ne sont que deux à-côtés destinés à pourrir dans la poussière et qui n'ont aucune signification pour moi. Ce qui a un sens pour moi aujourd'hui, comme alors, c'est l'intérêt et l'amour que j'ai pour toi, pour ton travail, pour ta croissance... Pardon pour le mot mais il n'y en a pas d'autre : pour moi aussi il est difficile de grandir, et grandir n'est pas une question d'âge mais d'avancée dynamique dans le temps. C'est cela que je regarde, comme je le regarde pour moi. Le reste, c'est un fait divers de journal qui finira le lendemain matin... aux chiottes.

Je ne voulais te dire que cela : ne crois pas que j'aie eu une part quelconque dans tout ce qui s'est passé de Ravello à Positano. J'ai, simplement, essayé de rester en dehors, et j'y suis parvenue pour moi-même. Je voudrais, maintenant, que tu le saches : je suis en dehors de tout ça et j'attends de te revoir pour t'embrasser avec toute la joie et l'amour que j'ai toujours eus pour toi.

Goliarda

LUCHINO VISCONTI

(1906-1976) On connaît Luchino Visconti, l'un des plus grands cinéastes du XXᵉ siècle. Il a également dominé la scène italienne comme homme de théâtre et d'opéra. Le film dont il est ici question est Rocco et ses frères *(*Rocco e i suoi fratelli*), sorti en 1960. La lettre de Goliarda date donc de cette année-là.* La terre tremble *(*La terra trema*), deuxième film de Visconti, auquel elle fait allusion, est de 1948.*

Luchino,

excuse-moi si j'accapare ton attention par ces lignes mais je sors juste du cinéma où on donne ton film et je ne peux attendre de communiquer avec toi par ce moyen facile et embarrassant qu'est le téléphone ou attendre... excuse-moi mais je ne peux pas ne pas te dire tout de suite à quel point l'avoir regardé en face, ton Rocco, m'a bouleversée : à quel point son regard m'a complètement retournée, en me faisant sentir l'odeur du sang que tant de fausse, précautionneuse pudeur et prudent goût raffiné essaient d'étouffer avec déodorants et savonnettes parfumées.

Te dire si le film me paraît plus ou moins accompli, s'il m'a émue plus ou moins que *La terre tremble* me semble être des considérations, des raisonnements « à froid » que son regard n'autorise pas : ton *Rocco* m'apparaît comme le travail atroce et plein d'amour d'un grand chirurgien qui, ayant débusqué le nœud d'une vérité, le sectionne obstinément, sans peur, jusqu'à sa profondeur la plus douloureuse et mystérieuse pour l'amener à la lumière, révélé dans cette explosion de pleurs libérateurs – et cet abandon à des pleurs libérateurs – sur un lit secoué par les corps de deux frères enlacés en une seule vie.

Il me semble que si *La terre tremble* se remet à vivre en nous quand nous écoutons le regard clair de Rocco, c'est pour nous le révéler plus complètement et pour retrouver dans ce regard celui, tendu, prêt au combat, du petit garçon de la famille Valastro qui se serre contre Ntoni pendant que tout le monde rit autour d'eux[74], et pour nous rappeler que cette histoire-ci est son histoire et pour nous remplir déjà de nostalgie pour ce que sera l'histoire de cet autre enfant, le dernier apparu, Luca, qui scande le finale du film en caressant l'image de son frère démultipliée sur les couvertures des magazines comme pour recueillir, saisir la lymphe qui le nourrira et le fera grandir. Quel sera son visage ? Son combat ?

J'attends avec nostalgie que grandisse ce Luca qui vivra dans le troisième épisode de ce qui sera l'une des rares œuvres positives de ce pauvre cinéma dégradé par tellement de « poésie » et de « dénonciation de corruption ».

Je t'embrasse.

Goliarda

74. Évocation d'une scène de *La terra trema*.

MARA

Mara Buffa. Amie de Goliarda, d'une dizaine d'années plus jeune qu'elle. Maîtresse de Citto – longtemps, ou un temps, de manière clandestine – dès 1952 ; elle avait alors 17 ans.

Rome, 15 juillet 1960

Chère Mara,

il est très difficile, aujourd'hui, pour moi, de t'écrire. Mais constater que tu attends de moi un éclaircissement – chose que Tonello et Franca et d'autres m'ont répétée tous ces derniers mois –, constater que pour toi notre histoire – comment l'appeler ? dialogue, échange, amitié ? – ne s'est pas refermée mais est restée un problème constant, m'oblige, après t'avoir rencontrée chez Franca, à prendre la plume et chercher à te dire des mots qui puissent te tranquilliser et me tranquilliser. Quels peuvent être ces mots ? Que te dire ? Peu d'années sont passées et pour moi c'est comme s'il en était passé vingt. Je ne sais comment tu as évolué, comment tu as changé, quelle réponse tu attends de moi. Attends-tu une déclaration inconditionnelle d'affection qui ouvre une nouvelle possibilité de nous retrouver ? Attends-tu que j'éclaircisse ce qui a été, pour que cette coupure brutale qui, je le vois, ne se cicatrise pas en toi, puisse se cicatriser naturellement, comme doit le faire toute blessure qui ne se change pas en fistule ? Cherchons ensemble à maîtriser l'inflammation qui alimente cette fistule et préparons-nous à accepter la cicatrice qui, inévitablement, restera visible. Ou ne veux-tu pas accepter cela non plus et veux-tu que la blessure se cicatrise sans laisser aucune trace de suture et de points ? Cela, c'est impossible, Mara, là où la peau est touchée, la marque reste, et espérer caresser à nouveau la peau lisse et blanche d'autrefois revient à espérer un miracle.

Ce qui est arrivé n'a pas été un hasard, un malentendu ou une méchanceté de la part de tierces personnes, mais devait advenir : beaucoup par ma faute – plus peut-être par ma faute puisque je suis bien plus âgée que toi – et beaucoup par ta faute. De quelles fautes s'agit-il ? Aujourd'hui, il me serait difficile d'en faire la liste. Les miennes, je m'en souviens vivement et j'en paie le prix et je ne me les pardonne pas. Les tiennes, j'en garde quelques-unes à l'esprit qui, si elles ont rendu impossible que nous continuions à nous voir, n'ont pas entamé l'affection que j'ai eue et que j'ai toujours pour toi.

J'espérais qu'avec le temps tu te serais sentie « traitée injustement » et qu'avec ce bouclier tu aurais facilement réussi à te passer de moi – ou de nous, naturellement – mais je vois que ce n'est pas arrivé et, si j'en suis désolée pour toi – que cette autodéfense de survie que, excuse-moi, je pensais que tu avais, t'ait manqué –, j'en suis touchée parce que cela me montre, en toi, un véritable attachement à ce qu'a été notre histoire, et non la peur de souffrir.

Je ne voudrais pourtant pas, Mara, que cette « absence de peur de souffrir » se transforme en « volonté de souffrir », volonté de creuser la plaie avec ses ongles pour ne pas la voir cicatriser. Comment pourrais-je t'aider dans ce cas ?

Comme je te disais, Mara, la crise qui depuis longtemps était latente dans nos rapports devait se transformer tôt ou tard (je me souviens que j'en ai reçu la première alarme à Positano, quand Haya m'a rapporté ce que tu lui avais lâché autour de certains complexes que te donnaient mes « qualités »), et toi – cela, c'est peut-être une faute de ta part, mais je préfère l'appeler faiblesse – au lieu de la combattre, tu l'as poussée à éclater, cette crise, en continuant à rester près de nous, comme si tu avais encore dix-sept ans, alors que tu en avais désormais beaucoup plus ; en continuant à mythifier une affection qui réclamait désormais, pour pouvoir se développer, de devenir un rapport d'égalité, conscient, de femme à femme.

Dans les dernières années de notre amitié j'ai suivi avec appréhension cette volonté qui était la tienne de me voir « d'une certaine façon » qui devait, mathématiquement, avec le temps, déranger l'homme qui vivrait près de toi et les autres.

Je voyais aussi que tu avais maintenant besoin de suivre un chemin autonome, de te détacher de cette comparaison, et toujours à cause du « piédestal » sur lequel tu m'avais installée et qui t'amenait, parfois, à un agacement envers moi qui ne pouvait pas ne pas fausser notre relation et surtout celle avec l'homme qui, t'aimant – et étant entré dans notre histoire en un second temps, il n'avait pas les moyens de la maîtriser – ne pouvait pas, disais-je, te protéger de moi ou du moins de l'image exagérée de moi que, bien qu'elle t'ait fait souffrir, tu ne pouvais abandonner, à cause de cette violente impulsion, peut-être (qui n'est rien d'autre que peur de la vieillesse et de la mort) qui nous force à tenir étroitement, intactes dans nos mains, les premières sensations de l'adolescence ; que nous sentons irremplaçables comme la première entrée dans la vie, dans la jeunesse. Ce n'est que lorsque nous aurons la force d'ouvrir les mains, de dégourdir nos doigts crispés, de revoir et de modifier ces sensations cristallisées, que nous pourrons dire que nous avons commencé à grandir, commencé à surmonter cette peur de la dégradation de la chair ; commencé à être prêtes à regarder en face la vieillesse pour comprendre la mort.

Mais pour revenir à nous, comment se manifestait chez toi cet agacement qui parfois me faisait penser que tu désirais inconsciemment ne plus me voir ? Tantôt il se manifestait par un éloignement nouveau et inexplicable pour nous ; tantôt dans une façon de t'abandonner, sur le canapé, à un mutisme sans vie quand nous étions tous ensemble – alors que je savais que lorsque tu étais avec d'autres, chez d'autres personnes, tu étais pleine d'assurance, spirituelle –, tantôt en passant, quand nous paraissions, tu te souviens de cette soirée chez Tutino ?, d'une gaieté encore évidente dans ton regard et ta voix, à une tristesse passive et atone ; et puis enfin dans le silence plein de réserves avec lequel tu as suivi la discussion entre Tommaso[75], Haya et moi à Positano et la dernière, à la maison, entre Tommaso, Citto et moi.

Et ici revenons encore au vieux thème de l'antagonisme qui a toujours été si fort en toi et dans lequel j'ai toujours essayé de te faire voir le nœud qui enserre tes tristesses et insatisfactions. Non que j'espère, aujourd'hui, que tu sois parvenue à le défaire complètement. La vie n'est pas une compétition, Mara, chacun a ses qualités, mais pas en dépit des autres. Franca est intelligente et belle, mais sa beauté est une beauté difficile qu'elle s'est construite et qu'elle maintient en vie avec zèle et par une activité constante. Marilù est talentueuse et forte et supplée sans se plaindre, sans comparaisons stériles et humiliantes à ce que toi, tu as et sembles vouloir ignorer. Tu voudrais avoir l'intelligence de Franca, que ni moi ni tant d'autres n'avons, et la force de Marilù que ni Franca ni moi n'avons. Mais, honnêtement : te chargerais-tu

75. Tommaso Chiaretti, critique théâtral à la *Repubblica*, mari de Mara.

de la vie sévère et fatigante de Franca, ou des jambes de Marilù ? Tu ne comprends pas – excuse-moi si je me répète mais il me semble important d'éclaircir cela qui m'apparaît comme le clou auquel notre histoire s'est accrochée, et déchirée, clou qui pourrait encore te blesser à l'avenir, à moins que tu ne t'en réduises à vivre avec des gens inférieurs à toi et adulateurs : tu ne comprends pas que se plaindre, directement ou indirectement, auprès des personnes qui nous aiment, se sentir humilié par le talent ou l'intelligence ou la beauté ou la volonté d'autres femmes, suscite dans leur amour un sentiment exaspéré de protection qui les amène à détester la source de cette constante humiliation ?

J'ai compris cela de toi le jour où tu m'as parlé de Marilù. Tu ne cessais d'insister sur le fait qu'elle était extraordinaire mais qu'il t'était pénible d'aller la voir parce que devant elle tu te sentais un être inutile, etc. Je me souviens parfaitement que pendant un instant Marilù m'a été antipathique et... Mais pourquoi te dis-je tout cela ? Tu as sûrement changé et ce sont là des choses du passé : en retournant à ce qui a été, je me suis laissé entraîner dans cette suite embrouillée de lignes et de souvenirs, fatigante et insoluble. Excuse-moi. Comme je te l'ai dit, j'ai commis moi aussi beaucoup de fautes : celle de n'avoir pas compris à temps ; celle d'avoir, en n'ayant pas été plus dure avec toi auparavant, rompu, ensuite, trop radicalement ; d'avoir fait des choses que j'ignore et que mes défauts me portent à commettre ; et enfin, peut-être, de n'être pas suffisamment plus âgée que toi pour pouvoir vraiment t'aider à prendre la place que tu me réservais.

En tout cas, il y a une chose que je voulais te dire : effaçons de ce tableau noir, avec une éponge, l'obscur enchevêtrement qui le charge de taches et de lignes, et gardons le souvenir de l'affection qui a été et qui demeure ; effaçons ces marques plâtreuses de fautes aujourd'hui confuses et branlantes et souvenons-nous de ce qu'il y a eu de bon entre nous et qui seul peut nous aider à grandir. Et avec beaucoup d'affection je te dis : sois sereine par rapport à ce qui a été. Je t'aimerai toujours même s'il m'est impossible, maintenant, de te suivre heure par heure, minute par minute.

Ta
Goliarda

GIOVANNA

Il s'agit de la Giovanna-Ariane du Fil de midi *: l'infirmière qui s'occupe de Goliarda quelques mois après sa cure d'électrochocs, jusqu'à s'installer via Denza quand elle se sépare de Citto, à la demande du psychanalyste Ignazio Majore.*

6 novembre 1965

Chère Giovanna,

Titina m'a invitée – comme d'habitude – et j'ai cru bon d'accepter. On ne peut pas s'isoler trop. Je sors et je serai bientôt de retour, j'espère. Cela me permet, vu que comme tu sais je n'arrive pas bien à dire avec les mots, les gestes, ce que je ressens – quand ce que je ressens est affection, confiance –, cela me permet, donc, de te dire à travers ces lignes à quel point je te suis reconnaissante de ta compagnie. Tu ne peux pas savoir comme et combien tu m'as aidée tous ces derniers mois. Moi-même, au fond, je m'en suis rendu compte il y a seulement quelques semaines.

On ne comprend presque jamais ce qui nous arrive sur le moment, surtout quand les contingences se révèlent torturantes et idiotes, par exemple : on rencontre des condamnés dans une prison et, pensant à la condamnation (qui menace), on n'a pas conscience que dans la cellule il y a près de vous quelqu'un qui est capable de vous comprendre et de vous aider. Il en est un peu ainsi pour moi aussi, je pense, qui vois les barreaux et oublie la richesse de t'avoir connue. Tu te rappelles ? « Seuls on n'est rien. À deux on est déjà un syndicat. » À bientôt.

Goliarda

13 décembre 1965

Chère Giovanna,

une fois encore je te remercie de l'aide que tu m'as apportée, dans ces jours et ces nuits sans sommeil, par ta présence de femme humaine et morale qui m'a poussée à continuer à croire – comme tu continues, malgré tout, à croire en ton Dieu – dans la force de l'intelligence et dans la compréhension et la possibilité de s'entraider qui habitent l'être humain. Merci. Toute seule je n'y serais pas arrivée.

Goliarda

MARCO FRANCISCI

Marco Francisci di Baschi (1920-1998) était juriste et diplomate, ambassadeur d'Italie en Chine quand s'y retrouveront Angelo et Goliarda. À l'époque de ces lettres, il était sans doute le compagnon de Titina Maselli, avec qui il a vécu un temps. Il épousera par la suite Franca Angelini.

21 octobre 1965

Cher Marco,

j'avais promis de t'écrire, mais comme toujours au moment de le faire je ne sais plus pourquoi je le fais, que te demander, que te raconter. Peut-être parce que durant le dernier après-midi « à la russe »... ou plutôt d'« intellectuels de province prérévolution » nous nous sommes dit tant de choses – en plus de vider une bouteille de whisky – que j'en suis restée, comment dire, un peu nauséeuse.

Dommage que nous n'ayons pas aussi cassé les verres. Il faudra attendre, pour moi du moins, de digérer cette quasi-cuite. Mais est-il possible qu'on n'arrive jamais à s'enivrer ? Tu étais ivre ? Comment t'es-tu senti, après ? Moi, très ridicule. Il y a une chose qui m'a toujours surprise et continue à me surprendre – tu vas peut-être pouvoir me dire quelque chose à ce sujet – et c'est ceci : comment se fait-il que moi qui ne téléphone jamais à personne quand je suis, disons, mal – je ne veux pas employer le mot « angoissée », je préfère, aujourd'hui, les termes médicaux aux termes psychanalytiques complètement grillés ; comme : j'ai mal à la tête, la diarrhée, au lieu de... bon : une nuit où j'avais mal à la tête je t'ai téléphoné, tu te rappelles ? Au fond, comme tu sais, je me suis toujours méfiée de toi, soit comme homme, soit comme type d'intelligence. Et pourquoi donc, même si, quand j'ai jeté là sur la table entre la bouteille de whisky et la fumée de cigarette – comme dirait Tchekhov – cette stupide idée de s'écrire sans avoir rien de « secret » à se dire et tout en habitant dans la même ville, pourquoi donc, aujourd'hui, tant bien que mal – en tout cas en bonne petite écolière – je t'écris ? Y a-t-il quelque chose que je voudrais comprendre de toi ? Peut-être que oui : je voudrais comprendre ce que je n'aime pas en toi comme en ces rares hommes intelligents – les autres, je les comprends parfaitement – de notre génération, c'est-à-dire de la génération à cheval entre le fascisme et la « démocratie ». Je sais que c'est une question naïve mais laisse-moi la formuler et excuse l'ensemble et si tu peux ne réponds rien à ce rien que je te demande et... tu aimes encore ta maison à la Mondrian ? À bientôt.

Goliarda

En relisant cette lettre idiote dont je ne sais pas si je te l'enverrai il me semble avoir saisi l'une des raisons-nœuds qui suscitent la méfiance-haine que j'ai toujours ressentie envers toi, Ercolino, mon frère Ivanhoé, etc. : la façon que tu as de vouloir et d'arriver à établir les rapports entre les femmes et toi sur un plan presque exclusivement « d'amour », entends : conquête, approbation, humiliation.

Quand tu dis que tu veux irriter, ce n'est vrai qu'en partie ; tu veux conquérir de façon absolue et chez toi cela prend pour forme – comme il en était pour Ercolino, pour mon frère, etc. – l'humiliation et l'assujettissement de ton interlocuteur. Et pas seulement, maintenant que j'y pense, avec les femmes, mais aussi, et même surtout, avec les hommes, et je te donne des exemples : Gigi, Eduardo, Citto. Et de fait tu y es parvenu avec tous, et avec Citto jusqu'il y a peu. Je me souviens de soirs, à la lumière de cette bougie qui s'est allumée pour moi, où il y avait dans leurs regards, dans leurs gestes, des nuances d'admiration, de plate dévotion vis-à-vis de toi. Explique-moi maintenant comment fonctionne, d'où vient, ce qui met en branle ce mécanisme, et ne le nie pas avant de l'avoir pris en considération. Comment fonctionne cette tienne inclination à l'angoisse, comme diraient nos amis-ennemis, d'où vient-elle alors que tu es homme et as été élevé pour être homme ? À moi, elle répugne parce que c'est le mécanisme-jeu-exercice inconscient des femmes éduquées-contraintes à ne se projeter en aucune action-objet et qui n'ont eu et n'ont que ce terrain pour s'entraîner, ou mieux pour déployer l'énergie, le pouvoir inhérent à tout individu mâle, femelle, nègre, turc. Par quels chemins s'est-il insinué, te contaminant aussi, toi qui historiquement as été élevé pour pouvoir t'exercer-t'exprimer dans un gymnase offrant espaliers, perches, gants de boxe pour... encore[76]

Goliarda

Excuse-moi d'écrire à la machine mais je ne voudrais pas être mal élevée au point de t'imposer, en plus de ces sottises, mon écriture qu'on dit indéchiffrable.

7 décembre 1965

Cher Marco,

ta lettre m'a beaucoup surprise. Je t'avais posé des questions que tu as éludées avec une autoaccusation superficielle et, pardonne le mot – que tu as employé toi-même – salonnarde. Je ne pense pas que tu sois un dilettante ou une caricature et ce n'est pas avec ces définitions de soi complaisantes que tu peux me répondre. En outre on sait que ton pauvre père ou ta pauvre mère, c'est pareil, avaient comme les miens, du reste, une idée précise de ce que tu devais être et, si ce n'était eux, du moins la sage-femme qui t'aura regardé avec fierté comme toutes les femmes regardent avec fierté le miracle « que ce soit un garçon ».

Il y a quelque chose d'autre que je n'accepte pas dans ta lettre, c'est cette façon de définir ton monde – qui d'ailleurs est aussi le mien – comme extrêmement limité, cela toujours avec une coloration victimaire qui me surprend chez toi. Tu as vécu avec une femme comme Titina et tu es proche de gens qui à leur façon se battent ou se tuent. Et toi-même tu as un travail par lequel tu pourrais nous être utile à nous tous. Pourquoi veux-tu te faire passer à mes yeux pour une personne victime du monde qu'elle s'est choisi ? Je n'accepte absolument pas ce que tu me dis et surtout n'espère pas en ma compréhension. Tu es un homme, fort, intelligent et qui peut – s'il le veut bien – changer un peu ce monde ou cette façon d'être dans laquelle il est tombé, ou s'est laissé piéger, ou a voulu tomber.

Je soupçonne aussi que cette façon que tu as de ressentir les autres et de te définir comme « dilettante » ou « caricature » est un alibi envers toi-même

76. *Sic.*

pour ne pas agir, et s'il en est ainsi je le regrette mais ça ne me fait éprouver pour toi ni tendresse ni sympathie. Je n'ai jamais eu de sympathie pour les dilettantes et les caricatures, et si j'éprouve quelque intérêt pour toi c'est parce que tu ne l'es pas – cela, j'en suis sûre – autrement je t'aurais déjà ri au nez ou ignoré depuis le premier jour où nous nous sommes connus.

Goliarda

Cher Marco,

je t'avais écrit une lettre en réponse à la tienne mais... en la relisant je m'aperçois qu'elle est vraiment un peu trop antipathique et anti-homme. Eh oui, elle est vraiment comme ça, et cela – ça t'amusera peut-être – c'est un cadeau de l'analyse, en plus des autres petites choses que j'avais déjà et dont elle n'est aucunement parvenue à me débarrasser. C'est ainsi et donc je ne te l'envoie pas, à moins que ton côté masochiste ne soit plus développé que le mien. Si c'est le cas... fais-moi savoir si tu veux poursuivre ce jeu obscène ou...

Goliarda

HAYA HARAREET

(1931-2021) Actrice israélienne, elle est connue notamment pour avoir joué le rôle d'Esther dans Ben-Hur. *Elle a aussi tourné dans un des films de Francesco (Citto) Maselli,* La donna del giorno (La Femme du jour)*, sorti en 1957. Communiste jusqu'en 1956, elle avait épousé un Israélien, communiste comme elle. Plus tard, elle s'installe en Grande-Bretagne où elle épouse, en 1984, le réalisateur Jack Clayton.*

Rome, 9 juin 1960

Chère Haya, ma toute belle,

je me sens un peu coupable de ne t'avoir jamais écrit, mais le fait que jusque-là tu étais tout le temps par monts et par vaux m'a donné l'impression que mes lettres – de toute façon je crois qu'elles n'auraient pas été très nombreuses – ne t'auraient pas trouvée. Je sais que ce n'est pas une excuse crédible mais prends-la pour valable et pardonne-moi.

Tu as fait le bout d'essai ? Tu sais s'il s'est bien passé ? Ce serait merveilleux si tu pouvais rester en France. S'il en est ainsi, je viendrai bien sûr te retrouver, ne serait-ce que pour deux jours. J'ai beaucoup de remords envers toi, parmi lesquels, le plus vif, celui de n'être pas venue à Cannes, mais tu sais comment étaient les choses ici ; on a toujours l'impression de pouvoir se libérer et puis... attends Citto, attends demain, on n'arrive jamais à rien (cet « attends Citto, attends demain » est un stupide jeu de mots que j'ai laissé échapper en écrivant. On dit en italien : attends aujourd'hui, attends demain et... bref, une espèce de Gomułka[77] !! Au fond, au lieu de me fatiguer en explications fatigantes je pourrais écrire une note comme on en trouve dans les livres : jeu de mots intraduisible !). Suffit avec cette bêtise !

77. Władysław Gomułka (1905-1982), dirigeant communiste à la tête de la République populaire de Pologne de 1956 à 1970. On déduit de ce qui est écrit là qu'il avait un caractère peu décidé et était enclin à la procrastination.

La vérité est que j'aurais tellement envie de t'avoir ici pour blaguer un peu avec toi et subir un peu de tes tyrannies. Tu te souviens quand tu m'obligeais à lire tous les panneaux routiers, de signalisation et de publicité, etc. pendant que nous allions vers Belgrade[78] par quarante degrés à l'ombre ? Chère Haya, essayons de nous voir : j'aurais tant de choses à te dire ! Et non seulement à te dire mais à te faire lire. J'ai beaucoup travaillé et beaucoup étudié et beaucoup pensé à... toi. Je veux te dire une seule chose qui, peut-être, te donnera la mesure – en un certain sens – de mon changement : depuis que je travaille, je commence à compter les années et à réaliser à quel point est court le temps que notre – méchante, hostile, cruelle (mots de Leopardi que nous ne sommes jamais arrivées à lire ensemble) – mère nature nous concède dédaigneusement !

Pense un peu, tu avais laissé une tiède admiratrice de la vie aux tendances adolescentes autodestructrices et tu risques de retrouver, quand nous nous verrons, une fanatique – toujours enfantine naturellement – travailleuse obsédée par les heures qui fondent au soleil comme des méduses abandonnées sur la plage et qui craint de mourir exactement comme toi et Citto (c'est-à-dire des personnes adultes et résolues). Qu'en dis-tu ? C'est une conquête ? Pour moi oui, et je voudrais ne jamais la perdre, cette peur vitale que j'ai conquise. Je voudrais ne jamais retomber dans ce lac d'inertie dont je me suis tirée en me saisissant par les cheveux et avec tant de peine, peine qui a duré longtemps ensuite parce que le sol était trop dur pour mes pieds habitués à la douce vase de ce lac, et plus d'une fois j'ai eu la tentation d'y replonger à corps perdu.

Quelle chose merveilleuse, Haya, un travail qui nous plaît ! Rien ne m'avait jamais donné auparavant cette tranquillité et pourquoi le taire, nous pouvons le dire sans honte, cette joie : ni les voyages, ni le théâtre, ni l'amour ! L'amour ! Tu es mon amour et moi, comme il est de mon devoir, je ne trouve rien de mieux que... t'aimer. Je ne parlais pas de la douleur que j'ai eue avec l'affaire du cadeau de Betsy[79]. J'avais rêvé de me pavaner avec ton bracelet ou collier – pense, je ne sais même pas ce que c'était – et de le montrer à tout le monde... Surtout, je dois le confesser, de le montrer à tout le monde en attendant avec indifférence les exclamations : « Mais qu'il est beau ! Où l'as-tu

78. Voyage en vue d'un tournage qui n'a pas eu lieu ? Ailleurs que dans cette lettre, il n'en est jamais question.
79. Betsy Blair. Haya Harareet et elle, intellectuelles autant qu'actrices, étaient amies.

acheté ? » Auxquelles j'aurais répondu négligemment : « C'est Haya qui me l'a offert, je crois qu'elle l'a acheté... » Eh bien non. Tant pis ! Ces Anglo-Saxonnes américaines sont vraiment surprenantes : précises, ponctuelles, stérilisées... mais... mais laissons tomber et tant pis. Je te remercie tout de même et j'espère que la chose ne t'a pas peinée comme moi et... aime-moi. Envoie-moi des nouvelles, même rien qu'une carte postale et si tu retournes en Amérique, donne-moi tout de suite ton adresse parce que, naturellement, nous l'avons perdue et tu verras qu'à l'avenir je t'écrirai et t'écrirai et t'écrirai tant que tu n'en pourras plus.

Je t'embrasse.

Goliarda

J'ai essayé d'écrire lisiblement mais je crains de n'y être guère arrivée.

Tout le monde t'embrasse : Franca, Tonello, Rinaldo, Mara (pas celle à laquelle tu penses, Mara Blasetti), Teresa, Carlo (le coiffeur) et ses employées, Titina, Marco, et le Professeur[80] qui va beaucoup mieux quant à la santé et bien plus mal, chère Haya, surtout à cause de ce qui concerne Titina ; lorsqu'elle lui a dit que tu étais à Cannes, il a crié : « Haya, Haya (on aurait cru entendre aïe ! aïe !), faites-la tout de suite venir ici ! »

J'ai relu ces feuillets et me suis rendu compte que je n'avais rien fait d'autre que parler de moi. Quelle impudicité ! J'ai grand honte mais voilà, bon, c'est ainsi.

Ciao.

Iuzza

Chère Haya,

tu ne peux pas imaginer la joie de savoir que tu n'es plus en Amérique. Il me semble que tout ira mieux, à présent, et que je vais pouvoir, avec un taxi, te rejoindre à Porta Pia ou à la piazza del Popolo.

L'Amérique était vraiment trop lointaine.

Tu vas bien, vraiment ? Envoie-moi une carte postale. Au début novembre j'irai à Paris pour une quinzaine de jours et ensuite je viendrai te retrouver. Je t'écrirai de Paris où j'ai désormais autant d'amis qu'à Rome.

---

80. Ce terme désigne Ercole (Ercolino) Maselli, père de Citto.

Comment vas-tu ?

À bientôt. Pour une fois ce sera toi qui viendras me chercher à l'aéroport. Je t'embrasse.

Goliarda

7 janvier 1964

Chère Haya,

je suis partie avec une petite sensation d'amertume, comme si j'avais manqué quelque chose. J'ai beaucoup pensé à ça, mais je crois que c'est juste le fait que nous sommes restés trop peu à Londres et je crois en avoir compris la raison. C'était la première fois que je venais à Londres et le choc de sa lumière cruelle, ses immeubles autoritaires, la puissance des grilles de fer et d'or m'occupaient si profondément que je me sentais distraite de toi comme je l'étais de moi-même, dans ce combat avec un paysage d'un tragique nouveau pour moi et écrasant.

Cela dit, pour moi être avec toi est comme être avec moi-même, mais enrichie d'une part encore plus profonde que tu représentes à mes yeux. C'est quelque chose de très rare dans la vie. Il n'arrive pas souvent de pouvoir être à deux et être seul, à la puissance maximale. J'appelle cela la solitude à deux. En venant à Londres je cherchais cette solitude avec toi à laquelle je me suis habituée. Mais Londres existe et elle s'est dressée devant moi avec sa force presque barbare qui éclipsait ta présence si différente de ce tragique lucide et sans espoir, de cette force au tragique brut, si différente de la couleur de ta peau, cette force refermée sur elle-même, exclusivement tendue vers le pouvoir ou vers une folie lucide sans larmes. Si différente de la couleur de tes yeux ouverts à chaque doute, émotion, abandon.

Et ainsi, distraite par ce paysage pour moi nouveau et inquiétant, j'ai eu l'impression d'avoir été avec toi distante, froide. Je sais que ce n'est qu'une impression que j'ai, je sais que tu comprends. Mais cette amertume que je ressens, il fallait que je la comprenne et que j'essaie de te l'expliquer. Le fait est que – je ne l'ai compris qu'à Londres, justement à cause de ce contraste entre toi et ce pays, de la même façon que ce n'est qu'en allant au nord qu'on peut comprendre le sud et inversement – plus que « t'aimer » tu « m'es nécessaire », comme m'est nécessaire la meilleure part de moi-même et cette sensation d'amertume n'est rien d'autre que le sentiment de ne pas m'être suffisamment rassasiée de cette faim que j'ai toujours de toi.

Goliarda

Embrasse pour moi Rina et Jack, je crains de n'avoir pas été très expansive avec lui au téléphone, mais tu sais comment je suis et je te serais reconnaissante si tu pouvais le lui expliquer. Le téléphone m'effraie un peu, je n'arrive pas à l'accepter, au fond c'est pour moi un outil trop moderne. Je ne sais m'exprimer que si je regarde la personne qui me parle ou si je pense à elle intensément dans l'effort que l'on fait en écrivant une lettre. Téléphone et télégramme me rendent impuissante...

Rome, 8 octobre 1964

Chère Haya,

j'ai su par Betsy que tu étais un peu en colère contre moi parce que je ne t'avais pas envoyé mes poèmes. Comme tu peux l'imaginer, cela m'a donné une grande joie... pardon. Je ne pensais pas que tu le disais pour de bon quand tu parlais de traduction et... tu sais comment c'est : on travaille mais croire que ce travail intéresse vraiment est plus difficile que le travail lui-même.

Mais ce n'est pas ça l'essentiel. L'essentiel est que j'ai eu une grande joie et que j'ai été heureuse à l'idée que quelqu'un dans le monde voulait traduire ma langue dans sa langue. Voilà où est le bonheur, la joie. Il suffit d'une personne, pas vrai ? Une personne avec vous et on est deux. Deux : commencement d'un peuple. Deux : contraire d'un seul. Chère Haya, comme tu peux l'imaginer je t'envoie tout de suite les poèmes et, après, les nouvelles que je suis en train de revoir.

Une autre joie a été – toujours par l'intermédiaire de Betsy – d'avoir des nouvelles de ton travail. Comment est-ce que ça va maintenant ? Bien, j'espère. La santé ? Moi, j'ai été très mal après Ravello, et même, à dire la vérité, presque sur le point de mourir dans une clinique. La mort est quelque chose de difficile à éradiquer surtout quand ce qui vous l'inocule compte derrière soi deux mille ans de civilisation et votre mère mais... comme tu as combattu ton mal, je combats moi aussi le mien et j'espère encore y arriver. Cela aussi parce qu'il y a toujours quelqu'un d'autre : Haya, Citto, qui sont là et vous écoutent et vous n'êtes pas seule. À deux, on fait une nation, seul on meurt et je ne veux pas être seule. Malgré les gestes qui me viennent comme sur commande, je sais que je ne suis pas seule et c'est ce qui fait que je peux maintenant t'embrasser très fort.

Goliarda

21 novembre 1992

Chère Haya,

si tu savais comme j'étais bien quand je me suis réveillée ce matin, tu serais surprise. Même si je sais à quel point tu me connais, je jure que tu en serais étonnée.

Après tant d'années j'ai eu l'impression – en dînant avec toi – d'être revenue chez moi, dans ma maison, sous les yeux et la pleine compréhension d'une sœur ! Assurément c'est un fait très mystérieux (j'ai eu beaucoup d'amies, je n'ai pas de difficultés dans mes rapports avec les autres, etc.) mais peut-être, comme disait mon père, nous les Sapienza avons-nous du sang juif dans les veines, et peut-être nous appelons-nous ainsi depuis les temps où on les a chassés de Sicile à l'époque de la domination espagnole.

Avant je ne croyais pas mon père (qui ressemble – je te montrerai la photographie – à Ben Gourion), mais ensuite, avec des spécialistes (allemands) des migrations internes, j'ai appris que le nom Sapienza avait été pris par beaucoup de Juifs qui, comme ils travaillaient dans la bureaucratie de l'État sicilien, étaient essentiels, y compris pour les Espagnols pour que tout ne parte pas à vau-l'eau dans l'administration de la chose publique. Et, comme je te le disais, ils ont eu alors la possibilité de renier leur religion et de changer leurs noms en celui de Sapienza. Sapienza (sagesse) d'État (!). Il y a de fait beaucoup de Sapienza en Sicile et ils sont tous ou libraires, ou universitaires, ou orfèvres ! Depuis hier soir je suis certaine que tout cela est vrai et je te remercie d'exister et d'être mon amie.

Ta Goliarda

BETSY BLAIR

(1923-2009) Actrice américaine. Ses convictions communistes et son engagement l'ayant obligée à quitter les États-Unis pendant le maccarthysme, elle poursuit sa carrière en Europe. Elle joue notamment dans le film d'Antonioni Il grido (Le Cri)*. Plus tard, elle épouse en Angleterre le réalisateur Karel Reisz.*

7 janvier 1964

Chère Betsy,

excuse-moi de t'écrire en italien mais je ne sais pas bien le faire en anglais ni en français, j'espère que tu comprendras, et dans tous les cas il y a Haya... Bon. Je ne t'envoie pas une longue lettre, je voulais seulement te remercier pour le bon potage que tu nous as préparé, pour ta maison qui est vraiment comme toi : accueillante et vivante, vivante dans tous ses détails. On voit que tu l'aimes beaucoup et cet « amour » – excuse le mot un peu sentimental, mais il n'y en a pas d'autre – est communicatif.

Hier nous avons trouvé le soleil, les prêtres, les pins et les ruines exactement tels que sur une carte postale et il faut admettre que les cartes postales ne sont pas du tout aussi moches qu'on le dit. Bien sûr, comparé à Londres, avec son caractère tragique et sa dureté, ici tout paraît un peu irréel, mais en fin de compte nous sommes nourris par cette irréalité. Et comme Karel dit qu'en revenant à Londres il se sent en sécurité, je dis – c'est peut-être toujours la limite que chacun de nous porte en soi depuis l'enfance – que ce n'est que dans cette irréalité que je me sens vivante, réelle.

Ça suffit. Je ne voulais pas t'ennuyer avec ces réflexions personnelles et... je voulais juste te dire que je me suis sentie très bien chez toi, que je regrette pour le repas chinois pourri et aussi de n'être pas venue à la projection, mais j'allais vraiment mal. J'espère seulement que Karel et toi l'avez compris. Je ne suis qu'une Sicilienne et la puissance des bâtiments, des visages, de la lumière londonienne commençait à m'écraser. Chère Betsy, merci encore pour ton visage qui estompait la couleur des maisons délabrées le long de la Tamise et m'a aidée à les regarder sans m'enfuir.

Salue Karel pour moi. Je t'embrasse fort.

Goliarda

Rome, 24 août 1965

Chère Betsy et chère Haya (traductrice),

merci pour votre petite lettre et... ne pensez pas que je ne me sois pas souvenue de vous et que je ne me sois pas occupée de la maison... le fait est que :

1 ici on n'arrive à mettre la main sur personne ni à parler sérieusement

2 il y a bien une maison mais nous n'avons pas réussi à la voir

3 la seule chose qui semble sûre est qu'elle coûte quatre millions

4 une fois compris, avec beaucoup de difficulté, que toute propriété ici, l'endroit étant sous-développé et chaque famille ayant des parents en Amérique (chose que vous, peuple de colonisateurs – entendez, de brigands – et de riches vous ne pouvez comprendre), chaque propriété a quatre ou cinq propriétaires lâchés dans les diverses Amériques et donc :

5 il faut faire attention parce qu'on risque d'acheter à quelqu'un et – chose déjà arrivée – de se retrouver ensuite à batailler avec ses frères, sœurs, grands-mères, grands-pères, cousins, etc.

6 et, comme si ça ne suffisait pas, ces grands-pères, grands-mères, sœurs, cousins, etc. sont tous atteints de folie douce et...

7 île de mythes, hommes apparemment bons en proie à une constante folie minérale... la folie des pierres... l'avez-vous jamais rencontrée ? Moi, c'est la première fois et je vous assure qu'elle est très secouante

8 je ne peux prendre sur moi aucune responsabilité

9 je ne peux agir en dehors de votre présence

= pas de maison pour l'instant et la bécasse de Ponza de plus en plus bécasse et perplexe...

Pour compenser, cette île de roches insensées est magnifique. Vous viendrez ? Malheureusement le 1er septembre je retournerai à Rome et je serais heureuse si vous me faisiez savoir si vous venez ou pas… espérons que oui.

Haya, ma belle, je suis heureuse de ce que tu me dis du roman, j'espère qu'ensuite il ne t'a pas déçue. Tu m'en diras quelque chose ? Tu viendras ? Des baisers à Mathew, Toby, Barney, et à Karel des saluts très dignement cons.

À propos, j'oubliais que, comme je l'avais dit à Karel, le deuxième acte de la comédie *Medico in paziente* – je ne me souviens plus du titre en anglais – qu'il m'a suggéré de lire, s'est réellement déroulé ici à Ponza avec l'arrivée de Bianca, télégrammes consécutifs de Giulio et crises d'hystérie de la susnommée, et douceur et fermeté professionnelle de Giovanna – je ne sais pas comment j'aurais fait si elle n'avait pas été là. Bref, il s'est passé des événements tels qu'ils ne peuvent donner matière à une comédie mais seulement à un traité sur la « névrose » narcissique, comme l'appellent nos amis, mais que j'appellerais saine mauvaise éducation congénitale (transmissible, selon la loi de Mendel, par côté maternel !).

Il faudrait être médecin ou… qui sait ! Bon. Nous en parlerons, vu que la vie continue et qu'on peut toujours, entre un train et un autre, un avion et un autre, une poussette et une autre, une névrose et une autre, espérer se rencontrer.

Plein de baisers à Betsy, plein.

Goliarda

Chère Haya, excuse mon écriture, je m'aperçois que dans l'effort d'écrire plus grand j'ai fait encore pire… pardon.

FLEUR JAEGGY

(Née en 1940) Écrivaine, traductrice et essayiste suisse de langue italienne.

Fleur,

merci pour ta lettre merveilleuse dont je ne comprends pas pourquoi tu ne voulais pas me l'envoyer... mystère des fleurs !! Fleurs mystérieuses !! Fleurs... Fleur !... Fleur[81] ??!!...

Tu travailles ?

Moi... un petit peu...

Oui, Naples était extraordinaire. Nous irons en Sicile. Je suis heureuse que Milan te plaise et j'essaierai, pour l'amour d'une Fleur, de me le faire aimer inconditionnellement malgré son brouillard et son rythme « nordique-actif exempt de doutes et d'incertitudes » qui, à un « animal mélancolico-végé-tativo-siculo-passif » arrache les oreilles avec ses martèlements incessants, toujours dirigés vers une même cible que je ne parviens pas à découvrir. La faute sûrement à mes yeux dépourvus de verres antibrouillard.

Bien. Cela dit sur Milan – je te prie de prendre mes mots pour ce qu'ils sont, c'est-à-dire :

superficiels =

dictés par une faible compréhension =

dictés par un sang de bouseuse =

dictés, peut-être, par la mauvaise foi =

dictés, aussi, par... des idioties.

Excuse-moi si je ne t'ai pas téléphoné, mais nous n'avons rien fait d'autre que courir d'une réunion mondaine à une autre, d'un journaliste à un autre, d'un producteur à un autre, ainsi que nous l'impose la règle du travail de Citto. Et cette façon de se cogner aux murs, de tomber sur des épaules

81. Goliarda joue bien sûr ici sur l'italien et le français : « Fiori misteriosi !! Fiori... Fleur !... Fleur ??!!... »

de femmes très décolletées et très laides, de se retrouver accrochés à des cheveux d'une mocheté rare et de couleurs douteuses – couverts de petits chapeaux et rubans encore plus douteux et sinistres – m'a enlevé tout désir de téléphoner... et de vivre. Par bonheur, maintenant, il semble que tout se soit calmé et me voici qui respire un peu.

Tu me manques beaucoup.

Je t'embrasse.

Goliarda

Ne t'inquiète pas de mon visage, je n'ai pas de miroirs, ce qui me permet de l'oublier. Maintenant c'est comme si j'avais les traits qui te plaisent.

Salue pour moi Erica même si – malheureusement – sur son visage le mien m'apparaît détestable. Qui sait pourquoi elle m'a prise en antipathie! Ça me désole.

Salue aussi tous tes amis qui écoutent de la musique en mangeant du pain et... plein de coups de poing à celui qui t'est le plus cher...

Je t'embrasse encore.

Chère Fleur,

j'ai reçu ta lettre qui m'a plongée dans un lac d'angoisse et de remords. Je suis une sale bête. Tous les jours, je voulais t'écrire et pensais à toi mais... ici on ne s'arrête pas un instant et en plus Citto est dans un moment tellement difficile que ça m'effraie. L'idée de ne pas pouvoir l'aider m'empêche, quasiment, de travailler. Bon. Ne prends pas ces mots pour des excuses. Je n'ai pas d'excuses et... pardonne-moi... Pardonne-moi. Pardonne à Goliarda – assez forte – et à Iuzza – faible et impuissante. Ne sois pas si désespérée, Fleur. Que puis-je faire pour toi? Travaille et au printemps nous irons en Sicile.

Si tu n'as pas assez d'argent nous t'enverrons ce qu'il faut pour prendre l'avion qui de Paris t'amènera directement à Naples, dans le bar que tu sais, face à Iuzza qui, même si elle ne peut t'aider, pourra au moins regarder ton visage. Si le mien ne me plaît pas, le tien... me plaît immensément.

Qui vois-tu à Paris? Ici à Rome il y a Dominique, tu te souviens? Je t'ai parlé de lui, dans le train, quand nous revenions à Rome. C'est un ami très cher et je serais heureuse qu'il le soit aussi pour toi, c'est quelqu'un de rare.

Veux-tu que je lui dise d'aller te chercher ? Chère Fleur, ne sois pas triste et surtout, je t'en prie, ne pense pas à nous comme à des... Milanais. Je n'aime pas te dire ces choses mais sois confiante quand tu penses à nous. Sois assurée de notre affection et... Bon. Je n'aime pas dire ces choses. À peine formulées, même si c'est à voix basse, elles s'étiolent. Je préfère t'embrasser.

Sois tranquille, Fleur, et surtout, travaille. De mon côté j'ai recommencé à travailler et j'aimerais te lire les dernières choses que j'ai faites. Patience ! Paris est vraiment loin. Mais, malgré Paris et Milan, et les tristesses et le destin et les femmes et les hommes et... dieu... nous nous verrons bientôt.

Je t'aime.

Goliarda ou Iuzza. Comme tu préfères. Iuzza ou Goliarda ?

Chère Fleur,

il y a des siècles que je ne t'ai pas écrit et ces siècles me pèsent, chargés de remords, sur les épaules. J'espérais que tu pourrais me téléphoner. Je ne t'ai pas écrit parce que... je ne suis pas franchement gaie et... je ne voulais pas t'attrister.

Chère Fleur, moi non plus ça ne va pas. Il y a quelque chose qui ne va pas. Et ce quelque chose – je le sais depuis des années – n'est pas dans les personnes, dans les choses, mais en moi. Je n'ai pas la mesure voulue pour entrer dans ce manteau de vie, ou il me serre aux épaules ou il m'est trop court. La faute à ma taille. C'est pour cela que je ne me plains pas. Mais « ne pas se plaindre » n'est pas la solution non plus !

Et toi, que fais-tu ? Tu ne m'as pas écrit parce que tu es en colère contre moi ?

Tu aurais raison. Mais ne sois pas en colère. Je t'aime. Sauf que j'ai un caractère horrible. Peu de mots, peu de lignes. Pauvre Fleur !! Quelle amie pénible tu t'es trouvée. Elle ne sait pas te consoler. Elle ne sait pas te dire que la vie est belle. Elle ne sait pas t'inciter à désirer les choses. Elle ne sait pas... Qui sait combien de choses elle ne sait pas. Mais malgré cela, j'espère que tu pourras me supporter et supporter qu'ici, maintenant, je t'embrasse.

Goliarda ou Iuzza

LEONCILLO LEONARDI

(1915-1968) Sculpteur et céramiste. Partisan pendant la guerre, communiste... Très grand ami de Goliarda. Né à Spoleto, il meurt brutalement en bas de chez elle en septembre 1968.

Rome, 24 juillet 1960

Cher Leoncillo,

merci de ta lettre, et sachant comme tu supportes mal les lettres et la correspondance... merci deux fois. Oui, je suis si noire que je ferais envie non seulement à un « pâlichon » ombrien comme toi mais à un nègre. Je lis entre tes lignes que malgré la chaleur et... tu ne vas pas si mal. Bien. Moi aussi je me bats... assez bien, et pour mon cœur et pour ma santé la mer est d'une grande aide. À la fin du mois, comme je te l'avais dit, je vais chez Serge et Annie[82] sur la Côte d'Azur et puis, enfin, chez Haya à Londres... « À Londres ! À Londres ! Haya ! Haya ! » Je sais qu'à ce nom tu vas sourire... Tu souris ? Je t'embrasse et je t'aime, blanc médecin des pierres...

Goliarda

Rome, 28 mai 1966

Cher Leoncillo,

excuse-moi pour hier mais j'étais très déprimée – comme on dit – excuse-moi et merci pour ta chère voix et ton conseil. Je l'ai suivi et me voici très éveillée... j'ai commencé mon troisième roman[83]. Je t'embrasse. Goliarda

---

82. Serge Reggiani et sa femme, Annie Noël (voir plus loin, p. 142).

83. Il ne reste apparemment de ce projet que les quelques pages insérées dans les *Carnets* de Goliarda sous le titre de *Lettre ouverte III*. Texte largement remanié, puisque retravaillé encore en 1988 par Goliarda Sapienza. Mais on sait qu'à ce qui devait être un nouveau livre autobiographique, elle voulait donner, ou songeait à donner, le titre d'*Art du doute*.

27 novembre 1966

Cher Leoncillo,

nous nous sommes longuement parlé mais, malheureusement, par téléphone, et cela, pour moi du moins, est toujours… malcommode. Ça laisse un arrière-goût amer comme si on s'était dit trop de choses ou trop peu. Bon, ce n'est pas cela que je voulais te dire. Ce que je voulais te dire est que je comprends l'état d'âme dans lequel te jette, te fait tomber, te précipite la vue de quelqu'un qui t'est cher et qui, comme tu dis, se détruit et refuse toute aide. Je pense que l'amertume que tu éprouves est – chose que j'ai ressentie moi aussi – une sensation d'impuissance à aider, écouter, parler. Cher Leone, je t'aime tellement, tellement et encore une dix cent mille fois et plus encore je t'aime.

Goliarda

26 février 1967

Cher Leoncillo,

je suis tellement contente d'avoir parlé avec toi après tout ce temps. J'en avais vraiment besoin et… je me suis vraiment donnée corps et âme à notre « solitude à deux ». Je t'aime. À bientôt.

Goliarda

3 mai 1967

Cher Leoncillo,

j'ai reçu ta lettre. J'en suis restée tellement émue que… je ne peux t'appeler. Je ne connaissais pas ce « côté » vulnérable que tu as, qui tremble entre tes lignes et me pousse à… (si c'est possible) t'aimer encore plus. J'avais raison d'être inquiète pour toi. Je te voyais giflé par la neige et traîné par le vent je ne sais où.

Je suis heureuse d'avoir reçu ta lettre après t'avoir vu « tout entier ». Si je l'avais eue avant (parfois la poste est bienveillante !) j'aurais eu peur de te retrouver avec un bras en moins ou avec... bon. Suffit. Tu as raison. Régalons-nous de cette friandise-pourriture (loukoum ?) et ne nous soucions pas des paradis aseptiques stérilisés par le souffle mécanique de cette belle ère de progrès. Qu'ils se les gardent, ceux qui croient avoir les mains propres. À propos je t'avertis qu'il y a une grève de balayeurs. Tu vois quelle belle, confortable et saine saleté bien connue tu as retrouvée à Rome ?

Je t'embrasse et t'embrasse et t'embrasse, cher médecin des pierres tchékhovien – ta lettre est très tchékhovienne – le savais-tu ?

Goliarda

ELENA MASELLI

Femme d'Ercole (Ercolino) Maselli, mère de Citto et Titina. Elle était la cousine de Pirandello (parrain, de ce fait, de Citto).

14 mai 1967

Chère Elena,

merci de m'avoir téléphoné. J'étais un peu déprimée (peur et sensation de vide à cause de la fin d'un travail?) et ta voix m'a redonné du courage et rendue heureuse. Merci encore d'avoir pensé à moi. Entre les lignes de ta voix j'ai entendu celle d'Ercolino toujours présent et qui m'est toujours cher.

Goliarda

Chère Elena, j'ai été tellement émue de ta compréhension que je ne peux pas ne pas t'écrire deux lignes pour te remercier. L'argent si terriblement essentiel – même quand il s'agit de cigarettes – acquiert ici une valeur d'approbation, d'affection... de bénédiction. On nous a interdit l'usage de beaucoup de mots parmi lesquels celui-ci, magnifique, de bénédiction – que seule une mère a le pouvoir de donner.

Ma mère avait l'habitude de poser ses mains sur mon front quand je devais sortir – et dehors il y avait les Allemands – ou quand je m'en allais vite vers le théâtre pour les répétitions ou une « première »... tes mains sur mon front, en ce moment comme alors, régénèrent et donnent de la force.

Un baiser et merci de ta Goliarda.

TITINA MASELLI

Modesta (Titina) Maselli (1924-2005), sœur de Citto. Peintre et scénographe très réputée. Grande amie et admiration de Goliarda.

Rome, 28 octobre 1964

Chère Titina,

je t'ai téléphoné mais tu n'étais pas là. Je le regrette, non que j'aie eu quelque chose d'important à te dire, mais je voulais te parler.

Je voulais te dire qu'hier soir j'ai eu de la joie, même si je vois comme tu souffres, la joie de te voir comme autrefois. Tu ne peux le savoir. J'avais retrouvé tes gestes d'avant, ton regard libre, attentif aux choses, sans ce quelque chose de douceâtre et distrait en lequel je te voyais sombrer, ces dernières années, avec une grande douleur. Pardonne-moi si j'ai employé le mot joie, peut-être t'irritera-t-il, mais je m'y sens autorisée parce que je t'ai toujours aimée et ne t'ai jamais menti ni « dorlotée ». Voilà ce que je voulais te dire.

Je suis heureuse de te voir ainsi, ne serait-ce que parce que nous sommes restés si peu nombreux que... ton salut est aussi le mien. Fais-toi violence et extirpe-toi de cette mélasse d'« amis », d'« amours », de « souffrances des autres » qui aiment ou te balancent dessus leurs souffrances juste pour cautionner leur propre impuissance. Je sais que c'est difficile, je me suis retrouvée là-dedans, et en partie m'y trouve encore, moi aussi et... excuse ces lignes, peut-être déplacées, mais je voulais te parler et tu n'étais pas chez toi.

Je t'aime.

Goliarda

Rome, 4 octobre 1965

Chère Titina,

comme je te l'avais dit, à toi et sur toi je ne peux écrire qu'une lettre d'amour et en voici une... tu me plais, j'ai toujours su ce que tu allais rencontrer ce que tu voulais, ce que – pour le dire à la Montale – tu ne voulais pas.

Et aujourd'hui encore où tu es venue m'apporter ta « présence vivante » et me faire comprendre la richesse d'un ami à toi que j'avais toujours refusé parce que trop différent de moi, enfermé derrière une paire de lunettes et un langage incompréhensible et lointain – d'au-delà des Alpes – je te remercie, et si existent les « Satanasses[84] » il existe aussi une peau douce et blanche. Une personne pleine (entends « riche ») de doutes et de « chaleur », avec des cheveux (ta chevelure noire presque négligée) noirs et une bouche rouge.

Je t'aime, merci d'exister.

Goliarda

Chère Titina,

depuis des mois un remords imperceptible s'insinue dans chaque pensée que j'adresse à ton visage que j'aime tant, de telle sorte que lorsque je suis près de toi il me masque légèrement ta blancheur en l'éloignant de moi.

Aujourd'hui enfin j'ai réussi à analyser cette ombre latente qui m'a suivie, de telle sorte que la peur et la pensée que tu aies pu d'une façon ou d'une autre l'avoir remarquée me force à t'écrire. Je m'en veux de n'être pas plus proche de toi dans un moment aussi difficile de ta vie, de ne pas t'aider en restant à ton côté via Sardegna, je m'en veux de savoir que pendant que je travaille tranquillement, tu ne peux le faire et passes d'une pièce à l'autre de ton enfance comme dans une prison de fil de fer barbelé qui risque de scier les forces les plus vitales de ta jeunesse.

Puis-je me justifier de cela ? Je sais que tu comprends. Mais cela ne me sert à rien et, bien que je sache ne pas pouvoir faire autrement, me tourmente. Mais comment en sortir ? Je ne travaille que depuis trois ans et n'aurai pas

84. Variation méridionale à partir de Satan, des Satans... On pourrait dire aussi « de sales diables ».

beaucoup de temps devant moi pour atteindre ce minimum de précision nécessaire pour me permettre de commencer à exprimer ce que je voudrais et que je sens enterré en moi par mille lacunes, défauts, que seuls une attention constante et l'étude et le renoncement à être avec toi, avec Franca, avec Cavallino (ce que je voudrais) me mettront en mesure d'affronter et de combler.

Ajoute à cela le fait que si je peux m'isoler l'après-midi, te sacrifiant et sacrifiant Franca, je ne peux rien enlever à Citto que je sens devoir suivre pas à pas dans son travail et dans sa vie.

Je sais ce que tu traverses et cela me fait t'aimer plus encore qu'avant.

J'ai moi aussi accompagné mon père et ma mère jusqu'au seuil du tombeau et je sais combien c'est dur et difficile.

Garde-moi ton affection.

Ta Goliarda

26 mai 1966

Chère Titina,

hier soir je t'ai un peu fuie et il me faut t'en donner la raison – je ne l'ai comprise que lorsque je suis arrivée chez moi. Je croyais vouloir aller au cinéma et en réalité je m'enfuyais parce qu'en parlant avec toi, voyant comme tu avais saisi les intentions de la première partie de mon travail que je craignais, à partir des observations des autres, même si elles étaient positives, n'être pas bien arrivée à rendre, bon, que tu m'aies ainsi comprise m'a donné l'idée pour mon troisième roman... et je filais chez moi parce que m'est venu le premier chapitre de ce troisième volume (que je voudrais intituler *L'Art du doute*[85])... et je ne sais ce que j'écrirai mais dans tes yeux – qui donnent vie à qui sait y lire, et ceux qui te disent que « tu veux la mort » te le disent parce que ce sont eux qui la cherchent (la désirent) chez les autres, ils l'inventent chez les autres parce qu'ils ne veulent pas admettre qu'elle se trouve en eux-mêmes, nourrie par leur propre lymphe-impuissance. En lâches ? En paresseux ? En névrosés ? Ils accusent les autres, n'ayant même pas le courage d'admettre qu'ils entretiennent en eux cette mort, ou encore,

85. Voir note 83 p. 119.

s'ils en ont conscience, n'ayant pas la force de se suicider sans chercher à entraîner les autres dans leur mort.

Mais ce n'est pas pour cela que je t'écris, je voulais simplement te dire que je ne sais pas ce que j'écrirai dans ce troisième roman, mais que dans tes yeux j'ai lu images, ombres, qui peut-être prendront forme et… merci Titinella. Merci d'exister, et tu dois guérir de tout ne serait-ce – pardon pour cette présomption – que pour moi.

Comme nous le savons et comme nous en avons la confirmation heure après heure, on vit pour peu de gens et moi aussi je vis pour toi et quelques rares autres…

Je t'embrasse.

Goliarda

Rome, 30 mai 1966

Chère Titina,

c'est vraiment incroyable mais c'est ainsi : ce matin, n'ayant aucune envie de travailler, je me sentais vide, mais quand tu m'as dit que je devais travailler… eh bien, j'ai écrit deux chapitres !! Merci.

Il y a autre chose que peut-être je ne devrais pas te dire pour ne pas te troubler mais… grâce à un rêve de cette nuit, que si ça t'intéresse je te raconterai de vive voix, j'ai compris pourquoi le fait que mon travail t'ait plu, et plu dans le sens d'avoir saisi mes intentions d'écriture, m'a tellement excitée et donné un coup de fouet pour continuer. C'est parce que, ne te fâche pas, sans le savoir, inconsciemment comme le diraient nos chers ennemis psychanalystes, je t'associe à la figure d'Ercolino – tu as de fait beaucoup de choses de lui, ne te fâche pas – et donc ce n'est pas seulement Titinella avec son intelligence qui me comprend, mais à côté de cette Titinella un peu Ercole… pardon, peut-être ne devrais-je pas te le dire, mais ç'a été pour moi une découverte si curieuse et émouvante que je n'ai pas pu… je t'aime deux fois : je t'aime, toi, et en toi j'aime Ercolino.

Je t'embrasse.

Goliarda

Chère Titina,

merci pour ta lettre. Tu ne peux imaginer comme cela m'a réconfortée de savoir que tu avais aimé le second volume[86]. Cette nuit justement, des doutes et des incertitudes sur mon travail m'avaient assaillie, m'ôtant le sommeil, et donc… entendre tes mots, juste ce matin, m'a rendu confiance. Je suis contente, surtout pour le finale qui est la « raison d'être du livre »… Merci pour ton attention et merci encore, Titinella toute belle avec son bandeau dans ses cheveux titinelliens. J'espère que tu vas bien… je me bats pour… « l'honneur » et la « santé » et il me semble, malgré tout, que j'y arrive. Espérons qu'on y arrivera, Titina… ou mieux, nous devons arriver à conquérir un peu de sérénité et à ne pas gâcher ces années de maturité qui se présentent, dures et sans « voiles » mais « concrètes ». Espérons les saisir dans nos mains et les faire fructifier dans notre travail… rien d'autre ne compte… pour le dire à la Tchekhov : « le travail, le travail… et puis d'ici à cinquante, cent ans, peut-être, qui sait ! »

Je t'embrasse très très fort.

Goliarda

30 juin 1966

Titinella bella bella (toute belle Titinella),

avec son bandeau dans les cheveux. *Titinelli pilli pilli*[87], je m'en vais de cette Rome… sans commentaires, avec juste la nostalgie de toi et de tes couleurs : blanc (prédominant), rouge et noir. Blanc, rouge et noir, quel beau drapeau !

Goliarda

86. Il s'agit sans doute du *Fil de midi*. La lettre date donc certainement, comme la précédente, de 1966.

87. Pur jeu de sonorité. D'où le choix de l'avoir laissé tel quel.

IGNAZIO MAJORE

Né à Messine, il a été, après l'avoir arrachée à la cure d'électrochocs qu'on lui faisait subir, le psychanalyste de Goliarda, de septembre 1962 à octobre 1964. Salvatrices d'un côté, désastreuses de l'autre, leur relation et cette analyse ont été racontées par Goliarda dans Le Fil de midi. *La crise existentielle et professionnelle que connaîtra Majore le poussera à abandonner un temps son activité de psychanalyste et ses patients, à commencer par Goliarda.*

9 janvier 1964

Ignazio,

pardonnez-moi. Je continue à me comporter comme une sale bête. Et qui, vraiment comme une bête, au lieu de se reposer sur le sable le griffe en cherchant à creuser des trous impossibles. Le vent et la mer les effacent sous mes ongles. Effort inutile ? Pardonnez ce travail insensé de votre sale bête.

Goliarda

Ravello, 16 juillet 1964

Ignazio,

excusez-moi. J'aurais dû me manifester mais je n'ai pas pu, ou mieux je n'ai trouvé aucune « forme » pleine d'esprit pour me manifester. Je me sens très loin de Rome. J'ai horreur du télégraphe, des cartes postales, je ne dors pas mais...

Excusez, aussi, cette petite feuille froissée mais finalement... je suis restée sans papier.

Goliarda

Ravello, 4 août 1964

Ignazio,

comme vous le savez, selon mon calcul du temps, un an est passé depuis hier soir. Combien devrai-je attendre ? Encore deux ans, quatre ? Je vous prie, au moins, de m'envoyer une ligne. Je suis vraiment désespérée même si je dors et si la mer est la mer.

Goliarda

Rome, 6 janvier 1965

Ignazio,

je vais au cinéma avec Citto. J'ai été en mauvais état (pas trop) mais à présent ça va mieux... Je ne voulais pas que vous vous inquiétiez pour moi. Je vous ai appelé mais ne vous ai pas trouvé et donc... excusez-moi, je vous aime tant.

Goliarda

Rome, 8 février 1965

Cher Ignazio,

pardonnez-moi si je vous dérange. Mais j'ai l'impression que demain nous ne nous verrons pas, si bien que je ne peux pas ne pas vous dire quelque chose que je sens avec précision. Vous allez mal. Je sais, maintenant, que ce tremblement qui me prend – et aujourd'hui, plus que d'habitude – est pour vous. J'ai l'impression que vous avez quelque maladie grave que vous essayez de cacher sous le nom de « sinusite ». Qu'arrive-t-il ?

Je vais assez bien. Je travaille mais je suis très triste. J'ai retrouvé cette poésie que j'avais écrite pour vous il y a longtemps mais je n'avais pas eu le courage de vous le dire. Lisez-la, s'il vous arrive quelque chose je ne sais pas ce que je ferai, mais une chose m'est claire, aujourd'hui, je vous détesterai. Non tant pour avoir lancé un défi, mais pour n'être pas arrivé à dominer ce que vous avez défié. Pardonnez-moi mais je vous aime tant.

Goliarda

Rome, 9 mai 1965

Cher Ignazio,

demain j'aurai quarante et un ans. J'ai fini d'écrire la première mouture de mon roman. Je pensais mettre cinq ou six ans à le faire et en réalité… je vous le dois. Je voudrais que vous le lisiez. Ou me faudra-t-il perdre votre amitié ? S'il vous plaît, si vous ne pouvez me téléphoner, écrivez-moi deux lignes. Vous savez que je suis en mesure de comprendre, aujourd'hui.

Goliarda

Rome, 16 octobre 1965

Cher Majore,

je ne me serais jamais manifestée auprès de vous si je n'avais su par Citto ce qui est arrivé, mais cela me libère du rôle de « patiente » et étant donné que je vous aime et ne peux vivre sans vous je suis obligée de vous demander, de femme à homme, de m'expliquer ce que signifie votre disparition qui m'apparaît, aujourd'hui, inhumaine et incompréhensible. Je ne vous écris pas pour que vous vous manifestiez ou autre. Vous savez qu'employer manigances et pièges n'est pas dans mes habitudes. Je vous écris seulement pour savoir et ne pas tomber dans un désespoir plus profond. Je sais aussi que je ne suis ni une petite fille ni un sac [88] et que je peux tout comprendre et tout accepter si l'on me parle. Excusez-moi, mais je ne peux faire autrement. Je ne suis habituée à accepter passivement ni moi-même ni les autres.

Goliarda

Ignazio,

je vous ai téléphoné aujourd'hui. Je voulais seulement vous dire bonjour, mais… en entendant ce maudit (je sais qu'il vous est utile – donc béni – mais maudit) appareil qui rend tout tellement… artificiel, je me suis sentie perdue et embarrassée et… comment allez-vous ? Je voulais juste savoir comment vous alliez et entendre votre voix. Vous me téléphonerez ?

---

88. Cette aimable comparaison était faite par Majore, qui estimait que sa patiente était, en effet, un sac qu'on pouvait emplir ou vider à sa guise, dépourvu de toute autonomie.

18 février 1966

Ignazio,

je suis si heureuse que je ne peux pas ne pas vous écrire (quelle sale habitude !). Heureuse de mon contrat[89] mais surtout, je m'en suis rendu compte en revenant chez moi, d'avoir pu vous l'annoncer. « Sort bienfaisant » (pour une fois !), vous êtes vraiment à l'intérieur de moi. Emmêlé à mes veines ? Ou, simplement, vous êtes moi-même ? S'il en est ainsi, même si le mot vous agace je l'utiliserai, c'est de « l'amour ». Vous vous souvenez du mythe d'Hermaphrodite ? Je ne l'ai compris qu'hier. Je suis heureuse de m'être « revue », après tant de temps, dans le miroir-lac de vos yeux. J'avais perdu mon image.

Goliarda

22 novembre 1966

Cher Ignazio,

étant donné que, désormais, votre cas, « non clinique » comme le murmurent vos collègues, mais votre cas humain, me semble avoir été mis en lumière, je me permets de me manifester pour vous féliciter de votre « santé psychique » retrouvée, qui vous a permis – après ce qui s'est passé – (quelle santé !) de retourner chez votre MÈRE VIVANTE (heureux êtes-vous de l'avoir vivante !) via Anneo Lucano pour vous faire dorloter ou, pour utiliser vos expressions, pour reprendre des forces en recommençant à téter le sein maternel. Et pour votre retour à la « profession », tenu par la main par votre maître et collègue Modigliani.

Je vous félicite aussi de vos petits commentaires dans *Paese Sera* (vous souvenez-vous de ce que vous disiez de Servadio[90] ?), commentaires véritablement édifiants. Et souvenez-vous que si, cliniquement, avec vos pratiques, vous m'avez quasiment menée à la mort et à la folie (vous connaissez Lacan ?), je peux vous dire – chose qui comblera votre côté sadique – que vous êtes arrivé à me jeter dans la solitude et la défiance envers l'être humain, seule religion et seul soutien que j'avais. Merci de m'avoir opérée avec tant de

89. Le contrat d'édition pour *Lettre ouverte*, qui paraîtra en 1967.
90. Emilio Servadio (1904-1995), psychanalyste et ésotériste, à qui Majore avait probablement reproché sa trop grande présence dans les médias.

pertinence et merci également pour ce bistouri-défiance que vous m'avez laissé dans le ventre dans votre hâte à le refermer tant bien que mal.

Je vous conseille de ne pas répondre à cette lettre et de cesser de téléphoner à Citto ou autres choses de ce genre. J'espère seulement ne jamais vous rencontrer, chose que j'ai risqué de faire à la présentation du film d'un très cher ami à moi, De Seta, que vous avez eu la générosité de soutenir. Je vous conseille de ne pas chercher d'occasions de ce genre parce que si j'ai eu le bonheur de « rencontrer » en vous un petit individu imbu de lui-même et pourri (excréments, comme vous disiez) de la pire communauté sicilienne d'il y a mille ans, moi aussi dans cette rencontre j'ai retrouvé ma communauté sicilienne d'il y a mille ans et il est inutile que je vous explique : vous savez que la Sicile produit des fruits qui peuvent être un poison mortel.

Attention, donc, parce que, en cas de provocations (comme le coup de téléphone à Citto, etc.), vos portiers ne suffiraient pas à me chasser. Attention, et *svicoli muru muru*, vous n'avez pas désormais d'autre voie devant vous, *svicoli e cammini muru muru*[91]. Vous ne pouvez rien faire d'autre, sinon devant les autres, devant moi et surtout face à vous-même.

Goliarda

18 janvier 1967

Télégramme

Excusez-moi mais il m'est impossible de continuer à vous voir dans ces conditions stop. Peut-être ne percevez-vous pas votre faute professionnelle qui rend impossible tout dialogue. Je ne suis plus, si je l'ai jamais été, votre patiente.

Cher Ignazio,

j'ai compris ce soir – était-ce la raison de mes pleurs ? – qu'il y a vraiment quelque chose d'insurmontable entre nous. Votre faute professionnelle ? Ou votre « façon d'être » ? Je ne sais pas. Ce que je sais, c'est qu'il m'est impossible de continuer à vous voir dans les conditions que vous me proposez.

91. Sicilien. Les deux phrases signifient : rase(z) les murs, marche(z) en rasant les murs.

Vous derrière un bureau avec votre réveil devant vous – me voyant entre une visite et une autre ? – en plus de tout ce qu'on a déjà dit : que voulez-vous que ce soit ? De l'amitié ?

L'amitié ne naît pas avec un bureau au milieu, en parlant de « religions ». Vous prétendez au fond que je continue à vous voir comme par le passé durant quarante-cinq minutes en parlant ou « de moi » ou de choses « abstraites » sans vous rendre compte que ce « climat » est pour moi trop prévisible. Qui êtes-vous ? Où alliez-vous ce soir ? Qui sont vos amis ? Quand vous me dites : « Souvenez-vous que je vous aime », comment dois-je entendre ces mots ? Que signifie pour vous aimer ? Et si je ne sais pas par qui ils sont prononcés, que peuvent signifier ces mots pour moi ? Ignazio, essayons de terminer cette histoire dignement et sans « formalisme », dont je vois aujourd'hui que vous êtes bourré. Vous avez encore un problème de comportement ? Moi non, et vous le savez. Je vous ai aimé et d'une certaine façon je vous aime encore, mais on ne meurt pas deux fois pour la même personne. Je ne suis pas en mesure, précisément à cause de cela, de soutenir avec vous « discussions », « éclaircissements », « clarifications abstraites », etc.

Je vous ai aimé et vous avez jeté au panier cette passion que j'avais pour vous, maintenant vous voulez y revenir – à quoi ? Les choses se sont passées comme elles se sont passées, n'y pensons plus. Vous avez vu que je suis tout de même vivante, que je ne vous déteste plus. Ça ne vous suffit pas ? Je vous en prie, ne m'appelez plus. Vous avez votre vie – c'est clair – permettez que j'essaie moi aussi de me faire « une vie à moi ».

Goliarda

27 mai 1967

Écoutez Ignazio,

il me semble qu'il est temps d'en finir avec ces « conversations » oiseuses et insensées. Je vois que vous avez oublié gestes et comportements édifiants que vous m'avez fait subir par le passé. Je sais, à présent, pourquoi vous êtes revenu. Vous êtes revenu à cause d'un besoin d'autorité et de prestige qui a pu autrefois (vu votre qualité de médecin) m'en imposer et que d'une certaine façon vous regrettez et voudriez « restaurer ». Bon. Cela dit il est clair que non seulement vous ne m'avez pas aimée, mais je commence à découvrir en vous une incapacité à aimer qui que ce soit.

Vous ne concevez «les relations» que comme prestige et autorité sur les autres. Je suis fatiguée de vous servir de «contradicteur». Je ne suis pas un boxeur et ce combat auquel vous me contraignez ne m'intéresse aucunement. Mais que croyez-vous ? qu'on puisse aller et venir dans la vie des autres à son gré? Je suis fatiguée de vos va-et-vient. Vous aviez décidé de me rejeter de votre vie et j'en suis sortie. Croyez-vous qu'on puisse disparaître, réapparaître en jouant avec la vie des autres de cette façon? Pourtant «vous devriez en savoir sur la psychanalyse» et vous devriez savoir que votre disparition signifiait que vous vouliez ma mort. Eh bien, cet après-midi-là derrière votre porte je suis morte. Il n'est pas donné de revenir à la vie. Et à partir d'aujourd'hui pensez à moi comme morte pour vous en effet.

Goliarda

Écoutez Ignazio,

j'ai été patiente, ou mieux, vous aimant, je n'ai pas pu «n'être pas patiente», mais maintenant il me semble qu'il faut en finir avec ce malentendu que, de mon côté du moins, je subis depuis cinq ans. La dernière fois que nous nous sommes vus vous m'avez affirmé des choses qui ne tenaient pas debout (comme on dit).

Vous souteniez avoir été seul et dans le même temps vous parliez d'une «relation», d'un «combat en commun», d'«amour encore persistant» pour cette Francesca, etc. Bon. Vous n'étiez pas seul, et à ce qu'il semble vos femmes – je les connais enfin – ont un bon pourcentage de vulgarité et d'agressivité, comme vous dites. Vu qu'il en est ainsi, je vous prie de vous clarifier les idées et de retourner auprès de cette Francesca que par-dessus le marché vous m'avez dit connaître depuis cinq ans. Donc le temps que vous m'avez connue... et qu'est-ce que ça signifie? Élève, femme, patiente, toutes les trois ensemble? Samedi et dimanche avec l'élève, le soir à la maison avec l'épouse, l'après-midi les trois-quarts d'heure avec la patiente difficile? Arrêtons là s'il vous plaît.

Je sais pourquoi vous vous êtes manifesté auprès de moi (je ne voulais pas le croire. Il est difficile, quand on a aimé comme je vous ai aimé de penser que…). Vous vous êtes manifesté parce que vous avez appris que j'avais écrit un livre sur la psychanalyse et que vous vouliez savoir ce qu'il en était. Bon. Vous le saurez quand il paraîtra. Je sais, aujourd'hui, que vos baisers et vos caresses étaient une technique psychanalytique apprise de Modigliani. Je ne vous dis pas la tristesse et la douleur de tout cela. Si l'on pouvait mourir deux fois pour la même personne j'en mourrais et… il n'est pas dit qu'avec votre retour, qui m'a rejetée dans ce rôle ambigu et passif, vous ne parveniez pas à me faire mourir encore une fois.

Je vous félicite pour le choix des femmes qui ont rempli votre vie et pour votre savoir-faire de médecin.

Goliarda

VERA

Vera De Seta. Femme – et collaboratrice de l'ombre – du réalisateur Vittorio De Seta. Amie de longue date de Goliarda.

Chère Vera,

excuse-moi si je t'écris mais ça m'est plus facile – déformation professionnelle ? (tu vois quelle prétentieuse je suis ? Mon livre n'est pas encore sorti et je me définis déjà comme « une professionnelle des lettres » !). Bon, prétentieuse ou pas ce n'est pas cela que je voulais te dire. J'ai vu Enzo[92] et il m'a dit qu'il ne s'était intéressé à mon livre que parce que tu avais insisté auprès de lui.

Je savais comment les choses s'étaient passées mais j'ignorais cette « insistance » que tu avais eue, qui rend ton geste encore plus profond et mon affection pour toi encore plus forte. Cela aussi parce que (je te le raconterai de vive voix), chose que tu sais sûrement, hélas, dès qu'a été connue la nouvelle de la publication beaucoup d'amis se sont montrés, disons, un peu malveillants et... je commençais à me sentir effrayée et seule. Bon, suffit avec ces potins mâtinés d'autocommisération. Toi et Citto et Titina, ton visage, le visage de Citto, de Titina, de Haya m'aident à ne pas regarder les autres visages « malveillants ». Que vouloir de plus ? On reste toujours en petit nombre et il est juste qu'il en soit ainsi. Je te remercie encore et t'embrasse très très fort.

Goliarda

---

92. Enzo Siciliano (voir plus loin, p. 227). C'est essentiellement par lui qu'en 1965-1966 était passée la décision de publier *Lettre ouverte*, et l'établissement définitif de son texte, repris avec Goliarda. Cette lettre à Vera De Seta date certainement de l'une de ces deux années.

PUCCIO

Puccio Pastina, cousin de Citto Maselli.

20 mai 1967

Cher Puccio,

j'ai lu hier dans ton regard un reproche qui m'a profondément troublée. Mais cette fois (tu sais que je suis toute prête à comprendre et accepter quand j'ai tort), vu que je n'ai trouvé – dans mon comportement de ces derniers mois – aucun « geste » ou « mot » qui ait pu te blesser malgré moi, j'en suis restée profondément peinée. La seule chose que je retienne est l'impossibilité que j'ai eue de te voir. C'est cela ? S'il s'agit de ça, tu as été injuste avec moi de prendre-sentir cette disparition apparente pour une vraie « disparition ».

Je comprends que ton absence (douce et séduisante) de sens du temps t'empêche parfois de voir ce qui se passe mais, à cause de l'affection que j'ai pour toi et surtout de l'estime que j'ai pour ton intelligence, je suis obligée de te rappeler, pour un moment, à la réalité et aux règles et devoirs de la vie qui sont : le « sens du temps », les exigences formelles et pratiques dont dépend la disponibilité des autres. Souviens-toi que je suis arrivée (avec la difficulté que tu sais) à publier ma *Lettre ouverte* et que cela a impliqué et implique un temps quasi inexistant à consacrer à ma solitude et à la « solitude » des gens que j'aime le plus. Cela implique aussi que – comme tous ceux qui sont payés pour leur travail – j'ai un « patron » et que (au moins jusqu'à la sortie du livre proprement dite) je dois être à disposition de qui m'a permis de le publier : éditeur, lecteurs, amis influents, etc.

Pardonne-moi encore la sincérité avec laquelle je te parle mais j'y suis obligée pour que tu ne te méprennes pas sur moi. Je ne pourrais jamais accepter-subir de laisser tes émotions (le diable, seraient-ce nos émotions non contrôlées par l'intelligence ?), « suppositions », « abandons imaginaires » (nous sommes tous sujets à l'abandonnite !), « éloignements sans raison », « froideurs », etc. te souffler des idées malveillantes, t'arrachant à mon amitié.

Je t'en prie, Puccio, lis ces lignes que je t'envoie comme tu « sais lire » (c'est-à-dire : avec un vrai sens critique envers toi et les autres) et s'il y a quelque autre raison, dis-la-moi avant qu'elle ne pourrisse en toi inexprimée et... et... et... eeet... eeeet... et aime-moi comme je t'aime aujourd'hui – plus qu'hier, qu'il y a un an... qu'il y a un siècle ?

Goliarda

Puccettino,

à force d'y réfléchir je crois avoir identifié ce qui a détonné à tes « yeux ». Je sais que tu ne me le diras jamais, j'ai donc cherché à le comprendre toute seule. C'est mon attitude apparemment « distraite » quand je t'ai vu chez moi le dernier soir ?

Si j'y suis, dis-le-moi ! Et si c'est ça tu as raison. J'essaierai de t'expliquer ce qui s'est passé et tu verras que contrairement à ce qu'il t'a semblé c'était une façon plus intime de t'accueillir – même si elle était maladroite. C'est-à-dire, voilà : si j'ai des invités que je n'ai pas vus depuis longtemps et qu'il me faut mettre à leur aise il peut arriver qu'avec Citto je sois plus hâtive et distraite. Tu as fait les frais de ce que je voulais éviter avec Citto.

Cela dit, qui n'est que l'explication d'un mécanisme et pas une excuse, il reste que : chaque fois que, pour des raisons de « mondanité » ou autre, je prends ce ton distrait avec Citto +

Puccio +

Bianca +

Franca

= coupable

Mais je t'en prie, quand nous nous reverrons, ne me regarde pas avec ce regard voilé. Se sentir comme embuée devant tes yeux est une trop grande punition !

Je t'embrasse.

Goliarda

Embrasse Bianca pour moi et dis-lui, si cela peut la consoler, que moi aussi je suis tombée bien des fois et cependant me voici là, debout, qui t'écris. Mieux, dernièrement j'en suis venue à la conclusion que les personnes qui ne tombent pas, en réalité, ne le font pas parce qu'elles ne se tiennent jamais debout. VIVE BIANCA QUI TOMBE.

G.

LUISA SPAGNOLI

Journaliste, écrivaine, créatrice de mode née en 1929, Luisa Spagnoli (descendante de l'entrepreneuse dont elle porte le nom, créatrice du Bacio Perugina et d'une chaîne de grands magasins) tenait à Rome un salon très fréquenté. À sa mort, advenue en 1977 dans des circonstances mystérieuses lors d'une randonnée en montagne, Goliarda perdit une grande amie et un important soutien mondain.

Rome, 22 novembre 1965

Chère Luisa,

excuse-moi pour hier soir. J'avais l'intention de venir mais, tu sais comment c'est, au dernier moment je ne me suis pas sentie de me présenter et d'imposer ma mauvaise humeur à tes amis. Je t'embrasse.

Goliarda +
névrotique +
trop bien élevée +
psychanalysée +
sicilienne +
sauvage
....
____
= une idiote mais qui t'aime beaucoup

MARISA

20 mai 1967

Chère Marisa,

hier soir j'ai lu dans ton regard que tu avais perçu mon embarras à te revoir après tant de temps d'une façon si fortuite et au milieu de tellement de gens. Je t'écris tout de suite parce que je ne voudrais pas que tu te méprennes sur ma réaction. La tendresse que j'ai pour ta personne et surtout l'estime que j'ai pour ton travail m'obligent à te dire ce que je pense, même si ça pourra te paraître dur.

Je ne me sens pas de « faire semblant de rien » (comme tant le font pour préserver leur tranquillité, par indifférence ou lâcheté), de ne pas remarquer tes disparitions, la façon que tu as de te jeter dans une abstraction et un isolement de plus en plus profonds, de perdre de plus en plus le « sens des choses », « des visages », « le sens du temps ».

Mon embarras d'hier soir était et reste la douleur de voir comme la peur et l'angoisse qui te tiennent – comme elles m'ont tenue moi aussi pendant des années et des années – (et te tiennent depuis quand ? depuis ton enfance ? avant de naître ?) sont en train de t'emporter vers une autodestruction (comme tu le sais bien il y a de multiples façons de se suicider en dehors du poison) de ton talent et de ta santé.

Pardonne-moi, mais c'est ce que je vois en toi et sachant, par expérience, combien on est impuissant à aider quelqu'un qui souffre comme tu souffres, je ne peux m'abstenir de te dire dans quel danger tu te trouves et de te prier de me sentir proche et prête à t'aider de toutes les façons (si je savais lesquelles !).

Pardonne ma franchise mais l'estime que j'ai pour toi réclame une franchise totale que je n'aurais pas si tu m'étais indifférente et si je ne connaissais pas ta valeur. Je t'embrasse.

Goliarda

ANNIE ET SERGE REGGIANI

Serge Reggiani (1922-2004), issu du théâtre, et d'origine italienne, s'est imposé dans le cinéma français, puis la chanson française ; il est considéré comme l'un de ses plus grands interprètes. Il a également tourné en Italie, notamment dans Le Guépard*, mais aussi dans le film de Citto Maselli* La donna del giorno. *Sa compagne, Annie Noël (1926-2009), française, a été actrice, comédienne et directrice d'une compagnie de théâtre.*

Rome, 25 octobre 1961[93]

Chers Serge et Annie,

ça fait longtemps que je voulais répondre à votre lettre mais... je ne veux pas invoquer des excuses. C'est ainsi, on pense écrire et puis... Je ne peux vous dire à quel point j'ai été frappée par l'affection qu'on peut lire « entre les lignes » de votre lettre.

Malgré le brouillard dans lequel m'a plongée ce choc de curare, je me souvenais de vous et me rappelais comme on était bien ensemble, mais votre lettre a ramené vos visages clairs et présents à ma mémoire avec une intensité qu'il m'est difficile d'exprimer. Je vous suis reconnaissante de l'amitié que vous me démontrez, d'autant que, sortie de clinique, j'ai compris combien sont peu nombreuses les personnes que j'aime et qui m'aiment, et comment désormais je ne peux plus me permettre le « luxe » de faire semblant de « ne pas comprendre les choses », d'accepter des compromis, de trop excuser les complications « esthético-intellectuelles » de tant de gens et surtout... les miennes.

J'ai besoin de clarté, même si cette clarté m'oblige à renoncer à beaucoup de gens et d'émotions qui, je le sais aujourd'hui, m'ont amenée et pourraient

93. Plus probablement 1962, puisqu'il est question du « choc de curare », autrement dit du traitement par électrochocs auquel Goliarda a été soumise en mai de cette année-là, et non en 1961.

me ramener sur un terrain de sables mouvants dans lesquels on ne peut que se laisser sombrer passivement.

Je voudrais vous écrire longuement, surtout à toi, Annie, dont je sais ce que tu es en train de traverser, mais je suis trop fragile émotionnellement. Ces jours à la clinique m'ont rendu la possibilité de manger, de dormir, de revoir les murs des maisons, les visages, mais ils m'ont mis à vif les nerfs, qui grincent à chaque souvenir affleurant du néant de cette absence de mémoire qu'on appelle « état confusionnel » dans lequel j'erre encore.

Je ne peux rien vous dire d'autre que : je suis moi aussi près de vous et je voudrais vous voir, vous parler.

Je vous aime.

Goliarda

Rome, 23 juin 1966[94]

Chère Annie,

merci de ta gentille lettre. Je t'avoue que ça m'a émue de sentir entre les lignes le souvenir que tu gardes de moi et de l'affection que tu me portes. Merci. Oui, j'ai été très mal et ici je devrais, pour pouvoir t'expliquer ma rechute de l'an dernier en octobre, t'écrire... un roman. Et vu que je l'ai écrit il sera bien, pour que tu saches, de te l'envoyer. Je te l'expédierai dès que j'aurai les exemplaires, je pense d'ici à quinze, vingt jours. Je peux seulement te dire que ma rechute – qui m'a menée aux portes de la mort, je suis restée huit heures dans le coma et s'il n'y avait eu Citto je ne m'en serais pas tirée – n'a pas été seulement provoquée par ma « névrose », mais par le fait que mon analyste, en octobre de l'an dernier, est devenu fou. Eh oui, tellement fou qu'il a abandonné la profession et... tu peux imaginer, toi qui as fait une analyse, ce que cela signifie, mais c'est impossible pour moi de te le dire rapidement et je n'ai aucune envie de me le rappeler, étant donné qu'heureusement c'est une chose passée et que maintenant je vais bien.

J'espère seulement que ce que je te dis ne t'impressionne pas mais je devais

94. Ici encore, une erreur sur la date ? C'est en octobre 1964 qu'a eu lieu la tentative de suicide de Goliarda suivie d'heures (ou de jours) de coma ; la lettre a donc sans doute été écrite en 1965. Mais l'allusion aux livres terminés plaiderait pour 1966.

te le dire pour « information ». Excuse-moi aussi auprès de Serge de ne m'être plus manifestée mais tu peux imaginer comme après cette « aventure » j'ai dû rassembler toutes mes forces pour m'extraire du désordre et des doutes dans lesquels ce « médecin » m'avait précipitée. Et je n'ai pu le faire qu'en travaillant et j'ai, comme je t'ai dit, tout le temps travaillé six, sept heures par jour. Je n'ai quasiment plus vu personne. Excuse-moi encore pour mon silence mais vraiment je ne pouvais me manifester ne serait-ce que parce que se manifester signifiait expliquer et expliquer encore et retourner à ce qui a été et ce qui a été a été si horrible que je ne pouvais pas.

Comme je te l'ai dit au téléphone j'ai terminé deux romans que je t'enverrai et que je cherche à présent à faire publier, chose pas facile comme tout le reste et surtout en Italie où les groupes, les tendances littéraires sont très fermés et intransigeants. Nous verrons. Pour cette raison aussi, malheureusement, je ne peux pour le moment m'éloigner de Rome, autrement j'aurais tout de suite accouru à l'appel de ta voix si douce et affectueuse qui me disait bonjour au téléphone depuis Paris.

Merci, Annie, de te souvenir de moi et de l'amitié que tu me portes, je garde moi aussi intacte en moi mon amitié pour toi. Je viendrai vous trouver dès que je le pourrai. Je suis heureuse de ce que tu me dis de tes enfants, mais un peu préoccupée pour toi : il me semble avoir distingué entre tes lignes une tristesse et une inquiétude qui m'effraient un peu. Ce sont des choses, des états d'âme que je connais bien mais je sais comme il est difficile de les identifier, de les combattre et de les changer en une connaissance positive : à quel point il est difficile – plus difficile que d'affronter les malheurs réels – de trouver la sérénité quand on entre dans cet état d'incertitude, de doutes impondérables et... N'écoute pas les femmes qui craignent les enfants, la vie, leur condition de femme et qui pour échapper à cette responsabilité se travestissent en garçons, j'en ai moi aussi tellement rencontré qui me troublaient avec leur fausse assurance et efficience, mais aujourd'hui je les ai identifiées et je parviens à les écarter de mes pensées-émotions. Ce ne sont ni des femmes ni des hommes.

En Sicile, quand des êtres pareils vous parlent, avec l'assurance qu'ont tous les êtres innaturels et inhumains, on dit : « fais-toi sourde » et n'écoute pas, travaille avec tes insécurités et tes doutes qui, si tu les étudies bien et les analyses, te donneront la vraie mesure de celle que tu es. L'incertitude et les doutes sont des instruments sensibles pour comprendre les autres et soi-même, ils sont notre richesse. L'assurance est presque toujours conformisme et outrecuidance, lâcheté par refus de lire clairement en soi et, excuse ce mot passé de mode, manque de sensibilité. Fais-toi sourde et travaille. Ce n'est pas vrai, ce n'est pas en étant un « faux homme » qu'on se réalise ; ce n'est qu'en étant femmes comme nous a voulues la nature que nous pouvons trouver la voie pour nous exprimer, et tu es femme en tout ce que ce mot renferme de choses positives et riches et je suis sûre que tu trouveras bientôt ton expression, sûre de toi comme tu étais sûre de moi. Tu te rappelles ?

Je t'embrasse et je t'aime, Annie, je t'aime énormément et... à bientôt.

Goliarda

MICHEL

Michel Sagier, écrivain et poète, grand ami de Goliarda, homosexuel. Il vivait à Rome où il se suicida. Michel « aux yeux verts comme l'émeraude » est cité dans L'Art de la joie *et, dans ses* Carnets, *Goliarda évoque son suicide.*

3 juin 1966

Cher Michel,
comme je te l'avais promis, voici les horaires et tout. Pour le reste, je suis si heureuse que, comme toujours quand on est heureux, je n'ai rien à te dire. Viens.
Je t'aime.
Goliarda

11 août, Ponza[95]

Cher Michel,
je reçois à l'instant ta gentille lettre qui m'a... émue... eh oui ! Merci pour l'intérêt et pour la « douceur » avec laquelle tu me parles de mon travail. Sachant sûrement, inconsciemment (comme diraient nos chers ennemis les psychanalystes) que la réponse de Manzi serait négative (je le connais trop bien), j'ai eu la compensation de ta sollicitude et... toi, Letizia[96], Titina et Citto (personnes assez incomparables dans le monde qui est le nôtre) êtes mes lecteurs.

95. On peut compléter la date : 11 août 1965, puisque c'est cette année-là que Goliarda a laissé, comme lieu de villégiature, Ravello pour l'île de Ponza. Et qu'en ce qui concerne son travail, on apprend par ce qu'elle écrit à Michel que *Lettre ouverte* n'a pas encore trouvé d'éditeur. Si même elle est retournée à Ponza l'été suivant, son contrat avec Garzanti était alors signé depuis plusieurs mois (cf. février 1966, lettre à Ignazio Majore).
96. Ex-femme d'Antonioni (voir plus loin, p. 162).

Je suis heureuse des nouvelles que tu me donnes de ton travail et j'espère devenir bientôt moi aussi l'une de tes lectrices.

Je t'embrasse très, très fort.

Goliarda

23 novembre 1972

Cher Michel,

je ne sais pas si tu es à Rome et je t'écris donc – juste deux lignes – pour te dire que j'ai passé cette nuit en « faisant l'amour » avec tes poèmes. Ils sont magnifiques, je n'exagère pas. Et même si j'exagérais ce serait dû à l'identification-amour qui s'accroît en moi à chacune de tes lignes. Cela t'ennuie ? Je ne pense pas, au fond nous avons toujours été deux frères apeurés – et forts.

Ta Goliarda

GIANCARLO VIGORELLI

(1913-2005) Critique littéraire, journaliste, essayiste. Goliarda répond ici à un article qu'il a écrit sur Lettre ouverte *dans* Il Tempo.

Septembre 1967

Cher Vigorelli,

je n'ai lu qu'hier votre article. J'en suis restée si émue et si heureuse que j'ai voulu tout de suite chercher à vous joindre pour vous remercier mais la pensée du téléphone m'a arrêtée. Que peut-on dire au téléphone ? On peut, seulement, justement, remercier, alors que pour moi (dans mes émotions) il y avait quelque chose de plus profond qu'un simple « merci » aurait trahi.

Ce quelque chose a une longue histoire qui a commencé quand j'ai lu, il y a des années, un article de vous sur la nécessité de revenir au roman. Cet article m'a donné la clef pour sortir du brouillard abstrait et paralysant de l'informel dans lequel je me débattais depuis des années. On travaille, au fond, pour quelques personnes qu'on estime. Depuis que j'ai fait votre connaissance à travers les lignes de cet article éclairant, vous êtes devenu pour moi l'un de ces visages (qui évoquent d'autres visages semblables et inconnus) qui poussent, qui m'ont poussée à « communiquer ». Aussi, lire, aujourd'hui, écrit par la personne même qui est l'auteur de cet article, que je suis parvenue à « raconter » ; constater la précision avec laquelle vous avez saisi la matrice profonde de mon travail : « démonter à la Pirandello son théâtre familial dans l'acte même de le monter », ainsi que vous le définissez poétiquement, me donne un bonheur si grand qu'il est impossible de l'exprimer. Si impossible que peut-être il vaut mieux, ici encore, revenir à la signification première des mots (au récit ?). Et dire merci.

Post-scriptum.

Je crains de vous avoir écrit beaucoup de sottises mais... dans l'indécision (timidité ou pudeur ou orgueil ou présomption ou... peut-être tous ces vieux travers insulaires réunis) réécrire ou téléphoner... téléphoner ou du moins vous réécrire ou... je vous en prie, prenez toutes ces sottises pour ce qu'elles sont, à l'exception de la seule chose vraie, ma reconnaissance pour votre attention et merci.

G.

Cher Giancarlo,

pardon de te déranger mais je voudrais être sûre que Garzanti t'a envoyé mon... je n'ose l'appeler roman... il en faut pour appeler « quelque chose » roman. Bon. Si tu l'as eu – inutile de faire semblant – tu sais à quel point je tiens à ton jugement, qu'il soit positif ou négatif, et à quel point je te suis reconnaissante pour l'attention et l'encouragement – dans ce monde d'« incommunicabilité » (à force de le dire ils sont en train d'y arriver) – que tes lignes m'ont donnés en un moment plus que difficile pour moi.

Goliarda

PETER SCHNEIDER

Né en 1940. Écrivain-ouvrier, très engagé. Devenu célèbre, il a plus tard été traduit abondamment en français, chez Flammarion.

9 janvier 1969

Cher Peter,

comme tu vois je suis restée coincée à Rome. Pas de voyage à Milan et donc... qui sait quand nous nous verrons. Je suis en train de vivre un moment très dangereux et tu me manques terriblement. Parler avec toi me faisait beaucoup de bien. J'ai compris énormément de choses. Tu vas bien?

Goliarda

Mars 1969

Peter,

ce soir nous nous sommes revus après bien des mois et tu m'as demandé, avec raison, ce que j'entendais dire entre les lignes que je t'ai envoyées de Bolzano. Je n'ai pas su répondre. Ou plutôt, j'ai répondu par « l'histoire » détaillée de ce moment-là : une rencontre qui était une erreur, etc. On sait que dans le fait d'exposer une « histoire » et dans le détail, il y a toujours une défense, un mensonge.

En effet j'aurais dû répondre que je t'aimais, que depuis que tu es parti de Rome j'ai perdu un point de repère « émotionnel », et que cela m'a fait faire beaucoup d'erreurs. C'est ainsi. Mais je crois que j'ai également bien fait de ne pas te le dire parce que mon amour pour toi est « à contretemps » par rapport à « mon temps ».

J'ai, je crois, quinze ans de plus que toi, et j'ai peur de ta jeunesse et la respecte. Jeunesse non par rapport à moi – tu es adulte et par bien des côtés peut-être plus âgé que moi – mais je suis une femme et j'ai peur de toute jeunesse qui ne soit pas la mienne, qui m'échappe. Cela n'empêche pas que par « honnêteté », pardon pour le mot rhétorique, je doive te dire que je t'aime et que je me défends de tout sentiment qui puisse m'amener à souffrir plus que ce qu'implique le fait d'être amoureux. Il y a vingt ans j'aurais été comme toi et je t'aurais recherché. Aujourd'hui je ne peux que te rechercher comme fils et, pardonne ma sincérité, c'est comme tel que je t'aime.

Goliarda

16 mai 1969

Peter,

je ne peux malheureusement pas tenir la promesse que je t'avais faite de venir à Berlin. Ces « saletés » d'éditeurs m'ont fait perdre tant de temps entre indécisions, incertitudes sur la date de publication, obscurs problèmes « éditoriaux » concernant la couverture, que j'aurais plus vite fait de mettre au monde un enfant.

Pardonne-moi pour cette promesse manquée. Mon livre[97] sortira d'ici à dix jours et je dois rester en Italie. Mais je n'ai pas cessé de penser à toi et d'espérer que, sinon tout, quelque chose au moins allait bien de ton côté. Quand viendras-tu ? J'ai tellement envie de parler avec toi. Tu es l'une des rares personnes à qui l'on peut encore parler.

Goliarda

31 mai 1969

Peter,

j'ai essayé de t'appeler mais malheureusement ton numéro de téléphone a changé. C'est bien le cas ? Je voudrais tellement avoir de tes nouvelles. Malheureusement, à cause de la publication du livre qui paraît dans quelques jours, je n'ai pas pu et ne peux pas bouger de Rome. Comment vas-tu ?

---

97. *Le Fil de midi*, publié en effet en 1969.

Je pense toujours à toi et j'espère, en dépit du dieu perfide du téléphone, te voir bientôt.

Goliarda

NELO RISI

(1920-2015) Réalisateur, scénariste et (peut-être surtout) poète, frère cadet de Dino Risi. « Edith » est sa femme, Edith Bruck, née en 1932 en Hongrie, déportée à Auschwitz à 13 ans, vivant en Italie depuis 1954, scénariste, poétesse, traductrice du hongrois vers l'italien et autrice (en langue italienne) de nombreux livres témoignant de sa vie.

Cher Nelo,

merci pour tes poèmes que j'ai lus tout de suite et qui me plaisent infiniment. Je voulais, dès que j'ai eu ton livre, te téléphoner, comme je voulais le faire après avoir lu la petite nouvelle d'Edith, qui m'a beaucoup émue. Mais comme tu vois je ne l'ai fait ni la première ni la seconde fois et, comme tu le sais, avoir honte une fois est supportable, mais avoir honte deux fois devient extrêmement inconfortable.

Je me sens en faute envers vous et je ne sais comment faire. Que dois-je faire ? Vous appeler maintenant ?

Je vous remercie et je vous embrasse dans l'espoir que vous pardonniez ce manque de « sens du temps » que j'ai eu, qui ne signifie pas inattention ou manque d'amour.

Goliarda

CLAUDIO VARESE

(1909-2002) Critique littéraire et enseignant, intellectuel (également amateur de cinéma), auteur d'essais sur Dante, Le Tasse, Manzoni, Pascoli, le XVI*e siècle, le théâtre du* XVIII*e..., il avait voté pour Goliarda lors de l'attribution du prix Strega pour lequel concourait* Lettre ouverte.

14 juillet 1967

Cher Varese,

comme vous le voyez, votre lettre a beaucoup voyagé. Mais pas inutilement. Elle m'a rendue heureuse. Vos mots sont arrivés à un moment de découragement. Sensation de vide qui prend toujours quand on a terminé un travail long et fatigant qui nous a complètement absorbés, ou crainte que ce travail n'ait pas suffisamment de force en lui-même pour vivre, parler de sa voix propre pour être accueilli, écouté par qui ne nous connaît pas. Ou est-ce simplement la pudeur qui nous saisit chaque fois que nous nous montrons aux autres ? Peut-être toutes ces choses à la fois et sûrement mille autres.

Cela étonne toujours de découvrir combien de niveaux (émotionnels) s'ouvrent en nous à chaque mot, à chaque geste que la vie nous oblige à faire. En tout cas votre approbation – précisément parce que vous ne me connaissez pas « physiquement » – m'a donné de la joie et de la force.

Merci pour votre vote, mais surtout merci pour la générosité qui vous a poussé à m'écrire. Je sais, je connais par expérience la grande paresse et la grande avarice qui lient les mains et la pensée des gens (y compris les meilleurs), et cela me fait sentir la signification profonde de votre geste. Je serais heureuse de faire votre connaissance et... pour le dire à la Tchekhov : d'ici à cent ans, deux cents ans, sait-on jamais !... Si avant cent ans vous passez par hasard par Rome, venez me voir.

Avec mes plus amicales salutations.

Goliarda

13 octobre 1967

Cher monsieur,

depuis des jours je veux vous écrire mais l'idée que je ne vous connais pas personnellement, mais seulement à travers votre travail, m'arrêtait. Peut-on s'adresser à quelqu'un sans connaître son visage ? Peut-être est-ce de l'indiscrétion (si ce n'est de l'agression à proprement parler) et… le peut-on ? L'émotion profonde que votre article sur mon travail a suscitée en moi me donne ce courage et advienne que pourra. Émotion de gratitude et de joie. Joie de pouvoir observer, à travers le verre limpide de votre analyse, comment le projet le plus caché (à moi-même) se trouve révélé dans ses connexions essentielles et montré avec une telle précision d'idées et d'images qu'elle devient en elle-même une interprétation poétique de mon travail. Nous savons que ce n'est pas la louange qui émeut et incite à continuer, mais vraiment le fait de pouvoir tenir entre ses mains (comme un objet accompli et parfait) le sens premier de ce qu'on voulait faire passer et que seule une autre intelligence peut (en le reprenant à son compte) mettre en évidence – ou recréer.

Je savais que ce que j'avais cherché à « voler » à *Tristram* était la dimension du temps. Mais seules vos remarques autour du texte comme : « écrivait Sterne en entrant et sortant de son *Tristram* » m'ont donné la clef pour comprendre en quoi consistait précisément ce temps que j'ai cherché pendant des années.

Je savais que mes frères devaient être comme des marionnettes, mais je ne savais pas « la démesure de presque tous les personnages de la famille », formule qui suscite en moi une immense gratitude pour votre intelligence et un désir vital de continuer (même si, disons-le : en tremblant) à construire ou seulement creuser ce projet dangereux, comme vous le dites. Eh oui, et qui justement à cause de sa dangerosité recommençait à m'effrayer.

Pardonnez-moi cette « agression » mais comment pouvais-je ne pas vous dire ma reconnaissance pour toute cette joie et volonté de poursuivre que vous me donnez ? Comment pouvais-je ne pas vous dire que votre article est la plus belle chose que j'aie reçue de la vie dans ces vingt dernières années ? Merci d'exister.

Goliarda

LUIGI BALDACCI [98]

(1930-2002) Intellectuel de haut vol, critique littéraire et militant, il a enseigné la littérature italienne à l'université de Florence pendant de longues années. Il s'est aussi consacré à l'étude de l'opéra italien du XVIe siècle, des poètes italiens et des livrets d'opéra du XIXe siècle, et s'est également penché sur la musique et la peinture. La plupart de ses articles ont paru dans le journal Il Tempo.

Cher Luigi,

je suis de retour à Rome aujourd'hui et je trouve ta lettre et... nous nous sommes compris. Ou plutôt ta lettre a été la seule à m'avoir donné un peu de contentement et pour revenir à ce que je te disais... la lettre était engloutie sous un tas de « crétineries » – je ne veux les appeler ni critiques ni... mais crétineries – écrites sur mon travail et, comme je t'ai dit (pour revenir à notre conversation), par bonheur tes lignes sur mon *Fil de midi* me consolent de toute cette merde qui se répand partout sous forme de « culture » et... nous nous sommes compris.

Si tu passais par Rome je serais heureuse de te la faire visiter. Prenons patience ! J'espère seulement que le fait « d'être femme » et traitée « en femme » ne m'empêche pas de poursuivre ma recherche pour me conduire à faire le trottoir, seule voie – semble-t-il – autorisée à « quelqu'un » qui sans l'avoir choisi se retrouve à écrire tout en étant de sexe féminin.

Je t'embrasse.

Goliarda

---

98. Ne sachant quand les situer, nous avons suivi l'ordre des lettres de l'édition italienne. Le passage du tutoiement au vouvoiement entre la première et la deuxième lettre est surprenant, pourtant le fait que Goliarda parle du *Fil de midi* dans la première semble bien lui donner une antériorité par rapport à la deuxième où il est question de *L'Art de la joie* et de *L'Université de Rebibbia*.

Cher Baldacci,

j'ai terminé (termine-t-on jamais ?) un long voyage à l'intérieur d'un type de femme que j'ai connu dans mon enfance, et dont j'ai toujours désiré parler. Y suis-je arrivée ? Je n'attends pas la publication pour avoir une réponse de vous.

Si l'amour ne peut nous sauver, comme vous me l'avez écrit, la publication le peut encore moins : elle peut nous apporter de l'argent et avec l'argent la possibilité de continuer à « voyager », mais à part ça ? On écrit pour peu de gens. Moi, par chance, j'ai un bon nombre de ce « peu de gens » qui, à part Attilio Bertolucci et Enzo Siciliano, sont absolument inconnus et puissants moins encore. Des amis et des amies que... maintenant, j'aimerais vous faire connaître... j'ai écrit « maintenant » parce que – moi au moins – c'est comme si je vous connaissais depuis des siècles. C'est justement cela qui m'a retenue de venir vous rencontrer en personne. Mais est-ce bien de ne pas se connaître ? J'aimais recevoir vos lettres et je craignais que si nous nous voyions vous ne m'écriviez plus.

Je n'ai plus écrit à Baldacci, parce que le voyage a été si profond et déroutant que...

S'il ne vous déplaît pas de reprendre la conversation avec Goliarda, je suis toujours la même : un peu plus folle, mais aussi plus sûre de mon « anarchie » : choses qui – on le sait – sont étroitement liées à la fois à la qualité (ou au défaut ?) du souvenir constant, de la fidélité (quel mot passé de mode !) et au besoin d'avoir des amis, toujours.

Goliarda

Cher Baldacci,

ne crois pas que je t'aie oublié. Au contraire, dans les années, pour moi très dures, pré et post Rebibbia, je pensais à toi – surtout en prison – comme à un ami d'enfance avec qui je m'amusais à écrire des lettres en tenant le rôle de l'écrivaine et lui du grand critique sévère... à l'époque du vol que j'ai commis – par besoin d'argent et pour me venger (c'était la première fois que ça m'arrivait) d'une très chère amie qui à un certain moment m'a trahie... Cela arrive aussi et il n'y a pas de salut, ni dans le fait de subir une méchanceté ni dans la vengeance.

Je ne t'ai pas envoyé *L'Université de Rebibbia* parce que je ne suis pas, aujourd'hui encore, sûre de la sincérité de ces pages et puis ça a commencé à tellement se vendre que ce doute est devenu en moi certitude.

Maintenant je me trouve au seuil de la grande vieillesse – j'ai eu soixante-dix ans en mai – et, chose que je n'aurais vraiment jamais crue, sereine. Peut-être que pour moi le salut arrive dans ce parcours, qu'il soit court ou long, de détachement des sens, détachement des passions des jeunes (j'enseigne l'art dramatique au C.S.C. [99] et j'en fréquente beaucoup), et une étrange sérénité, algide et douce, qui dès que j'ai un peu d'argent en poche et un ami comme toi avec qui parler m'envahit immanquablement.

Cher Baldacci, ta folle jeune amie aurait-elle été toujours vieille sans le savoir? À présent je t'envoie un livre digne de toi et de moi : en m'exprimant ainsi – tu me connais – je ne veux pas dire un chef-d'œuvre, mais quelque chose qu'il fallait vraiment écrire. L'éditeur ne veut pas qu'on le dise, mais ce n'est que la première partie d'un roman, entre autres historique, de huit cents pages, que j'ai écrit de 67 à 76 et que tous les éditeurs m'ont refusé jusqu'à ce que je rencontre le grand anarchiste Baraghini qui seul a su le comprendre.

Comme il me ferait plaisir aujourd'hui de te connaître personnellement. Serait-ce possible? Je voudrais te donner de la main à la main cette première partie.

Très affectueusement.

Ta Goliarda [100]

---

99. Centro sperimentale cinematografico, Centre expérimental du cinéma. Goliarda y enseignait depuis 1991.

100. Il est aisé de dater cette lettre sans date : elle est de 1994. C'est cette année-là (celle, par ailleurs, ainsi qu'elle l'indique, de ses soixante-dix ans) qu'a été publiée par Stampa alternativa la première partie, présentée comme une œuvre complète, de *L'Art de la joie*, dont Goliarda annonce ici l'envoi (ou la remise en main propre) à Baldacci.

ELEONORA

Eleonora Corbi, femme du réalisateur Gigi Vanzi.

Ravello, 5 septembre 1964

Chère Eleonora,

merci de ta lettre et surtout de l'attention qu'elle manifeste pour moi et pour Marilù. Je viens de finir d'écrire à Gigi et il te dira pourquoi j'ai tellement tardé à répondre. Pour le reste ? Que peut-on faire ? Attendons et extirpons-nous de tout cela. Une fois dit ce qu'on s'est dit à Ravello, le reste n'est pas « notre affaire » et songeons à penser à nous : toi à toi-même, moi à moi-même.

Les autres ? Ce sont des adultes comme nous et Marilù aussi, espérons-le, parviendra à penser à elle-même. C'est la seule chose que je puisse lui souhaiter. Pourras-tu l'aider ? Pourrai-je l'aider ? Je ne sais pas. Nous ferons notre possible et… que les autres aillent partout raconter des histoires aux gens. Moi, ce genre d'« histoires » rhétoriques et moralisantes ne m'intéresse plus et, une fois dit ce que j'avais à dire, je suis à partir d'aujourd'hui sourde et muette.

Chère Eleonora, merci encore et j'espère que tu es plus calme et ne te laisses prendre par personne dans des pièges « moralisants ». Je suis de tout cœur avec toi et je voudrais te voir sûre de ta vie qui n'appartient qu'à toi, de tes doutes qui n'appartiennent qu'à toi comme tes mains ne sont qu'à toi et personne ne pourrait les bouger à ta place.

Je suis de tout cœur avec toi.

Goliarda

ISTVAN

Cher Istvan[101],

ce n'est qu'hier qu'on m'a envoyé ta lettre de Rome. Istvan, je suis vraiment désolée d'apprendre que tu n'as pas été bien. Mais je vois que dans l'ensemble tu es heureux d'être revenu et c'est cela qui compte. Tu as retrouvé tes amis et cela aussi, c'est ce qui compte.

Je suis ici à Positano depuis le 15 juillet. Je n'ai été à Rome que quatre jours la semaine dernière. Juste un petit saut pour mettre la maison – ou chambre – en ordre (je ne te dis pas dans quel état elle était !) et pour voir le premier montage du court métrage de Citto, qui me paraît pleinement réussi : un véritable interrogatoire dans une pièce de la préfecture de police, glacée et sans air. Ça me semble très beau. Maintenant tout va dépendre de la colonne sonore, croisons les doigts ! Comme d'habitude Citto travaille énormément et ne vient que le dimanche. Le canot à moteur a été réparé et puis... s'est cassé de nouveau et... nous verrons ! Je suis heureuse pour ton travail et je le suis dans l'ensemble de tout ce que tu me dis dans ta lettre, quant à la maladie et la nostalgie, il est bon qu'elles existent, pas vrai ? Ce sont les filtres les plus sûrs pour voir les lumières et les personnes autour de nous.

Ce que tu dis de Cristina est très juste. Jour après jour elle va de plus en plus mal, aussi bien physiquement que moralement. Comment l'aider ? Lorenzo travaille beaucoup – et très bien, me semble-t-il. En janvier il fera une exposition à l'Obelisco qui est une galerie importante et très « snob ». Espérons que tout se passera bien ! Quant à moi, je suis sereine sous ce « ciel bas » qui me rappelle les plus belles choses de la Sicile. Je me baigne, je lis, je travaille, j'écoute de la musique et... bref, je vis.

---

101. Si l'on ne sait pas précisément qui est Istvan, des indices suffisants permettent de dater la lettre : Positano, le court métrage de Citto (sans doute celui de *Le italiane e l'amore*, *Le adolescenti*) et l'allusion à Lorenzo Tornabuoni la situent en 1961. Année après laquelle Goliarda a laissé Positano pour, successivement, Capri, Ravello, Ponza, etc.

Lorenzo viendra en septembre, nous t'enverrons une carte postale. Si tu veux, écris ici à Positano à la Villa Aloisi.

Cher Istvan, tu verras que nous enregistrerons tes chansons un jour ou l'autre, nous n'en sommes pas aussi loin que tu le crois. Ne t'inquiète pas.

Je t'embrasse.

Goliarda

LETIZIA ANTONIONI

Letizia Balboni Antonioni, première femme de Michelangelo Antonioni, qu'il avait rencontrée au Centre expérimental du cinéma où elle était comme lui étudiante en 1942.

Chère Letizia,

j'espérais, comme je te l'avais dit, aller en août en France et puis à Londres, mais je me rends compte que ce n'était... qu'un espoir. Je ne me sens absolument pas de faire des valises, prendre des trains, voir des gens. Je n'ai rien dit à personne parce que je sais qu'ils ne comprendraient pas cette impossibilité de se trouver au milieu de « personnes » et de visages nouveaux. Il n'y a que toi qui puisses comprendre cet état qui me prend parfois, de plus en plus souvent, parce qu'en toi il est constant et... que veux-tu y faire ? Voilà encore une « défense », comme diraient nos amis-ennemis psychanalystes, que nous n'avons pas.

Tu vas bien ? Tu vas rester à Rome ? Je me bats et je n'ai qu'un espoir, retourner à Rome et travailler tranquillement. Il n'y a rien d'autre à faire. C'est notre unique devoir d'« anarchistes » de nous battre et grandir et de nous satisfaire exclusivement de ce combat et de cette croissance. Le reste : travail, éditeurs, etc. ne nous appartient pas. Ne te laisse pas pousser à « faire semblant qu'ils t'appartiennent », ni à être pressée ni à douter.

Je t'embrasse, heureuse de t'avoir vue « debout » et prête au combat. Une chose est vraie, dans ton combat j'ai reconnu le mien et c'est tout ce qui compte : une ou deux personnes qui par l'exemple nous permettent de prendre conscience de notre force, de notre identité.

Merci.

G.

17 mai 1967

Chère Letizia,

je suis dans l'avion pour Milan et je pense à toi qui souffres tant quand tu voyages. Comme tu vois, pour moi, toute occasion est bonne pour penser à toi. Je suis sereine et heureuse de ce contrat que, si ce n'avait pas été pour toi, je n'aurais pas eu le courage de... me faire obtenir. Comment ? Le refus de Mauri [102] et ton indignation face à ce refus m'ont convaincue que ma « lettre [103] » méritait d'être « expédiée ». Merci. Je t'embrasse.

Goliarda

(Excuse mon écriture mais... ça bouge un peu.)

---

102. Ce nom renvoie à deux personnes possibles : Fabio Mauri, de la famille des éditeurs Mauri (c'était également un écrivain), ou Umberto Mauri, directeur des éditions Mondadori.

103. Il s'agit bien sûr de *Lettre ouverte*.

PIER PAOLO

Probablement l'architecte Pier Paolo Piccinato.

26 août 1967

Cher Pier Paolo,

j'espère que tu n'es pas parti et que tu pourras recevoir ce billet que je t'envoie (tu notes le ton XVIIIe ?) et… que l'ayant reçu « TU » ne pourras « faire semblant » de ne pas savoir où se trouve mon repaire et passer (en voiture à cheval avec pages. Tu as fait ton testament ? Je t'avertis que l'Italie est pleine de bandits armés d'espingoles et de sabres tranchants) par Rome (capitale du monde) sans me prévenir.

Je t'en prie, très cher ami, puissant intime de ducs et de cardinaux, ne me fais pas cet affront qui déchirerait mon cœur déjà troublé par un long et pénible veuvage. Suffit. Je plaisante ! Mais pas trop… moi aussi je suis puissante et si tu ne viens pas avec ta délicieuse Dame et Maîtresse non moins qu'épouse révérée je t'enverrai mes chevaliers et tu n'échapperas pas à leurs épées…

Je t'embrasse très fort, heureuse de te revoir et surtout de faire la connaissance de Cristina qui – cela dit entre nous – me plaît beaucoup et ciaoo…

Goliarda

VIA F. DENZA 52 ROME (Parioli !) tél. 800178

VANNI

21 mai 1964

Cher Vanni,

je viens de recevoir ton petit paquet... que puis-je faire ? Tu me gâtes et avec des... gâteries pour moi merveilleuses. Gardénias et mandarines = les choses qui me « touchent » le plus – pardonne le gallicisme – me touchent profondément. Comment fais-tu pour le savoir ?

Je t'aime.

Goliarda

Rome, 30 octobre 1966

Vanni,

je le sais bien que tu es indigne même si tu es malade, je le sais depuis toujours. Mais tu es aussi très... doux et mignon et maladounet et... bécasson de te sentir si indigne.

indigne +
malade +
mignon +
doux
= un amour

Des baisers, des baisers, des baisers et encore des baisers.

Goliarda

19 novembre 1967

Cher Vanni,

je voulais t'appeler pour m'excuser auprès de toi. Mais que pouvais-je te dire ? Que j'allais mal ? Que du matin au soir mon état avait complètement changé ? J'ai eu peur que cela ne t'apparaisse comme de simples mots et je n'en ai pas eu le courage. Je pense qu'il est difficile, comme ça l'est pour moi, de comprendre tout cela. S'il s'agissait d'un mal de dents ou autre, je ne me sentirais pas coupable envers toi. Mais cet état comateux, qui me saisit par surprise, je ne sais comment l'expliquer aux autres ni à moi-même, de sorte qu'il ne me reste qu'à le subir et en avoir profondément honte. Excuse-moi encore et garde-moi ton affection.

Goliarda

ADELE CAMBRIA

(1931-2015) Journaliste de premier plan (notamment post-68), écrivaine, féministe, diplômée en droit. Elle a fondé avec Dacia Maraini le Théâtre della Maddalena à Rome. C'était une amie de Pier Paolo Pasolini, pour qui elle a joué dans plusieurs films. Fidèle amie et soutien sans faille de Goliarda.

8 septembre 1969

Chère Adele,

je reçois votre lettre aujourd'hui. Elle m'a fait un plaisir que, comme vous l'avez deviné, ne m'ont donné ni la sortie du livre ni les quelques pauvres coups de téléphone de félicitations qui ont sonné pour moi, peut-être trop suspicieuse à l'égard de cet instrument, comme des condoléances.

Je vous suis reconnaissante d'avoir compris la «clef» de ce que j'ai écrit – surmontant la répugnance que le mot autobiographie suscite en nous tous – sur moi et sur ce qui a fait ma vie. Malheureusement (ou peut-être est-ce mieux ainsi, on n'écrit que pour quelques-uns) seules deux ou trois personnes en plus de vous ont saisi cette «clef», mais surtout je vous suis reconnaissante de me l'avoir dit à voix basse sur une feuille blanche silencieuse, me donnant ainsi la possibilité de «vous lire» et, à mon tour, de vous comprendre profondément, de vous rencontrer.

Il n'y a pas de date limite pour devenir amies, et pour moi vos lignes ont déjà été une première rencontre qui m'a donné de la joie.

Je vous téléphonerai, et encore merci.

Goliarda

21 octobre 1980[104]

Adele,

merci pour les mots « mon amie » par lesquels commence ton article. Il en est ainsi. Il en est ainsi depuis que tu m'as écrit ta première lettre il y a bien des années et il en sera toujours ainsi. Je pense à ton petit visage de sirène au regard de guerrière.

Je ne vois pas l'heure (comme on dit dans notre Sud) de t'embrasser et de tout te raconter. Moi aussi, désormais, je ne vis que pour lire et raconter. Je me suis donné à moi-même une occasion de vie extraordinaire… et de confirmation. Il fallait que je voie la prison de Modesta et constate comme tout, même si l'« extérieur » a changé, restait exactement comme « elle » l'a raconté.

Mes amis m'ont mise sous clef (ou en hibernation, comme dit Gigi) par crainte de quelque nouvelle action que je ferais. Chose que je ne soupçonnais pas, quand j'ai allumé la mèche tout Pirandello s'est déchaîné autour de moi et comme l'un de ses personnages j'essaie péniblement de comprendre la raison des réactions imprévues de tant d'amis maintenant lointains, qui sont revenus près de moi pour demander, exiger et expliquer, eux, la raison de mon geste. Tu peux l'imaginer, en comparaison de ce « moment de vie », mon analyse d'autrefois m'apparaît désormais comme une promenade sereine dans un beau bois printanier.

Merci encore et plein de baisers de ta Goliarda.

104. Cette lettre est écrite à Adele au sortir de la prison de Rebibbia. Goliarda y avait été incarcérée le 4, pour en sortir environ une semaine après.

ATTILIO ET NINETTA BERTOLUCCI

Attilio (1911-2000) est l'un des plus grands poètes italiens du XXe siècle. Il a également travaillé pour la radio et la télévision et écrit dans le journal La Republica. *Grande figure et voix écoutée dans le monde intellectuel italien, il a été d'emblée un soutien de Goliarda. Ninetta était sa femme.*

Cher Attilio,

je t'ai téléphoné en espérant qu'il y aurait « quelqu'un » qui puisse me donner ton adresse. Mais il n'y avait personne et ainsi... Pardonne-moi mais je me suis maintenant tellement habituée (comme on prend vite les bonnes habitudes !) à parler avec toi que je voulais justement... te parler d'une idée que j'ai eue pour un roman que j'espère réussir (à condition que je domine ma peur) à écrire. Quelle idée ? Malheureusement il faudrait des pages et des pages pour te la communiquer et je ne voudrais pas te déranger dans ton repos. En tout cas y figure le mythe de Pénélope, tu te rappelles ? Et peut-être l'idée m'en est-elle venue justement l'autre soir avec toi. Le mythe de Pénélope et la condition de la femme, disons évoluée, ou mieux faussement évoluée qui, dernier non-sens de la fausse évolution du monde, est en train de créer de nouveaux buts erronés du genre « pouvoir aux femmes ». Tu ne connais pas le manifeste de ce nouveau prêtre en jupon ? J'ai beaucoup lu et étudié ces dernières années et j'espère vraiment... Quand reviens-tu ? J'ai besoin d'en parler avec toi.

Je t'embrasse.

Ta Goliarda

7 avril 1969

Cher Attilio,

je viens de recevoir ta lettre et je suis tellement émue que je ne peux te téléphoner. Je le ferai demain quand la joie pour ce que tu me dis se sera un peu décantée dans la conscience de « sortir » d'une certaine façon de l'angoisse de ce *Fil de midi* qui taille les pierres et les yeux.

Merci, je t'aime.

Goliarda

1er avril 1971

Cher Attilio,

à peine revenue à la maison j'ai cherché ma version pour la comparer à celle de l'imprimeur mais je ne l'ai pas trouvée. Peu importe. Je la trouverai. Et si je ne la trouve pas, ça n'a pas d'importance parce que cette histoire de mon erreur présumée ou de celle de l'imprimeur n'était (je ne l'ai compris que maintenant : que de temps il faut pour se connaître ne serait-ce qu'un peu !) qu'un prétexte-alibi pour te dire à toi et – je n'ai plus peur d'employer des mots désuets – à ta douce compagne combien d'amour et de nourriture je reçois – pour le dire à la Eliot – de votre thé et de votre attention.

Comme je te l'ai dit, ce moment est, pour moi, un moment de « nettoyage » et vos visages et vos voix s'impriment dans ma mémoire – chaque fois que nous nous quittons – nets et sans ombres de fêlures et de poussière... Bon. Je t'ai tout dit. À bientôt, baisers de votre Goliarda.

Cher Attilio... Ninetta,

j'ai ici devant moi – une vieille carte postale (difficile à décrire) du lieu où tu es né, que je ne connais pas... un photogramme d'un vieux film rêvé ? Un souvenir de vous émergeant de souvenirs ancestraux ? Quelque chose que ma mémoire me fait entrevoir – entre sommeil et veille – de ce qu'était le lieu où je suis née ? Pourtant il y a sept ou huit parallèles de distance entre Casarola di Riana et les maisons paysannes qui entourent l'Etna. Un arc qui s'ouvre sur un mur de pierres sèches, un petit arbre rabougri, peut-être dessiné par un artiste inconnu. Une vieille rayonnante de pauvreté royale, qui rêve, les yeux fermés, de sa vie écoulée, de dur travail, d'enfants... Un rêve? Non. Notre même origine paysanne qui nous unit secrètement, orgueilleusement, jamais niée, jamais vendue au rabais pour deux sous de notoriété à cette fureur de modernisme d'emprunt sans racines. Et derrière cette image, quelques mots écrits par un maître d'art et de vie. Il y a longtemps que je l'ai reçue et pourtant elle me fait encore venir des larmes enfantines aux yeux.

Merci.

Goliarda

20 janvier 1979

Cher Attilio et... Ninetta,

j'ai reçu votre carte postale et j'en suis restée tellement émue que je ne peux pas ne pas vous écrire deux lignes. Pour moi aussi il est plus facile de m'exprimer en écrivant qu'en parlant. Cela, je crois, a créé entre nous des malentendus *about* le mot discrétion... moi aussi je remettais à plus tard par discrétion... mais ce n'est pas cela que je voulais vous dire (je tourne autour du pot, toujours par discrétion et peur d'être sentimentale), ce que je voulais vous dire, c'est que la douceur des lignes que vous m'avez écrites m'est entrée dans le cœur, me confondant : deux personnes qui ont tellement fait pour vous et pour lesquelles on a si peu fait peuvent-elles se souvenir de vous avec tant d'affection? C'est possible. Et cela rend la vie belle à vivre.

Aujourd'hui je suis heureuse. Merci.

Votre Goliarda

9 septembre 1979

Cher Attilio,

j'ai reçu ta lettre... Bien sûr : la petite surface d'une carte postale délimitait ton écriture, mais son contenu était si dense, poétique et... spirituel qu'il annulait le brillant banal de ces «vues» (créées – qui sait par qui? – pour envoyer un petit souvenir, un baiser hâtif, un rapide « à bientôt ») et acquérait le temps long d'une missive. Missive évoquant une pièce avec canapés et fauteuils accueillants où l'on peut encore converser amicalement et… refaire le monde – comme disent nos amis d'outre-Manche – confortés par des remparts et des défenseurs qui protègent de l'anxiété de la ville et de la touffeur… Cet après-midi de touffeur romaine où nous nous sommes rencontrés après tant d'années… Je vous avais écrit une lettre sur cet après-midi mais je l'ai égarée.

Je sais qu'elle reparaîtra et je vous l'enverrai parce que, comme c'est toujours le cas dans nos rencontres, il s'agit d'une lettre intemporelle, un petit récit qu'on peut expédier et recevoir à n'importe quelle date.

Mais il y a quelque chose d'autre : je ne sais pourquoi, mais toujours, quand je prends le stylo pour t'écrire (acte qui porte – c'est connu – à imaginer le visage absent auquel on s'adresse) je vois immanquablement tes traits suivis avec attention et prévenance par le grand regard adolescent de Ninetta… Le visage d'Attilio observé par Ninetta… Ninetta qui protège Attilio (en se protégeant elle-même ?). Et une grande tendresse me prend et j'écris des choses que j'aurais honte d'écrire à moi-même dans le plus intime des journaux intimes : je n'ai pas l'habitude d'accueillir l'émotion que donne un « couple ». Ou plutôt, on m'a obligée à ne pas la ressentir, ce n'était pas progressiste. Or, votre union m'a toujours émue. Et dans cette émotion (vu que, pour le meilleur ou pour le pire, j'ai vécu l'aventure de rencontrer le Dr Freud) il y a une nostalgie fugace de quelque chose qui s'est perdu – dans la hâte qui a pris tout le monde de courir vers le « progrès » – et aussi un immense petit brin d'envie. Envie aussi de ta douceur (nourriture absorbée par ta Ninetta ?) dans la façon que tu as de manier les vers… « Il ne manquait plus que ça ! (se serait exclamé mon oncle Nunzio) une femme qui envie la douceur d'un homme ! » C'est exactement ce qui se passe. À force de nous vouloir viriles on est allé jusqu'à nous refuser la douceur que tous les vrais hommes ont toujours eue. Pour ne pas parler des poètes que – Mann s'en plaignait (voir l'essai sur Tchekhov) –, à cause justement de cette qualité incomparable, pendant un certain temps la « critique impitoyable » (on dirait aujourd'hui masochiste) a fait l'erreur impardonnable de prendre pour mineurs.

Mais pour revenir à l'indignation de mon oncle Nunzio, je le rassure toujours en lui disant que depuis que le « doux poète » m'a prise par la main dans la lointaine année 67, j'ai appris quelque chose, et qui j'espère se verra dans mon travail. Mais ce n'est pas de mon travail que je voulais te parler. Je voulais seulement te dire ma joie de constater que tu réponds quand on t'écrit. Tu sais que cela aussi, c'est devenu quelque chose de rarissime? Personne ne répond plus aux lettres. Et ainsi un autre membre encore de l'imagination a été amputé irrémédiablement par la manie de courir, d'être efficace, de saisir les « choses ».

Pour moi qui me suis du moins un petit peu méfiée du téléphone, de l'avion, du mot d'ordre des années cinquante, « détruire la famille », le silence qui est tombé sur cet autre besoin fondamental (qui même chez les non-professionnels des lettres devenait art, ou acte créatif comme on dit aujourd'hui) est terrible, et j'aimerais que tu écrives là-dessus dans tes morceaux légers et profonds, de la profondeur que ne renferment que la douceur et la légèreté.

Ta Goliarda

Rome, 5 octobre 1979

Cher Attilio,

aujourd'hui je me suis mariée avec Angelo. Il était avec nous la dernière fois que nous nous sommes vus à Rome, en cet après-midi de touffeur et de nostalgie, tu te souviens? Il me semble que des années et des années ont passé depuis cet après-midi, comme si en ces deux heures où nous avons été ensemble tout le chemin de notre relation s'était condensé, créant une véritable histoire (peut-être un peu jamesienne) autour de nos aventures-conversations, aventures éditoriales, aventures familiales entre ta famille et mon absence de famille.

Que de choses j'aurais à te dire (que peut-être, avec le temps, je te dirai) sur les émotions des profondeurs qui, je le sais, ont éclos en moi depuis que j'ai fait ta connaissance, et avec toi celle de tes fils, Bernardo et Giuseppe : personnes réelles et pourtant évocatrices de fantômes de ma planète inconscient, inexplicable aux autres et cependant vraie pour ma réalité de vie au point que j'en reste, parfois, pétrifiée et touche du doigt toutes les « existences » imaginaires que nous vivons parallèlement à notre vie quotidienne et tangible. Dans les faits tangibles de la journée, il y a, aujourd'hui, celui de m'être mariée, mais seulement après avoir amené Angelo chez vous. Que cherchais-je en vous le présentant ? C'est simple : une approbation.

Et comme tu sais, cette approbation devait éclore en moi, en le voyant à côté de toi et de Ninetta. La même chose s'est passée avec Elena Maselli, que j'adore, même si elle n'a pas pu prendre la place de ma mère. Elena aime désormais Angelo au moins autant que je l'aime. Maintenant Ninetta et toi êtes au courant de mon mariage. Vous êtes les seuls à Rome. Et puisque par l'âge vous entrez dans la sphère de mes frères et sœurs (mais existe-t-il, cet âge ?), c'est comme une sœur que je vous demande de m'accepter aussi dans cette nouvelle condition si inhabituelle pour moi et… de me porter toujours l'affection que vous m'avez portée.

Votre Goliarda

Cher Attilio,

voici pour toi mon travail de… mais, comme tu dis : « Le temps n'existe pas. » J'espérais t'envoyer une copie parfaitement correcte mais… on n'en finit pas ! Et c'est une bonne chose parce que, de « fini », il n'y a que la Certa[105].

Je suis un peu émue : comme je l'ai écrit à Citto on n'écrit et on ne vit que pour quelques-uns… Que pensera Ninetta de cette femme tellement absurde et pourtant tellement vraie (si tu savais combien j'en ai rencontrées !), mais dans les deux cas tellement éloignée d'elle ? Je vous embrasse.

Goliarda.

Cette lettre n'est pas celle que je t'avais annoncée… celle-ci est seulement une « anxiété » qui se matérialise en mots. « L'autre », je vous l'enverrai plus tard et elle est, je crois, plus amusante.

J'ai lu ton article sur la famille et je suis parfaitement d'accord !

Cher Attilio, Ninetta…

je vous avais écrit une lettre jamesiennement très sentie (je suis en train de lire tout James !) et donc suggestive sur notre rencontre, après tant d'années,

105. Autrement dit la Mort : celle qui arrive à coup sûr.

au cœur de la touffeur la plus romaine que jamais esprit humain ait pu se rappeler, si l'on en croit mon marchand de journaux, seul Romain authentique (c'est ce qu'il affirme – même si cet « authentique[106] » indique en lui quelque ascendance parthénopéenne), à l'exception de la touffeur continuelle qui s'abattit sur Rome en 43… vous ne pouvez pas vous en souvenir… (trop aimable), il y avait une telle disette, un air irrespirable et les Allemands.

Mais je l'ai perdue. Ou mieux, elle s'est cachée en quelque recoin de la maison, ou peut-être mon oncle Nunzio, qui garde toujours l'œil sur moi, me l'a cachée en quelque endroit. On sait que les morts aiment faire des farces. Et lui est très jaloux de toutes les relations qu'il sent profondes pour moi. Mais à un moment ou un autre il la fera réapparaître et je vous l'enverrai. De toute façon c'était une lettre-nouvellette « hors du temps » et donc toujours valide.

Ce qui me surprend est que dans cette lettre il était question de famille et je ne l'ai écrite que quelques jours avant de lire ton article sur la même *croce e delizia*[107] – le même supplice et délice, écueil infranchissable, problème éternel et intangible de nos existences… décidément il y a entre vous et moi quelque chose qui, que nous nous voyons ou non, marche du même pas. Ce n'est pas la première fois qu'il m'arrive de lire un livre, penser à une chose et voilà que le poète en parle dans un journal ; ou en parcourant un livre, une anthologie, je la trouve déjà exprimée par lui. Je ne comprends pas ce qu'est ce « quelque chose » alors que nous sommes si différents… ou peut-être ne le sommes-nous que parce que nous avons reçu une éducation différente ?

Baisers.

Goliarda

Cher Attilio,

un nouvel été nous sépare et, moi du moins, j'ai perdu tant et tant de bonnes causeries hivernales dont j'espérais qu'elles auraient lieu en 79… et tout cela à cause de mon sentiment de culpabilité : maladie avec laquelle j'ai commencé d'apprendre à coexister, mais qui, parfois, n'en sort pas moins du recoin où je l'ai confinée et me rend incapable de quelque action que ce

106. En italien, *verace*. Mot considéré comme étant « du Sud ».
107. Citation du premier air de Violetta dans *La Traviata* de Verdi, où ces termes sont employés pour définir l'amour, non la famille.

soit. T'avoir donné mon manuscrit[108] m'est apparu, après coup, comme un acte obscène qui m'empêche de te téléphoner.

Une action inconsidérée en appelle d'autres et ainsi le soupçon que tout appel de ma part puisse t'apparaître comme une incitation à me lire m'a mise dans tous mes états et j'ai préféré disparaître. Maintenant je suis en mesure de te répéter – comme je te l'ai dit de vive voix (m'as-tu entendue ? Ou, inquiet à ton tour pour le destin de mon travail, t'es-tu senti dans ton tort et n'as-tu pas prêté l'oreille à ce que je te disais ?) – que ce que j'avais fait n'avait qu'une raison : te donner le fruit de mon travail pour que tu saches que durant toutes ces dernières années je ne suis pas restée oisive à mâchonner la vie comme elle vient sans un dessein, un but... Et ici revient cette maudite (et bénie) loi des rôles : pour moi, tu es le père de l'écriture, le père – comme je te l'ai déjà dit – qui d'une main sûre m'a tirée du néant et m'a indiqué la voie, de sorte que c'était pour moi une fierté de te donner la preuve tangible de ma volonté de continuer à travailler... Il n'y avait rien d'autre dans ce geste.

Cela aussi parce que je ne voudrais au grand jamais reprendre contact avec Garzanti et me retrouver obligée de subir sa brutalité ou sa névrose, comme tu l'appelles. J'ai essayé, ou plutôt, des amis m'ont donné l'occasion de soumettre le roman aussi bien à Rizzoli qu'à Feltrinelli et j'en ai reçu des réponses si bizarres : pour l'un le roman est trop expérimental (Pautasso), pour l'autre trop traditionnel... qu'elles m'ont donné une grande curiosité pour la façon dont il est lu et pour les personnes qui lisent ce manuscrit.

Mais cette curiosité a été de courte durée et je n'ai aucune intention de chercher un éditeur : mon devoir de rendre mon travail public, je l'ai fait, et maintenant j'arrête avec ce énième « devoir » que tout le monde s'empresse de me jeter dessus. Il faut que tu saches que j'ai été littéralement mise en accusation pour mon incapacité à « soutenir mon travail ».

Bon. Cela dit pour que tu le saches, je t'embrasse.

Goliarda

---

108. Il s'agit – l'année évoquée (1979) et les allusions, dans la suite de la lettre, aux divers envois et lectures le disent – du manuscrit de *L'Art de la joie*.

Cher Attilio,

comme tu le vois à la coupure de journal que je t'envoie, ceci n'est pas la continuation de ma lettre précédente... j'avais tellement de choses à te dire que je te dirai avec le temps, si toujours ces épanchements, ces bavardages (confessions ?) ne t'ennuient pas.

Tu m'as écrit que tu étais en train de travailler à ton roman en vers et cela m'incite à ne te charger qu'avec prudence d'émotions qui sont essentiellement les miennes.

Mais je ne peux pas ne pas t'envoyer cet article d'Adele Cambria[109] qui m'a déchargée d'un grand poids – c'est justement pour cela que je lui ai donné à lire le manuscrit : si, comme je t'ai dit, on n'écrit que pour quelques personnes, parmi « mes » quelques personnes, elle se trouvait en bonne place. Je t'ai tout dit, je suis si contente et je voulais que Ninetta et toi le sachiez.

Je vous embrasse, à bientôt.

votre Goliarda

22 juin 1980

Cher Attilio,

nous voici tous les deux retombés dans un quiproquo : je crains de t'appeler, que cela puisse t'apparaître comme une façon de te pousser à lire mon travail. Si j'avais pu ne jamais l'écrire ! Et toi, assurément, n'ayant pas eu le temps psychique pour le faire, tu te sens en faute, et... passons.

Pour une fois je veux casser ces états suspendus de quiproquo, et je t'écris pour te dire que j'ai très envie de te voir, de te parler de tout (sauf de mon travail) avec Ninetta, sereinement comme toujours. Ne t'inquiète pas pour moi. J'ai commencé un nouveau roman (court, cette fois), qui est le prolongement de *Lettre ouverte*[110].

Nous verrons-nous en dépit des paradis et des enfers de l'édition ?

Ta Goliarda

---

109. En septembre 1979, Adele Cambria avait fait paraître dans *Il Giorno* un article enthousiaste et pertinent sur *L'Art de la joie* intitulé « Dopo l'Orca arriva la Gattoparda » (Après l'Orque arrive la Guéparde) où elle allait jusqu'à annoncer la parution du livre avant Noël. Cette lettre date donc vraisemblablement de la même année ou de la suivante.

110. Sans doute s'agit-il de *Moi, Jean Gabin*, que Goliarda, de fait, écrivait en 1980. Mais elle n'en a jamais parlé ailleurs en ces termes.

Cher Attilio,

aujourd'hui j'ai parlé – sans que tu le saches – avec Ninetta et décidément cet automne est un bon automne pour moi. Ninetta a approuvé mon roman et cela, je te l'avoue, m'a beaucoup soulagée. Je connais son ouverture d'esprit (comme on disait autrefois), son absence de quelque fanatisme que ce soit.

Ta Goliarda

Cher Attilio,

hier soir ton appel m'a si profondément émue que je ne peux pas ne pas te l'écrire, ne serait-ce que pour défaire (comment survivre si on ne s'ouvre pas aux quelques-uns qui peuvent nous comprendre ?) un nœud qui me serre la gorge et qui m'a ôté le sommeil. Dans ce nœud il y a entre autres choses mon impossibilité de m'exprimer au téléphone – malgré tout je suis restée une demi-négresse – et en conséquence la crainte de ne m'être pas bien exprimée.

Ta proposition m'a fait toucher le ciel du doigt, sur le moment, parce qu'elle me donne la preuve que globalement, pour ce que tu en as lu, tu penses que mon manuscrit a une certaine valeur. Mais ensuite je me suis rendu compte que ce n'était pas ton soutien vis-à-vis de Garzanti que je voulais (bien sûr, nous savons qu'un éditeur est quelque chose de vital pour qui écrit, mais pour moi cela vient plus tard, si ça vient), mais ton jugement sur mon travail. On n'écrit pas pour tout le monde – comme nous l'avons déjà dit – et on n'écrit pas seulement pour le moment présent.

Tu es l'un des rares qui puissent me dire si ma Modesta aura quelques heures de plus que les nombreuses vies qui naissent et meurent en quelques saisons. Quant à la publication, j'y crois peu, et c'est aussi pour cela que j'ai recommencé à travailler. Je te dis cela pour que tu saches que tu as tout le temps que tu veux pour lire et sans hâte. Arrivé à ce point, tu me diras : mais Goliarda me prendrait-elle pour un oracle ? C'est le cas, oui, et pas seulement pour moi. Pour tous les auteurs que tu as aidés à faire un bond en avant, grandir, se développer, tu l'es, si oracle ne sonne pas trop durement – tu as une qualité extrêmement rare, celle de maternité artistique.

Je sais que je te demande beaucoup, mais c'est le risque que court toute mère : mon travail a besoin d'un polissage final – comme on disait autrefois – et pour cette raison aussi je ne suis pas pressée de courir dans les bras de Garzanti ou autre… et toi seul peux m'aider. Je le répète, je sais que je t'en demande beaucoup, je me sens en faute mais je ne peux me passer de cela pour grandir.

Merci.

Ta Goliarda

Cher Attilio,

ça fait longtemps que je ne me suis pas manifestée auprès de toi. Mais il y avait une raison. Je voulais terminer ce récit de mon voyage dans la planète prison et, comme tu le sais bien, quand on est occupé à « se souvenir » il est difficile de parvenir à écrire même à un ami. Maintenant j'en suis sortie même si les liens que j'ai noués (tu verras dans le manuscrit) m'engagent dans une correspondance « fantastique » (il n'y a pas d'autre terme) avec ces personnes extraordinaires que hasard et nécessité m'ont fait rencontrer. J'ai dit « hasard et nécessité » : je dépérissais sous une chape de « non-vie », de déception éthico-amoureuse (les deux vont toujours ensemble) attisée par mon voyage en Transsibérien (dont je t'ai parlé), par les dégâts du mot « régression » et pour une fois (comme aurait dit Pirandello) je n'ai pas voulu mourir, mais après avoir « touché le fond » boueux m'en faire un tremplin pour bondir, certes apparemment vers le bas mais du moins dans une réalité différente pour moi, et qu'à ce moment de notre pays je savais la plus proche de ce que nous appelons « réalité ».

Et c'est ce qui s'est passé : j'ai trouvé là plus de vie que dans toutes les vingt dernières années de ce qui commence à être ma longue existence… que te dire d'autre ? Je suis à la recherche d'un travail (en vrai, depuis trois ans) et n'en trouve pas… pas même un emploi de cuisinière… J'espère que malgré la longueur du texte tu pourras l'affronter sans trop de souffrance… mais même si tu ne le lis pas le savoir entre tes mains me console.

Encore une chose, qui est grave pour moi, je crains que Ninetta n'ait pu comprendre mon acte siculo-catanais… C'est – ça te semblera étrange – la seule pensée qui m'a tracassée pendant mon action… elle, grandie si loin des anfractuosités des ruelles, tellement habituée aux immenses plaines calmes ensoleillées et verdoyantes… je te prie, toi qui es un poète et comme tel sais trouver les mots, d'intercéder pour moi auprès d'elle.

Goliarda

Pour Attilio,

à qui je dois la publication de mon premier roman [111] qui m'apparaît aujourd'hui comme une absolution ou un viatique qui m'indiquait la voie – à peine entrevue – d'une longue joie intime qui depuis m'a soutenue sûrement, assis comme tu disais autour de la table ovale de ma seconde enfance à Rome : « Progresser et travailler même si l'on n'a pas de succès est une façon d'être toujours heureux. »

Merci pour cette sérénité silencieuse et incommunicable à qui ne la connaît pas.

Merci encore à toi et à Ninetta, toujours attentive aux autres et si douce.

G.

Rome, 29 juillet 1995

Cher Attilio et... douce Ninetta,

quelques lignes (je suis en train de travailler sur un film comme *dialogue coach*) mais je ne voulais pas te dire cela, je voulais seulement t'exprimer ma joie pour la phrase sur moi que tu as dite à mon jeune réalisateur Paolo Franchi [112]. Tu ne me croiras pas mais je suis heureuse comme si j'avais obtenu le Nobel.

À bientôt et merci encore.

Goliarda

---

111. Il s'agit de *Lettera aperta* (*Lettre ouverte*). En plus d'Enzo Siciliano, Attilio Bertolucci a appuyé la publication de ce livre de Goliarda et l'a conseillée dans son travail préliminaire de révision du texte originel.

112. Élève au Centro sperimentale, Paolo Franchi Gandolfi a choisi, pour son travail de fin d'études, de réaliser en 1995, autour de Goliarda qu'il admirait, le court métrage *Frammenti di Sapienza*. On peut considérer ce petit film comme un dernier témoignage synthétique sur elle, à un an de sa mort.

PHILIP V. CANNISTRARO

(1942-2005) Historien américain, Philip V. Cannistraro a principalement travaillé sur la période fasciste et a été ainsi amené à écrire sur Maria Giudice, la mère de Goliarda.

Cher Philip,

je me sens très coupable de n'avoir pas répondu à ta gentille lettre et de ne t'avoir pas dit que j'avais bien reçu les lettres des miens que tu m'as renvoyées si promptement (et en ordre). Deux fois coupable.

Je reçois à présent ton très beau livre (important, aussi) que je suis en train de lire et afin de ne pas tomber pour la troisième fois dans la culpabilité (une, deux fois ça peut aller mais trois... c'est trop !) je t'écris pour te dire comme je me souviens de toi avec une sympathie fraternelle (serait-ce parce que tu parles de Maria en l'appelant maman ? Peut-être) et comme je serais heureuse de te revoir. Quand reviens-tu ?

Ici tout s'améliore (ou du moins il semble : référendum, élections, etc.) politiquement parlant, mais pour le reste c'est un vrai désastre. La dévaluation est arrivée à un point tel que, parfois, il me semble être revenue en plein fascisme d'avant-guerre. Mais peu importe, comme dans toutes les choses de la vie, nous, qui avons été ceux (c'est la seule chose dont je sois fière) qui n'ont pas profité du faux bien-être et des « clientèles » de parti, nous nous retrouvons amis et sereins au milieu de visages livides de peur et de culpabilité. Il semble que soit revenue « l'heure » de comprendre qui était et reste un camarade ou pas et de nous compter et cela, c'est toujours « une heure », quoique difficile, très belle dans sa dureté assurée et sans faux-semblants. J'espère que tu ne vas pas me punir en ne me répondant pas et surtout j'espère te voir bientôt et parler comme toujours de bien des choses passées et présentes.

Ta Goliarda

DANIELA

Daniela Corbi, aspirante-écrivaine et devenue grande amie de Goliarda, qui connaissait bien sa famille.

Chère Daniela,

il y a quelques jours seulement que j'ai reçu tes lettres, la Poste était en grève ! Dans la première tu me laissais espérer que vous alliez revenir à Rome. J'en serais très heureuse, ne serait-ce que parce qu'il me sera impossible de venir chez vous avant juin-juillet. Je ne peux bouger, et parce que je dois finir, au moins, la première mouture de mon roman, et parce que je travaille avec Citto qui prépare un nouveau film.

Quant au rêve, chère Daniela, il est très difficile de t'en dire quelque chose par écrit car il contient beaucoup d'éléments si profonds qu'« à distance » je crains qu'ils ne puissent te bouleverser et tu comprends que je ne pourrais supporter l'idée de t'imaginer en quelque façon bouleversée (même si je sais que tu es forte) alors que tu es si loin. Nous en parlerons de vive voix, de toute manière j'ai ta lettre que je conserve (comme toutes les autres du reste) jalousement.

J'ai tellement envie de te voir, cela aussi (égoïstement) parce que je suis un peu seule : même s'il est à Rome, Bruno dort à la caserne, les autres amis... vieillissent de façon si anormale et précoce que les voir – même si je les aime – m'est une douleur plus qu'une joie. Heureusement il y a Tonia avec laquelle – comme tu l'auras compris – j'ai un rapport profond comme avec toi. Bien sûr, je « vois » beaucoup de gens. Mais quel intérêt ? Ce que nous cherchons est tout autre. Bon. Je t'ai tout dit, je crois, et même, je le crains, quelque chose en plus qui j'espère ne t'apparaîtra pas comme de « l'auto-complaisance » de solitaire. Je hais la solitude et comme dit Stendhal : *Je me souviens avec peine du temps que j'ai passé dans la solitude. Je trouve ceci commun, lourd et orgueilleux.*

Excuse la citation mais... Stendhal est Stendhal et... eux... nous... je t'embrasse.

Ta Goliarda[113]

Embrasse tout particulièrement Patrizio.

22 décembre 1972

Chère Daniela,

ta dernière lettre m'a beaucoup inquiétée et je vais essayer de t'en expliquer la raison : le rêve dont tu me parles – où je t'apparais triste – ne dit que la tristesse et le mal-être dans lesquels tu te trouves. Dans ce rêve, clairement, n'ayant pas le courage de porter à la « conscience-lumière » – et de réaliser ainsi – combien tu vas mal (à un niveau très profond de l'inconscient : et c'est pour cela que le courage te manque : tu crains probablement, en le connaissant, d'aggraver ton trouble) tu fais une identification avec moi. Dans ton rêve, je suis Daniela. C'est cela qui m'inquiète : que faire pour toi ?

Bien sûr, je peux te tranquilliser sur mon état, mais je sais que cela ne suffit pas quand il s'agit d'émotions, de mécanismes très profonds et cela aussi parce que dans ces cas de rêves d'identification il y a, au-delà de la lecture freudienne, toujours quelque autre vérité « affective-télépathique » (appelons-la ainsi) ! Tu as senti que pour moi également – chose qui ne m'arrivait pas depuis cinq ou six ans –, c'était un moment de transition difficile. Pour le reste : santé, argent, tout est, sinon brillant, normal.

Le fait de pleurer quand tu écris – ça m'est arrivé et m'arrive encore à moi aussi – ne devrait venir que de la peur (nous ne sommes « pétris » – femmes et hommes – que de peur) de ne pas arriver à communiquer – au « visage-feuillet » grand ouvert dans l'attente des autres ? – nos émotions. Cela à un certain niveau, mais il y a tant d'autres vérités qu'on pourrait rechercher en discutant ensemble ; comme ça, malheureusement, je ne peux rien trouver d'autre car comme tu le dis : pour comprendre plus profondément il faudrait que nous nous voyions, cheveux, mains, yeux. Patience ! Écris, même en

113. La mention de Bruno, que Goliarda a fréquenté entre 1970 et 1972, permet de dater la lettre de cette période.

pleurant, tes novellas. Pleurer ne fait pas de mal. C'est se taire qui empoisonne, mais je vois que tu parles, du moins avec moi, et cela me donne joie et espoir pour nous deux.

Ta Goliarda

24 mars 1973

Chère Daniela,

j'ai reçu ta lettre et merci pour la mienne que tu as expédiée – comme je savais que tu le ferais – ponctuellement à Rome. Pardonne-moi toi aussi si je ne t'écris pas plus souvent, mais j'en suis à un point de mon roman tellement difficile qu'il m'est presque impossible non seulement de voyager « physiquement », mais aussi par l'imagination sur les visages de mes amis proches et lointains. Cela n'empêche pas que je pense toujours à toi et que j'espère toujours que quelque « miracle » te fasse revenir : l'éloignement est vraiment quelque chose de malsain, de mutilant.

Je t'embrasse très très fort.

Goliarda

7 avril 1973

Chère Daniela,

juste deux lignes pour t'assurer que tu me trouveras à Rome. Comme je te l'ai dit je me suis imposé de ne pas prendre de vacances jusqu'à ce que j'aie fini la première mouture de mon roman. Ne pense pas de mal de ce côté germanique – comme l'appelle Citto – que j'ai : malheureusement si je n'avais agi comme ça, y compris dans le passé, je n'aurais écrit que quelques poèmes et peut-être que ç'aurait été un bien pour les autres, mais pas pour moi. Quand je ne mène pas à son terme ce que j'ai commencé, je tombe dans un état de dépression : c'est ma névrose. Chacun a la névrose qu'il mérite ! Bon, suffit avec ces propos trop sérieux – comme on disait autrefois[114] –,

114. Le terme employé par Goliarda pour « sérieux » n'étant pas « *serio* » mais « *serioso* », mot désuet et plus compassé dont nous n'avons pas d'équivalent en français.

je t'attends. Tu ne peux imaginer la joie que me donne le fait de savoir que « nous nous verrons en mai » ; on dirait le mauvais titre d'une encore plus mauvaise chanson, mais il sonne de douce façon : nous nous verrons en mai !

Je t'embrasse très très fort.

Goliarda

11 février 1974

Chère Daniela,

j'ai été très heureuse de recevoir de tes nouvelles et je te réponds tout de suite en espérant que ma lettre te parvienne et ne finisse pas comme l'autre qui, bien que courte, a été expédiée par mes soins mais est passée Dieu sait où ! Cela ne m'étonne pas parce que c'est arrivé aussi avec Gaston, et aussi avec vingt cartes postales que j'avais envoyées de Salina et dont seulement trois sont parvenues à leur destinataire.

Comme tu le dis, il est déjà inhumain de parler de moments qu'on vit avec la conscience que lorsqu'ils parviendront à l'autre ils appartiendront au passé (de fait la correspondance classique était d'une autre époque : sans avions et téléphone ou ce que tu voudras, rapidité qui, que nous le voulions ou pas, a modifié nos émotions et sûrement aussi notre biologie charnelle et pensante), mais s'écrire en sachant que seulement trois cartes postales sur vingt et une lettre sur trois vont arriver devient vraiment insupportable. Ne te soucie donc pas d'écrire tout le temps. La seule chose qui compte est de ne pas se perdre de vue. Et cela est entre nous désormais impossible. Reviendrais-tu dans dix ans, ou viendrais-je te retrouver dans trois mois ou trois ans, tout resterait comme c'est : amitié profonde.

Je ne te parle pas de Rome parce que désormais tout y a atteint un tel point de sauvagerie et dangerosité qu'il est inutile d'analyser et de communiquer. Malgré tout cela Modesta grandit et parfois sa « liberté » me terrorise moi-même.

Je travaille méthodiquement et le fait que j'en suis à sept cents pages peut t'en donner une idée. Sauf que, comme l'an dernier, il se trouve que j'ai dû me résigner à sa « rapidité de vie » – maintenant c'est elle qui dicte ses volontés et pas moi – et accepter que pour terminer ses aventures il va me falloir tout cet hiver et presque sûrement le prochain encore. Que veux-tu faire ! Qui écrit assez librement, je ne dis pas libre mentalement parce que aucun de nous ne l'est, ne peut se presser. La hâte est elle aussi une condition forcée dictée par ces « temps modernes » que l'Amérique nous a sournoisement imposés. Pour le reste ? J'ai eu Stefano et j'espère le voir bientôt et toi je t'aime.

Goliarda

des baisers et…

16 décembre 1984

Chère Daniela,

j'ai reçu ta lettre et tes notes (comme tu les appelles). Je les ai lues tout de suite et il me semble vraiment que tu as trouvé la voie pour t'exprimer : voie simple et, pour cette raison même, efficace. Quand on a des choses à dire et de l'indignation (choses que tu as), la simplicité et le courage de parler de soi-même sont déjà un grand pas. Tu es vraiment douée et courageuse, petite Daniela ! Travaille et envoie-moi ton travail, je le garderai et ne le donnerai à personne. Le genre de recherche que tu te prépares à faire doit être ultrasecret.

Plein de baisers.

Ta Goliarda

Rome, 17 décembre 1984

Chère Daniela,

j'ai reçu le deuxième « message ». Il est très beau. Ne fais pas de sottises (la sottise de t'arrêter, j'entends, pas de te suicider !) et continue… Se demander si le travail qu'on fait est utile est – pardonne la dureté du terme – de la présomption, encore de la présomption, ou mieux une façon de se demander à soi-même d'être tel un dieu.

Présomption inculquée par cette culture catholico-mortifère que tu attaques si justement. J'en ai moi aussi été victime. Si cette expérience nous sert à toutes les deux, c'est déjà utile.

Goliarda

LUCE D'ERAMO

(1925-2001) Fille de fascistes, au départ fasciste elle-même, Luce d'Eramo est une écrivaine et une essayiste italienne. Publié en 1979, son livre majeur Deviazione (Le Détour) *relate son expérience en Allemagne durant la guerre et son séjour volontaire dans le camp de travail de Dachau dont elle s'évade. Gravement blessée le 27 juillet 1945 à Mayence durant les bombardements alliés, elle reste paralysée. Son texte explore ces événements à l'aune de ses souvenirs et de son autocensure, mais aussi la condition d'une femme intellectuelle dans l'Italie de l'après-guerre.*

Rome, 5 avril 1979

Chère Luce,

je suis si émue par ton roman que je ne pourrai pas, je crois, t'en dire grand-chose. Comme lorsqu'on se trouve devant quelque chose d'entièrement exprimé : un beau coucher de soleil, un tableau, un visage, on reste sans mots. Comment communiquer aux autres la stupeur (presque comme sous emprise de drogue) que donne tout geste d'art ?

J'ai prononcé ce mot d'art que parmi tant d'autres (amour, fidélité, sentiment...) on nous a interdit jusqu'ici de formuler et je ne l'efface pas. Chaque ligne de ton *Détour* est de l'art.

Je pourrais arrêter là et te demander seulement de te voir pour te remercier d'une embrassade. Mais je sais aussi à quel point un artiste est exilé dans l'insécurité, le doute, la crainte, de ne jamais savoir ce qu'il a donné, jusqu'où il est arrivé dans la recherche de profondeur qu'il se fixait au départ, ce qui est sorti de son dur labeur d'artisan. Pour cette raison, moi qui sais, j'ai (spectatrice, pour une fois) le devoir de me forcer à sortir de la stupeur et de te dire, au moins en partie, combien et en quelles strates profondes ton récit m'a nourrie et enthousiasmée. J'ai vécu avec ton héroïne pendant des jours et des jours sans pouvoir rien lire d'autre ni travailler et j'en suis sortie tellement enrichie de paysages, de dimensions spatiales, de rencontres jusque-là si imprévues pour moi, que j'ai maintenant la sensation d'être revenue d'un long voyage. Tel a été pour moi le long voyage dans le continent *Souvenirs de la maison des morts*, *Orlando* et tant d'autres que je distingue dans la charpente de ta construction.

Mais cela impose une précision : je ne suis pas « une lectrice passionnée », ni « une maniaque de la lecture », ni n'ai de sympathie pour les grands malheurs, les sorts pitoyables, les destins marqués. Et maintenant encore devant ton livre fermé, dévoré désormais (hélas), je ne distingue qu'enthousiasme exempt de piétismes ou de molle complicité dans mon intelligence de lectrice. Et cette intelligence me dit que ton livre est l'un de ces rares livres qui resteront toujours vivants, avec ses pages dures et ironiques, sa langue simple et essentielle tout entière et uniquement occupée à faire passer les profonds battements de cœur, à effleurer les fines cordes des nerfs, le secret écoulement du sang au long des trajets souterrains des veines. Langue (toute personnelle) tout entière ombres, anfractuosités et rochers effrayants, monologue nocturne de saxophone avec brèves (mais qui dans le souvenir deviennent immenses) éclaircies de clarinette poussées à la limite extrême de la tendresse comme :

« ... qu'est-ce qui les aurait réconfortés en entrant dans cette pièce si celle... qui était morte ne s'y trouvait plus ? »

« ... elles s'adoucissaient à l'idée que quelqu'un accepte qu'elles aient été des enfants. »

Recopier ces phrases m'émeut à nouveau et j'arrête là. Je te dirai de vive voix l'importance historique de ton livre, l'acuité de l'analyse de toi-même devenue personnage, de ta famille, des camps.

J'arrête là parce que ce qui compte pour moi – comme je te l'ai dit au début – est l'œuvre d'art. Et, comme nous le savons, l'œuvre d'art n'est telle que lorsqu'elle devient miroir du temps de qui a su vivre son temps.

Ta Goliarda

PIERA DEGLI ESPOSTI

(1938-2021) Grande comédienne admirée – et amie – de Goliarda, actrice de cinéma et metteuse en scène.

24 janvier 1977

Chère Piera,

il y a longtemps que je veux t'écrire, te dire combien je pense à toi, combien je te suis proche, mais chaque fois que je prends le stylo en main mes pensées retombent et il ne me reste que la douleur que je ressens pour toi et ton absence dans mes journées et dans ma maison, douleur muette à laquelle se refusent expression comme consolation.

Je voulais aussi venir mais j'ai dû aller en Sicile pour recevoir un prix – je t'en parlerai de vive voix – et après, à Rome, j'ai dû chercher de l'argent pour l'appartement que je risquais de perdre. Je te dis cela seulement pour que tu saches que si je ne suis pas encore venue c'est juste à cause de ce satané manque d'argent, qui nous rend impuissants plus encore que nous ne le sommes déjà par nature, quand les personnes qu'on aime le plus auraient besoin de notre proximité physique, de notre argent, de nos attentions. C'est terrible et avec toi, avec toi seulement, parfois le soupçon de m'être trompée en n'accumulant pas de l'argent, fût-ce en me trahissant moi-même, me prend, me faisant penser qu'aussi bien je me suis trompée en tout. Parce qu'on peut dire ce qu'on veut, mais moi, avec de l'argent, j'aurais pu faire tant de choses… t'inonder de chocolats et de livres joyeux jusqu'à être plus présente auprès de toi.

Chère Piera, excuse cette lettre qui finalement peut n'apparaître que comme une lamentation sur moi-même, mais je ne peux faire autrement.

J'espère venir bientôt, j'ai tellement envie au moins de t'embrasser.

Goliarda

Février 1977

Chère Piera,

j'apprends à l'instant de Marilù que tu as été obligée de retourner à l'hôpital. Le choc et la douleur me coupent le souffle, et si je ne peux pleurer c'est seulement parce que ce serait une trahison par rapport à la force, au courage (de vrai guerrier, tu te souviens ?) dont tu fais preuve. Vaillante Piera. Vaillante comme toujours, d'abord contre les fantômes de la psyché, maintenant contre la réalité de la douleur physique qui est assurément l'épreuve la plus difficile et absolue. Ma petite Piera. Je te vois toujours quand je monte dans notre chambre à coucher-bureau, où tant de nuits nous avons bavardé et discuté et ri. Comme nous avons ri... Je te vois petite, toute jeune et perdue, assise à un coin du canapé, craintive devant l'aventure du théâtre et de la vie qui t'attendait. Et tu y es arrivée alors, à avoir ton théâtre, tu y es arrivée envers et contre tout et tous. Je dis « ton théâtre » parce que ta façon d'être sur scène n'appartient qu'à toi, elle est inimitable et géniale. Géniale comme il n'est donné d'en voir que tous les cent ans dans l'histoire de la fiction scénique.

De la même façon que tu y es arrivée pour le théâtre tu y arriveras pour ta santé, ton courage me le dit, et nous recommencerons à nous embrasser et à rire et à « parler d'amour[115] » comme tu aimes.

Ma Piera, je t'en prie, combats avec force, pour nous aussi. Tu es quelque chose de précieux et vital pour nos esprits et nos émotions. Je dis nous parce que, tu ne peux pas le savoir, ces mois-ci Citto, Titina, Elena et tous les amis n'ont fait que me parler de toi, me demander de tes nouvelles, suivre ton dur combat contre le mal, avec une affection et une estime qu'il m'est impossible de te rendre. Pour moi désormais chaque ligne, chaque pensée de mon travail te sont dédiées, à toi, à ton intelligence, l'une des rares qui me comprennent vraiment, que ce soit comme Goliarda ou comme écrivaine. Je travaille et je pense à toi, c'est ma façon de prier et de te sentir près de moi.

Je t'embrasse et te serre dans mes bras très très fort.

Goliarda

---

115. « *ragionar d'amore* ». C'est une citation de Dante.

Chère Piera,

je te sais enfin en sécurité et j'espère vraiment que les nouvelles que Marilù m'a données sont exactes. Oui, j'espère. Parce que Marilù, la seule à qui j'ai essayé de faire comprendre l'état d'âme dans lequel j'étais depuis qu'a commencé ta mésaventure, a tendance, avec moi – en toute bonne foi – à tout atténuer. Tu me diras, pourquoi n'appelles-tu pas ? C'est bien la question. Depuis que tu as été mal la dernière fois, en plus du reste que je te dirai, je ne supporte plus le téléphone : cette agression atroce de voix agitées qui, à la faveur de ce que leur permet cet instrument infernal – c'est-à-dire : ils parlent parce qu'ils savent n'être pas regardés dans les yeux –, projettent sur l'autre toutes les pulsions inconsidérées, irrationnelles qui peuvent fondre sur eux à n'importe quelle heure.

Il y a quatre ans j'ai abandonné la machine à écrire, aujourd'hui j'abandonne cet autre instrument obscène qui, sous couvert de rapprocher les gens, ne fait que conforter les paresseuses solitudes onanistes de tous ces enfants du cinéma et de la télévision.

Chère Piera, s'il est vrai que tu vas mieux, je le verrai bientôt en regardant ton visage et en sentant dans mes bras ton grand corps né pour le combat, le travail et l'amour.

Quant au reste, auquel j'avais fait une allusion et que Marilù est la seule à savoir, c'est que – depuis que tu as été mal – une crise vraiment horrible s'est emparée de moi : je ne supporte plus personne, je déteste les douleurs mêlées de commérages que tout le monde vient me raconter sauf une ou deux personnes, et dans cette année de calvaire pour toi et de crise morale pour moi j'ai coupé avec tout le monde et, je m'en aperçois maintenant, j'ai juré en moi-même que si tu ne guérissais pas je n'aimerais plus un seul visage, ni ancien pour moi ni nouveau.

Tu connais les analyses en profondeur et avec toi je peux parler. En réalité, analytiquement, ta maladie m'a ramenée à la douleur-vacuité (pas la douleur saine, tragique, pleine d'influx vitaux) de l'époque où ma mère est tombée dans les griffes de la maladie et de la folie et comme alors un cercle insensible et infranchissable d'indifférence s'est refermé autour de moi et me retient encore. C'est un état horrible, sourd et sans espoir dont je ne parviens pas à sortir.

Peut-être que quand je te verrai en bonne santé et écouterai ta voix rieuse – tu le sais, que ta voix rit même dans la douleur ? – j'arriverai à redevenir disponible pour les autres comme je l'étais avant. Peut-être.

Ma Piera, excuse la dureté de cette lettre, mais comme nous le savons toutes deux notre amitié n'a jamais été un agréable divan tout de complicité et de mollesse, mais un terrain ouvert dédié au combat et à la volonté de « chercher », « connaître », « expérimenter ». Je sais que je te responsabilise avec ces mots égoïstes, mais comme nous l'avons dit un jour l'amour est égoïsme, nécessité de l'autre, volonté de voler quelque chose à l'autre, de se nourrir, de manger et d'être mangé et moi sans ton intelligence et ta force de vie et de passion je me retrouve mutilée – c'est clair maintenant – dans mon affectivité et ma confiance en moi. Dans ces conditions je ne peux – mutilée que je suis – que répondre à tout le monde par des monosyllabes et l'indifférence.

Repose-toi, Piera, fais attention à toi, soigne-toi, ou – comme il en a été avec mon père – je ne répondrai même pas à ton affection parce que je t'ai trop aimée et estimée pour te dire des mots fallacieux de réconfort chrétien.

Ma Piera, je t'embrasse très très fort en pensée, dans la seule attente de le faire charnellement.

Goliarda

2 octobre 1977

Chère Piera,

tu ne peux savoir la joie que m'a donnée de te voir hier soir rire et jouer avec notre Marilù à votre façon ironique et enfantine qui m'étonne et me ravit toujours. Si dans la douleur une nécessité vous pousse à écrire, ce désir de te communiquer mon émotion et mon bonheur à revoir tes joues qui ont repris la plénitude ondulée de la jeunesse est encore plus nécessaire pour moi qui, comme tu le sais – c'est un défaut, peut-être –, m'exprime mieux en écrivant qu'en parlant.

Je suis heureuse, Piera, et j'espère que le fait de te voir, avec le temps, m'aidera à sortir de cette dureté et de cette fermeture aux autres qui se sont emparées de moi depuis ta maladie. Tu m'aideras ? Je crois que oui. Je t'aime infiniment et toujours, toujours, je veux te voir dans notre « cuisine » en train de grignoter comme... comme qui ? Peut-être une petite fille affamée de bonnes choses, de choses idéales et impossibles ? Peut-être un organisme robuste et généreux qui, étant porté à se dépenser, a besoin de nourriture plus qu'un autre, insensible et parcimonieux? Peut-être est-ce là une façon d'être charnelle qui reconnaît avec justesse dans sa matière, en la touchant, l'avalant, la savourant, toute l'imagination et l'intelligence que renferme cette matière même.

Goliarda

Chère Piera,

pour finir de t'exprimer ma pensée, mes craintes pour ton avenir qui m'appartient en partie ou plutôt fait partie de moi, je te répète encore une fois ce que je t'ai souvent dit, sans parvenir malheureusement à susciter en toi un intérêt pour un autre mode-style de vie qui ne serait pas celui des ruelles, de la nuit, des passions-agressions qui, s'il est très séduisant, porte malheureusement en lui le germe de la vie sans soleil, le *thanatos* qui toujours, dans les sutures de notre corps et de notre psyché, se niche comme un ver nocturne constamment prêt à se réveiller et à nous détruire. Bien sûr, pour toi, pauvre enfant née dans les sinistres rues d'une ville, exposée à tous les ectoplasmes intellectuels vidés de tout sang et vampiresques qui se nourrissent de gravats et de puanteur d'égouts, l'autre vie t'est inconnue et même si au fond de moi cela m'étonnait et m'intriguait toujours, elle t'apparaissait comme quelque chose de trop différent pour que tu puisses la comprendre et l'imiter. Quand je dis «imiter», je le dis dans le sens qui est nécessaire à toute croissance. Nous grandissons par imitation. J'ai eu moi aussi et j'ai mes modèles – qui changent, bien entendu – et ce n'est qu'à travers eux que j'ai été en mesure d'être aujourd'hui comme je suis : rien de spécial peut-être, mais au moins anticonformiste et, ce qui est le plus important, «sereine».

Je te parle de moi parce que moi aussi j'ai été très malade (quatre ans pendant la puberté et trois de vingt à vingt-trois ans) et, chose glaçante, d'une maladie semblable à la tienne, longue, avec des interventions douloureuses au cou, au sein et à l'aine.

Chère Piera, comment suis-je parvenue à être si différente aujourd'hui qu'on puisse m'asséner en plaisantant une phrase comme «C'est dégoûtant d'être bien portante à ce point»? Je ne te dis pas de qui est cette phrase. Ce n'est que de l'un de ces spécimens habituels qui s'en tiennent encore à des modèles culturels de 1930 et croient que la beauté se niche dans la pâleur, la maladie et la douleur. Un garçon d'aujourd'hui dirait : « C'est du passé. »

Mais pour revenir à nous : moi aussi, à l'époque, face au mal qui se représentait constamment, j'ai dû concentrer toutes mes forces psychiques pour le vaincre et dans cet effort – qui comme tu le sais est physique et intellectuel – j'ai découvert la farce atroce qui se cachait derrière toutes ces théories esthétiques qui vont de Baudelaire à D'Annunzio et à Genet et j'ai commencé à me tourner vers autre chose.

Ta Goliarda

BRUNO

De ce Bruno, nous ne savons rien d'autre que ce que disent les lettres de Goliarda ci-dessous. Leur liaison a duré approximativement de 1970 à 1972.

Bruno chéri,

je reçois à l'instant ta lettre et je te réponds tout de suite pour que tu me sentes proche de toi. Tu ne peux pas savoir comme cela me peine de te voir aussi désespéré. Que peut-on faire ? Anna Rosa[116] est en train de s'activer pour toi et... espérons une issue favorable. Je t'ai envoyé un télégramme pour avoir les informations supplémentaires qu'il nous faut. J'espère les recevoir bientôt : elles sont absolument nécessaires. Dans la crainte que tu n'aies pas reçu le télégramme, je te les répète : date de naissance, adresse de ta famille, date précise de ton appel sous les drapeaux.

On ne m'a pas encore coupé le téléphone ! Quand tu as appelé j'étais avec Paola et Silverio au Circeo ou au mont Amiata[117]. Tu devrais avoir reçu une carte postale. Tu ne me dis pas dans ta lettre si tu as reçu les deux miennes, comment cela se fait-il ? J'espère que le courrier ne se perd pas ! Cher Étalon, essaie d'être tranquille et souviens-toi (toujours) que ton Uccetta pense à toi tout le temps et fait pour toi tout ce qu'elle peut.

Plein, plein de baisers et d'amour.

Iuzza

Si jamais tu venais et que je ne répondais pas au téléphone, passe ici à la maison... on ne sait jamais avec ce maudit téléphone ! Des baisers, je t'aime.

Iuzza

Excuse mon écriture mais j'écris sans lunettes !

---

116. Amie de la Tonia qu'héberge Goliarda à l'époque.

117. Paola Morandi Blasi, réalisatrice pour la Rai, et Silverio Blasi (1921-1995), acteur, metteur en scène, ami de longue date de Goliarda, rencontré à l'Accademia Silvio D'Amico, qu'ils ont quittée ensemble pour fonder le T. (Teatro) 45, éphémère compagnie théâtrale expérimentale.

Bruno chéri,

je t'ai envoyé (chez toi) un télégramme de vœux et – après avoir trouvé ton billet – une lettre où je t'expliquais les raisons pour lesquelles je suis obligée – pas toujours – de sortir avant 17 heures. Je t'écris, encore une fois, parce que je crains qu'on ne t'ait pas remis cette lettre… ou es-tu fâché ? Je t'en prie, ne serait-ce que pour me rassurer, essaie de m'appeler avant 17 heures. C'est une chose si insensée que je te demande ?

Plein de baisers de ta Iuzza.

Bruno chéri,

tu es parti il y a une heure, ou deux, je ne sais pas, mais avant tu m'as tenue dans tes bras. Et, ce qui est – pour moi – le plus important, tu m'as dit en me berçant que tu arriverais à terminer de lire mon roman.

Depuis des jours et des jours je ne parvenais pas à travailler, comme je te l'ai confié, et… ces dernières heures j'ai écrit un chapitre décisif qui me permettra, demain – comme je te l'avais promis – de reprendre le travail. Je te le dois. Ou mieux, je le dois à l'amour que j'ai pour toi. L'amour, c'est estimer et être estimé, avoir confiance et donner confiance. Et toi, quand tu ne m'es pas hostile (inconsciemment, poussé par des « raisons », un « passé » que je ne connais pas), tu me donnes tout cela : la force de continuer. Puissé-je moi aussi te donner.

Puissé-je te faire comprendre combien je t'estime, je crois en toi et… merci. Et je t'en prie, cher Étalon, tiens-moi toujours serrée dans tes bras.

Iuzza

24 août 1972

Bruno chéri,

après avoir parlé avec toi au téléphone je me suis sentie très triste et en faute vis-à-vis de toi. Tu dis que je suis froide au téléphone. C'est vrai. Je sais depuis longtemps d'où provient cette – involontaire – froideur quand j'entends ta voix lointaine et ne vois pas ton visage qui me parle. Voici de quoi il s'agit : comme tu le sais (c'est l'un de mes défauts) je suis anxieuse et peu sûre de moi – dans le domaine affectif – et le fait (je ne te le reproche pas : c'est dans ton caractère et tu n'y peux rien) que, depuis les premiers jours de notre rencontre, tu n'aies fait que disparaître (tu te souviens de la première fois où tu m'as raconté, après, que lorsque tu avais trop bu tu faisais le tour de l'obélisque de la piazza del Popolo ?), revenir pour disparaître de nouveau, etc. a provoqué en moi, au fond de moi-même, comme une insécurité douloureuse, et sur la certitude de te revoir chaque fois que tu sortais et sur l'affection que tu nourrissais pour moi. Ce n'est que ça, Bruno. J'ai essayé bien des fois de te l'expliquer mais – et je crois que tu le sais – il est difficile de parler avec toi, tu te cabres tout de suite et réagis de façon violente. Cela, je pense, parce que durant toute ton enfance, chez toi, tu n'as eu que reproches et contraintes inutiles. Si bien que toute allusion infime à quelque chose qui ne va pas te fait bondir de façon disproportionnée (ou névrotique, comme on dit aujourd'hui).

C'est cela qui me peine : ne pas être arrivée, en deux ans, à te faire comprendre que je suis différente (même si j'ai plus de défauts qu'eux) de ceux de chez toi et qu'il aurait suffi d'un minimum de « mots » d'explication pour certains de tes mutismes et de tes décisions toujours imprévisibles et pour moi effrayants, pour me donner sécurité et sérénité. Je n'y suis pas parvenue et cela m'a amenée à me fermer, à penser chaque jour que je pourrais te perdre, jusqu'à m'éloigner de toi et presque désirer ne plus te voir.

Bruno chéri, ne prends pas ces lignes pour un reproche, mais essaie – maintenant que nous sommes loin l'un de l'autre : l'éloignement permet de regarder plus objectivement ce qu'on a fait – de retourner par le souvenir à ces deux années de relation que nous avons eues et tu verras que, à côté de toutes les « fautes » que j'ai commises envers toi, ton comportement de reproche continuel sur chacun de mes actes, gestes, silences ou mouvements de jalousie, ont engendré en moi une peur et une insécurité vis-à-vis de toi qui ne pouvaient pas ne pas aboutir à malentendus, froideur et mécontentement.

Pardonne, mon bel Étalon, cette lettre peut-être trop longue et trop triste, mais je ne pouvais pas ne pas te dire les raisons qui m'ont peu à peu éloignée de toi, mais pas assez encore pour ne pas essayer, en t'écrivant, d'être comprise, de recevoir une réponse et de te comprendre pour ne pas perdre ce qu'il y a eu de beau entre nous et qui pourrait encore – nettoyé de nos incompréhensions – renaître.

Ta Iuzza

26 août 1972

Bruno chéri,

juste deux lignes pour t'embrasser et te dire combien j'ai été heureuse de te voir « en toute sérénité ». Quand tu es doux avec moi tout change et je me détends. Cher Étalon (tondu) avec ta tignasse toute toute courte. Ça te va bien. Pardon pour la lettre que tu as reçue, j'espère qu'elle ne t'a pas attristé. Je voulais simplement t'expliquer la raison de mon malaise dans l'amour que j'ai pour toi : je ne suis pas aussi forte que je le parais – et tu le sais – mais quelquefois tu l'oublies et je m'effraie : la peur fait faire des choses insensées et méchantes quand on aime et moi je t'aime tellement et je te tiens toujours dans mes bras très très fort.

Iuzza

Demain je parle avec Anna Rosa et après je te fais savoir. Croisons les doigts !

GASTON SALVATORE

(1941-2015) Écrivain chilien vivant en Allemagne, d'expression allemande. Il a collaboré avec Hans Werner Henze, également avec Hans Magnus Enzensberger (revue TransAtlantik *en 1980), a traduit le* Message à la Tricontinentale *de Che Guevara avec Rudi Dutschke... Goliarda l'évoque (par le seul prénom Gaston) dans* L'Art de la joie.

10 octobre 1971

Cher Gaston,

chacune de tes lettres a le pouvoir de me toucher. Qu'est-ce que cela? Je crains que là encore il n'y ait quelque piège émotionnel sicilien. Une chose est certaine : c'est que depuis que tu as quitté l'Italie ton italien – ça semble paradoxal – s'est tellement amélioré qu'il arrive même à me surprendre, moi qui, comme tu sais, ne suis que très rarement surprise. C'est comme si en plus du vocabulaire, mots, adjectifs, le « sens profond » de la langue était en train de s'affiner dans ta mémoire.

Tout réside dans la mémoire, et tu es un homme de mémoire. Tu ne peux savoir comme m'a douloureusement frappée une phrase de l'une de tes lettres. Elle disait : je ne veux pas oublier. Et tu ne savais pas en la formulant que seul quelqu'un qui ne peut oublier dit : je ne veux pas oublier. Les autres oublient. C'est la même chose pour moi. Quelque chose d'autre m'a frappée dans tes lettres : une légère ironie, appartenant, elle, plus au sicilien qu'à l'italien, qu'avant je ne décelais pas chez toi.

Les sifflets t'ont amusé? Cela me rappelle que Pirandello, lui aussi, que de fois Ercolino me l'a raconté, riait toujours quand la salle le sifflait. Tu le savais, je pense, que Pirandello, pendant des années et des années, n'a fait qu'être sifflé ici en Italie? Bon. Ça ne se dément jamais. Les choses nouvelles et belles, il faut les siffler. Il n'y a rien à faire.

Novembre 1972

Cher Gaston,

tu l'as justement dit : les gens ne veulent pas de la critique. Et, ce qui est pire, ils ne veulent pas non plus de l'autocritique. Je t'explique : quand j'ai écrit *Lettre ouverte* – connaissant cette maladie mortelle qu'ils ont tous – j'ai pensé qu'en parlant de moi (c'est seulement pour cela que j'ai opté pour l'autobiographie, il aurait été facile d'écrire à la troisième personne et d'attribuer mes expériences à un personnage imaginaire), la critique que j'adressais à ma mère, héroïne du socialisme, et à moi-même, serait acceptée. Mais encore une fois je faisais une erreur à la Candide.

Le résultat de m'être critiquée moi-même a été : ce sont ses affaires, et : comme elle est antipathique. Il n'y a rien à faire, pour être « sympathique » il faudrait sourire tout le temps et moi je ne peux pas, de la même façon que je vois que tu ne le peux pas non plus. Et alors ? Il faut supporter l'assaut et, vu que le fascisme – synonyme d'absence de critique, d'absence d'ironie – se fait de plus en plus puissant, continuer à critiquer et à déranger jusqu'à devenir non plus antipathique mais odieux.

Excuse cette lettre rhétorique mais... je t'aime.

Goliarda

Cher Gaston,

j'ai écrit une lettre en réponse à la tienne mais... après ce qui s'est passé je n'ai pu te l'envoyer. C'était une lettre « d'amour » pour toi et Leone [118], mais d'un amour serein qui aujourd'hui rend pour moi un son sinistre, et donc ne pouvant rien faire pour toi – je sais combien on est seul dans ces moments-là – je ne peux pas pourtant ne pas te dire que, de quoi que tu aies besoin, souviens-toi que tu as toujours une maison ici via Denza. Je t'en prie, souviens-t'en. Je suis toujours près de toi.

Ta Goliarda

118. Leoncillo Leonardi. Ce qui précède et ce qui suit fait sans doute allusion à sa mort.

Cher Gaston,

j'ai reçu ta lettre depuis plusieurs jours mais n'ai pas été en mesure de te répondre plus tôt parce qu'« il n'y a pas de paix » dans ce pays sans vie, et je crains vraiment que cette léthargie de Rome ne frappe plus d'une métropole. Je m'explique – comme disent les avocats : étant donné qu'il n'y a ici aucune forme de vie on est obligé de l'inventer, ce qui implique un double effort. Effort inutile. Et puis en regardant – malheureusement je ne suis pas en mesure de comprendre l'allemand – la traduction de mes poèmes je me suis si – enfantinement ? – émue que je ne savais que t'écrire. Émue parce que chaque ligne représente au moins une heure que tu as passée avec moi.

Bon, trêve d'émotions ; ici – tu me demandes des nouvelles des amis – tout le monde veut savoir ce que tu deviens, et Piera, à l'Aquila, a jonglé entre un amour et un autre et une clinique et une autre (où elle accompagne sa mère âgée et folle sans obtenir de réponses). Citto, imagine, conçoit, quoique immergé dans les problèmes d'argent, des films politiques. Je n'ai vu Hans[119] qu'une fois et il me semble être de plus en plus un « musicien », Mariolino[120] est à Paris et me téléphone presque tous les jours, Bianca est Bianca, transparente et joyeuse, Puccio est nous tous, Bitti a un nouvel amour : une Tchécoslovaque très sympathique, je crois. Bruno, il faudra que nous en parlions « de vive voix », est ici et... oui, nous en parlerons. Moi ? Je travaille. J'ai fini de revoir la deuxième comédie[121]. Et pourquoi l'ai-je terminée ? Je ne sais pas... peut-être juste pour faire quelque chose. Et comme ça juste pour faire quelque chose le temps passe et le non-bonheur reste là pareil un brouillard léger à nous rendre... malheureux. Mais je t'aime et merci pour les « traductions ».

Ta Goliarda

119. Sans doute le compositeur Hans Werner Henze (1926-2012). Il a un temps vécu en Italie et a composé une mélodie sur le texte d'un poème inédit de Goliarda, qu'on peut voir jusqu'à aujourd'hui – encadrée – via Denza.

120. Intellectuel homosexuel ami de Gaston.

121. *La rivolta dei fratelli* (*La Révolte des frères*), pièce écrite par Goliarda dans les années soixante-dix, parallèlement à *L'Art de la joie*. Cette mention et celle de Bruno permettent de situer cette lettre entre 1970 et 1972.

Cher Gaston,

merci de m'avoir écrit. Je m'inquiétais beaucoup pour toi et je voulais te téléphoner mais malheureusement la peur de la dépense (en ce moment) ne me permet pas de le faire. Comme ça, j'ai au moins entendu ta voix entre les lignes de ta lettre. Je ne peux rien dire. Ta douleur me ferme la bouche. Je sais à quel point il est impossible d'aider quand le « deuil » vient cacher le soleil et les autres visages. Je le sais et ne peux que te dire merci d'avoir, jusque dans le terrible « travail du deuil », comme l'appelle notre cher Freud, pensé à me donner de tes nouvelles, à mon travail, à moi. Je t'embrasse et te prie de me savoir toujours près de toi.

Ta Goliarda

Bruno, Puccio, Bianca et Bitti pensent toujours à toi et demandent toujours de tes nouvelles : leur affection pour toi est inchangée.

Cher Gaston,

tu ne peux savoir combien ta lettre m'a fait plaisir.

C'est la même chose pour moi, moi aussi j'aurais voulu avoir plus de temps pour parler avec toi. Et, c'est là le nœud de notre solitude : il y a très peu de gens avec qui il est possible de parler en profondeur, je dirais scientifiquement (par scientifique j'entends ce qui n'est pas sentimental-émotionnel). Malheureusement même les personnes que nous aimons le plus et avons près de nous, soit à cause d'une idéologie trop rigide – voir Citto – soit à cause de déceptions mal vécues ou par dolorisme artistique nous rendent la parole difficile, quand parler est peut-être le seul moyen que nous ayons pour dire, écouter et ne pas être seuls.

Dans ta lettre, cette solitude que je ne savais pas être si forte en toi, en ce moment, m'a frappée. C'est la même chose pour moi et c'est pour cela que je t'aime comme par le passé. Bon. Peut-être ai-je dit des choses inutiles mais ce sont les seules qui nous restent. J'espère vraiment te voir bientôt.

Je suis très peinée de savoir que Nono[122] ne va pas bien. Je l'avais vu en bien meilleur état et j'espérais qu'il était rétabli. Faudra-t-il l'opérer ? Fais-le-moi savoir.

Aujourd'hui même je téléphonerai à Mariolino qui est à Paris. Comme je

122. Sans doute le compositeur Luigi Nono (1924-1990).

t'avais dit, je lui avais parlé mais il faudrait que tu lui parles toi aussi, donc quand tu reviendras de Berlin appelle-moi et je te dirai s'il est à Paris ou à Rome, de façon à ce que tu puisses le joindre.

Pour le reste ? Tout est pareil ! Pas d'argent, notre mère Etna continue à vomir du feu de son grand sein, notre marâtre Rome de plus en plus distraite emporte tout le monde dans sa distraction mortelle et je m'efforce de ne pas écouter ses appels. Je t'envoie le roman. Merci. Mais je serais surtout heureuse si tu t'occupais de la comédie[123], peut-être que dans ta traduction elle deviendrait véritablement belle.

Je t'embrasse très très fort Goliarda.

Saluts amicaux de Bruno.

Cher Gaston,

je réponds enfin à ton coup de fil et à ton inquiétude pour moi, que je ne suis pas parvenue à calmer au téléphone. Ce téléphone ! Ce drôle de cafard entre mes mains ne m'aidera jamais à être décontractée, surtout avec les personnes que j'aime. Parce que moi je t'aime et d'un amour si curieux – frère-ami-sœur ? – que parfois je m'arrête intriguée pour retourner à notre passé (pense un peu, nous avons déjà un passé !) et chercher à comprendre ce que tu as représenté et représentes pour moi. Analytiquement ce serait facile, trop facile et nous voici encore – une fois expliqué l'explicable – à toucher du doigt l'incomparable génie des rencontres, la bizarrerie et la richesse des choses réelles, le caractère aventureux et la subtilité de la vie que, peut-être, aucun « travail d'artisan » comme l'écriture ne peut rendre. Dommage ! Dommage parce que si je parvenais à communiquer la douceur de notre relation, y compris dans les tempêtes – il n'y a pas de belle mer sans tempêtes –, ce serait sûrement une belle petite pierre de joie qui ne pourrait que faire du bien au milieu de tant de bavardages méchants et doloristes. Oui, je suis revenue à la dimension d'enfance pour juger : bon, méchant, laid, mal élevé, bien élevé. Tu ris ? Je veux te faire rire, Gaston. J'ai toujours voulu te voir serein et chacune de tes douleurs est pour moi une trahison envers ta beauté, ton intelligence, ta plénitude de jeunesse.

123. Toujours *La Révolte des frères*, probablement. On pourrait donc situer cette lettre toujours dans les années soixante-dix.

Ne me trahis pas et reste jeune. Mieux, travaille à être de plus en plus jeune. C'est passé trente ans qu'on commence à avoir vraiment vingt ans. Pourquoi ne nous le dit-on pas ? C'est clair : parce que la société, ou le système, veut qu'on rende le maximum mais dans le moins de temps possible pour ensuite, une fois qu'on aura été bien bien pressurés, nous jeter dans les divers cimetières de voitures pour laisser la place à d'autres... en apparence neuves et resplendissantes. La vraie jeunesse ne se trouve que dans la maturité. Mais je suis en train de digresser et pour revenir à nous : j'espère vraiment que nous ne resterons pas aussi longtemps sans nous voir que par le passé. Ç'a été terrible pour moi d'apprendre combien tu as souffert en Allemagne et sans que je l'aie soupçonné. Espérons que ça n'arrivera plus.

Comme je te l'ai dit au téléphone je suis si heureuse, depuis que j'ai rencontré Angelo, que parfois je voudrais me cacher par crainte de la vengeance des dieux, jaloux, toujours jaloux et vindicatifs envers le bonheur des humains.

Moi aussi je suis sûre qu'Angelo et toi pouvez « vous entendre ». Je le lui avais dit en lui parlant de toi et je ne pense pas me tromper. Cela aussi parce que Angelo, tu le comprendras quand tu le connaîtras mieux, me ressemble beaucoup, tellement que parfois j'ai comme le soupçon qu'on est frère et sœur ! On ne sait jamais, avec tous ces enfants naturels que mon père semait en Sicile !

En te parlant d'Angelo, Citto me vient à l'esprit – c'est fatal –, Citto qui avait laissé un vide que personne n'était jamais parvenu à combler... et c'est là, je te le dirai plus tard calmement, qu'il y a eu un combat entre moi et moi, un sourd et dur combat, que je suis, péniblement, parvenue à gagner. Et cela aussi grâce au comportement de Citto qui m'a aidée, encouragée, tranquillisée. Et tu le comprends, sans son assentiment (je n'ai pas peur du mot) cette rencontre avec Angelo n'aurait pas pu se consolider, et serait restée quelque chose de mutilé ou défectueux parce que – inutile de tenter de rester dans les abstractions – on ne peut être heureux sans avoir la certitude de ne pas troubler cet autre moi qu'on a aimé pendant des années, au point qu'il soit devenu une partie de vous-même. Et pour ne pas tomber dans le sentimentalisme, même si c'est difficile en parlant d'amour, on pourrait faire une comédie avec un Angelo qui se retrouverait avec à la fois un Citto et une Goliarda à aimer.

Et maintenant des baisers, des baisers. Je suis fatiguée et j'ai envie de te voir.

Goliarda[124]

---

124. Cette lettre suit donc le début de la relation de Goliarda avec Angelo (en 1975).

Cher Gaston,

je me sens grandement « en faute » de n'avoir répondu ni à ta gentille lettre ni à ton appel. Le fait est que je suis « furieuse » (entends : Roland Furieux = oui, vraiment comme lui, premier névrotique), ou mieux : contrainte par les circonstances à devenir névrotique.

Pourquoi ?

1 on m'a coupé le téléphone pendant les fêtes

2 je n'arrive pas à travailler

3 j'ai été en ballotage pour un prix très important (quant à l'argent !) jusqu'au bout (pour ma comédie) et pour finir c'est un « non-écrivain » archi-recommandé qui l'a obtenu et il m'est échue une « mention spéciale » (comme pour les militaires !) très, très flatteuse...

Ajoute à tout cela :

1 le réveillon (de Noël)

2 Noël

3 le réveillon (de fin d'année)

4 le premier de l'An... joyeusement passé au milieu de joyeusissimes cadavres plus ou moins élégants, et le compte est vite fait : je suis fatiguée ! Non, pas fatiguée, ennuyée et qu'ils aillent se faire foutre

qu'ils aillent se faire foutre

qu'ils aillent se faire foutre, ce qui ne va pas m'empêcher de te répondre à toi et aux quelques (un, deux ?) rares amis que j'ai.

Ta Goliarda

ANGELO PELLEGRINO

Né à Palerme le 2 août 1946, Angelo Pellegrino a été le dernier compagnon de Goliarda Sapienza, de leur rencontre en 1975 jusqu'à sa mort à elle en 1996. C'est à ses côtés que l'écrivaine a achevé L'Art de la joie *et rédigé ses ultimes textes. Traducteur, écrivain, éditeur mais aussi comédien, Angelo Pellegrino est à l'origine de la publication en Italie puis en France de* L'Art de la joie. *Sa conviction et sa ténacité ont ainsi eu un rôle déterminant dans la découverte de ce roman puis des autres œuvres, dont il a assuré par la suite l'édition intégrale en Italie. Les lettres que Goliarda Sapienza lui a adressées datent pour la plupart des premiers moments de leur rencontre, la dernière de 1978, le silence épistolaire des deux décennies suivantes étant un autre signe de l'intimité exceptionnelle de leur relation. Bien qu'ils ne soient pas tous datés, l'ensemble des billets-poèmes date vraisemblablement de l'été 1975.*

Juin 1975

Angelo
en rêve tu repars traverser les millénaires de ton passé. À l'aube pas un signe de ton voyage, juste une nouvelle tache ancestrale sur ton dos, un triangle, trois pierres noires de soleil message tatoué que seule ta chair sait déchiffrer.

Juin 1975

Angelo
Le voyage recommence à rebours dans ton regard. Je ne le croyais pas, il y a encore tant à creuser, découvrir, porter à la lumière. Je croyais avoir touché la dernière structure lissée de mon squelette et ne plus savoir aimer et pleine d'amour revenir.

Juin 1975

À Angelo
si tu abandonnes le désir anxieux du lendemain, le lendemain revient ponctuel avec guirlandes de fleurs, vin, cerises.

Je me perds à retrouver dans tes yeux le souvenir de ce que je croyais oublié et qui n'était qu'assoupi à l'ombre du feuillage de mon sommeil d'attente.

Juin 1975

Même si tu me répètes que je suis belle et soignée parfumée j'ai peur de toucher le grain, de caresser ta dure fleur de cactus. Je suis infectée comme le répétait grand-mère Concetta, salie de sang. À ton appel il me faut me cacher dans la nuit, tu pourrais te faner à mon souffle de femme fiévreuse.

Juin 1975

Angelo
Je serai belle pour toi encore une heure ou deux, étranger si tu le veux vraiment.

Juin 1975

Je renais par les mains d'un jeune homme, il me tire hors de l'utérus de l'oubli de soi, j'étais morte vivante et ne le savais pas.

Une araignée légère se promène le long de ma poitrine, cherche son chemin, il ne faut pas que je la dérange. Comme un papillon apeuré entre mes jambes mon sexe palpite à ton soleil. Je ne sais pas combien de temps je pourrai résister à fixer l'araignée qui monte lentement.

Juin 1975

Soif furieuse braise d'amour éteins-toi je n'ai plus ni larmes ni feu.

Juin 1975

Je le sais qu'une fois abandonnés la maison, mes amis, un frère sur le roc étranger de ta poitrine tu me laisseras mourir dans la pénombre de ton regard inattentif d'homme assouvi.

Je brûle du feu que tes doigts distraits ont allumé dans mon ventre et tandis que je brûle ton vent de fraîcheur s'éloigne cherchant d'autres haies, d'autres ombres. Je brûlerai jusqu'à l'aube privée de ton souffle.

Juin 1975

Morsure d'amour si seulement je parvenais à esquiver ta griffe de haine et haïr.

Nous sommes demain, la fièvre me le dit qui martèle mon poignet tandis que je fixe le mur qui lentement blêmit sous la pâleur de l'aube.

Juin 1975

Amour et connaissance, récif et tellines, jetons-nous dans le précipice de l'erreur qui seule peut nous apprendre à nager, ouvrir le chemin.

Le corps dans l'axe du mur que je puisse entrer droit et puis le mouvement – lent ou fort – glisser sur le derrière quand je m'éloigne il faut serrer les muscles des cuisses et non pas sauter mais faire un mouvement de vague vers le haut comme pour m'agripper.

Ce n'est pas que sans le savoir tu veuilles m'amener à l'attente, ne le fais pas, l'attente n'ouvre que des cercueils sans fleurs.

Juin 1975

Si le désir de toi me prend quand le temps te tient éloigné, je me caresse en fermant les yeux et en fixant ton visage.

Petites filles apprenez à retenir l'image et voler des caresses au lieu d'attendre.

Juin 1975

Je réentends dans ton regard ce que je croyais perdu : écho de flots furieux, flot de lune, flot d'été.

Je voudrais tatouer autour de tes poignets le serpent de mon souffle, au fer rouge imprimer mes doigts en minces anneaux de branches.

Sot poète qui ne sait chanter que l'amour et ne sait pas l'amour d'être libre au vent de la mer.

26 juin 1975

Angelo

étranger de mon sang frère un temps aimé et puis détesté maintenant je te crains. Toi seul possèdes la clef qui ouvre grand les sutures invisibles de mes émotions. Si maintenant tu t'inclines pour m'embrasser sans fermer les yeux, dans ton regard la lame verte ensevelie sous le velours s'effile. Une aile viendrait-elle te distraire comme hier je recommencerais à ne pas fuir désirant cette mort que de notre père toi seul as appris à donner.

Juin 1975

Pour sauver le frêle rejeton que ton sperme a distraitement semé, n'hésite pas à te blesser les mains dans les orties, arrache et tue les herbes parasites, la limace qui tente de remonter de la boue cachée dans le marécage.

Juin 1975

Le travail d'amour recommence, doux travail d'aller, d'arrêter, d'attendre en repoussant la fin, en esquivant l'ombre de l'échafaud qui, tu le sais, attend toujours identique. Mais peut-être cette fois-ci ce ne sera plus à l'aube mais au crépuscule ou en plein soleil avec roses et fleurs d'autres couleurs, d'autres couchants.

Juin 1975

Je voudrais m'abandonner au rythme de ton regard mais le temps presse et les mots lointains appellent dans l'ombre, il me faut parler, Angelo. Dans tes yeux le sentier de la joie soudaine ouvre grand des abîmes rocheux d'algues fouillées par le soleil.

Juillet 1975

Angelo
j'ai tellement marché pour arriver à tes vingt-huit ans, cinquante ans de justes erreurs et de voies erronées justement empruntées, cinquante ans pour grandir et chercher ma jeunesse. Et puis au bout de la route derrière la ruelle tu attendais au soleil.

Jeudi
comme je le savais une nouvelle peur m'éloigne de toi. Je sais que tu penses à moi mais je reste seule dans le feuillage qui revient cacher le soleil.

La peur recommence à glisser dans mon dos au vent glacé de ton absence. Encore une heure et après – impossible de s'y soustraire – je devrai fermer fenêtres et volets et ne plus répondre à ton appel interdit à la joie. Mer d'enfance, tu ne peux revenir.

Vent chaud d'été, laisse-moi aller, desserre tes doigts de sable, je n'ai pas fini et mes cheveux me font mal saisis par ta fureur.

Angelo chéri,

je dois avoir éliminé, en une nuit, toutes mes peurs (pour le moment en tout cas) parce que je suis sereine, je travaille et j'essaie d'être pour toi « comme hier ». Que j'y parvienne ou pas, pour moi c'est comme si nous avions rencontré mille voyages et mille aventures déjà...

À l'aube, tandis que tu dormais, notre oiseau mystérieux a longuement grogné (contre qui ?) comme à l'habitude. Il doit être très vieux ou très jeune pour prendre les choses tellement à cœur.

Si tu rencontres la guerre change de chemin, j'ai tellement envie de me promener avec toi.

Iuzza

Ne trouble pas par des pressentiments le sommeil de qui dort près de toi de son sommeil d'homme confiant.

Avec des caresses je t'amène au sommeil et te laisse à tes rêves ; mais je te regarde.

Le soleil passait d'un trottoir à l'autre et les gens passaient sur celui qui était à l'ombre.

Mon cher amour,

j'ai commencé à travailler. Miracle ! Ça durera ? Avec l'aide de dieu Pirandello peut-être... L'émotion est trop forte, je vais à la mer.

Ne te laisse pas tenter par le potage, il n'a pas fini de cuire, il faisait trop chaud. Tu me trouveras aux endroits habituels.

Je t'aime.

Iuzza

Juillet 1975

Angelo chéri,

peut-être ces lignes te surprendront-elles maintenant que tu es revenu, mais comme je ne sais pas « me débrouiller avec le téléphone », l'écran blanc du papier me rend tout plus facile. Et puis c'est la faute de ta carte postale. J'ai relu ton « bonne nuit » et le désir m'est venu de te parler ou de t'entendre parler, ce qui revient au même : même façon d'être enlacés.

Tu m'as ramenée à la cascade et cela m'a rendue heureuse même si, comme je le savais, c'était différent : sans soleil, j'ai senti « les ombres de l'automne ». J'aime l'automne et l'été finira bientôt.

Avant que ne cesse cette chaleur qui en ville a goût de maladie, tu m'emmènes à Gaeta ? J'ai un tel désir de revoir mon (ou notre ?) figuier si plein de vie quoique pris dans les pierres – comment fait-il ? – et revoir cette pièce qui a une odeur de « cellule-élue » où personne ne peut vous rejoindre. Les cellules-élues sont les endroits les plus libres et vitaux qui soient. Je l'ai toujours su et j'ai toujours cherché cet espace libre et vital, mais jamais il ne m'était arrivé d'en trouver un aussi accompli.

Je sais que tu vas sourire de cette vieille manie-inclination que j'ai pour les couvents (je dois y être née), mais crois bien que, comme toutes les nonnes, j'aime aussi les « réceptions » (c'est l'évêque qui vient nous rendre visite ?), les concerts, les tenues fastueuses, le fait de se parler derrière une grille. Toi, parfois, tu parles comme à travers une grille : tu me réclames et l'ombre te protège. Ce n'est pas un point de détail dans ta façon d'être, vulgairement parlant on dirait : c'est ton charme. Sauf que – je le comprends à présent – c'est ce qui m'a le plus effrayée en toi.

Je dois avoir moins peur puisque je te le dis. Mais la peur est la mauvaise herbe la plus dure à arracher. Tu m'aideras ? Je voudrais ne plus sentir cette terreur souterraine qui – par moments – me prend et te laisser m'emmener par la main, parce que je sais que si je te suis nous découvrirons plein d'autres petits animaux faisant tourbillonner leurs ailes furieuses d'hélicoptère (mais en silence ?).

J'ai enfin mes lunettes mais mon Bic écrit mal et je n'ai plus de papier.

Iuzza

17 novembre 1978

Angelo chéri,

hier je t'ai écrit une lettre peut-être incompréhensible, mais vu que huit jours nous séparent encore je ne veux pas te laisser sans nouvelles. Le téléphone est pour moi quelque chose d'insupportable. Au lieu de me rapprocher de toi il me donne l'impression de distances infranchissables... j'entends le ressac de vagues infinies que ta voix ne parvient pas à couvrir... je dois vraiment être un animal préhistorique auquel a été donné (qui sait pourquoi) le don (ou le châtiment) de survivre. Ce n'est pas un hasard, je ne te l'avais jamais dit par honte, si je comprends profondément les dromadaires, premier animal des anciens temps que j'ai rencontré en Turquie, les chevaux, et les tout petits enfants qui, au contraire de ce qu'on pense (pour les chevaux comme pour les enfants), conservent dans leurs premiers mois de vie une animalité si ancienne qu'elle peut donner le vertige, si vraiment on la considère.

Une fois j'ai vu un cheval de quelques jours... je suis encore aujourd'hui pétrifiée en me souvenant de l'expression de ses yeux. Ce n'est pas un hasard si l'on dit qu'un nouveau-né a l'air d'un vieillard. Mais qu'est-ce que je dis ? Je parle avec toi, comme toujours quand tu es près de moi, de tout et de tous sans me soucier des paradis et des enfers du paraître ou autre.

Parler avec toi ! Je comprends maintenant, en t'écrivant, que c'est aussi cela qui me manque. Depuis que je t'ai rencontré j'ai compris à quel point je devais réduire auparavant mon langage, et si je ne t'avais pas rencontré, cette réduction se serait communiquée, avec le temps (c'est fatal : la parole est l'exercice qui renforce les idées), à mon intelligence. Parler avec toi, me promener avec toi, voyager avec toi est comme vivre deux fois et peut-être davantage.

Iuzza

FRANCO

Juin 1979

Cher Franco,

tu m'as envoyé pour Pâques des vœux précieux et je ne t'ai pas répondu! Je devrais m'excuser, mais je ne me sens pas de te dire toutes les choses ignobles qui nous bombardent dans cette Rome désormais non plus ville ouverte mais... Comme si cela ne suffisait pas le pape s'est mis à rivaliser avec Renato Zero[125] et – à ce qu'on me dit – il le bat, en succès et en recettes. Vraiment je n'avais pas la tête à porter mon attention sur le bout de tes doigts tenant, légèrement tendus, une fleur si fragile qu'on tremble rien qu'à la toucher... Bouts de doigts, disons, tendus dans le désir d'une grossesse qui leur a été refusée par la nature toujours harmonieuse mais toujours injuste et capricieuse comme tous les êtres trop beaux.

En continuant à lire dans ton œuf-placenta le désir de naître d'un homme me reprend. Petite fille, j'avais ce bizarre désir. Probablement parce que j'ai été élevée par l'un de mes frères dans les premiers mois de ma vie ; ma mère était malade et c'était lui qui me nourrissait de lait artificiel. Mais pourquoi te dis-je cela? Quelle sotte! Avec ton dessin tu m'as écrit une lettre pleine d'une grande quantité de questions. Si j'étais moi aussi dans un village où revient le printemps je saurais répondre à toutes les questions que me posent la tige bleue, la corolle, le cercle, mais nous sommes à Rome et il faut que tu te contentes de ces quelques lignes et de mes vœux pour tout ce que tu désires toujours.

Goliarda

125. Auteur-compositeur-interprète de grand succès, souvent provocateur, né en 1950.

GIANFRANCO MINGOZZI

(1932-2009) Réalisateur et scénariste, il a travaillé avec Fellini, notamment pour La dolce vita. *Goliarda évoque sans aucun doute ici* L'Art de la joie, *vu l'allusion à la longueur du livre dont il est question et à la façon dont il est accueilli autour d'elle. Cette lettre a donc été écrite après 1979.*

Cher Gianfranco,

décidément il y a quelque chose qui conspire contre nous ! (Je plaisante...) Je ne voudrais pas que ce soient nos amies-ennemies féministes (prenons garde à tous les néophytes, qu'ils soient femmes, hommes, homosexuels, noirs, jaunes, communistes ou catholiques) dont mon côté masculin a une peur telle que dans le sommeil j'en suis amenée à protéger de mes mains mes parties génitales mentales. Je le répète : je plaisante, mais depuis que j'ai terminé le travail que tu sais, tout le monde, je dis bien tout le monde (à part les amis sûrs), ne fait que me mettre en accusation avec des phrases comme : « C'est trop long », « C'est une folie », etc.

Tu en sais quelque chose. Mais ce n'est pas de cela que je voulais te parler, je voulais juste te dire que je suis très peu restée à Rome et toujours exclusivement pour m'occuper de la publication du livre. Que je viens me cacher à Gaeta et que tu me manques beaucoup.

G.

PIETRO NENNI

(1891-1980) Homme politique italien, engagé contre le fascisme, directeur en 1922 du quotidien socialiste Avanti. *Secrétaire du PSI pendant une quinzaine d'années, éphémèrement ministre des Affaires étrangères, plus tard vice-président du Conseil des ministres, il devient sénateur à vie à partir de 1970. Dans cette lettre, Sapienza évoque, évidemment,* L'Art de la joie.

Cher Pietro,

c'est avec beaucoup de mal que je me décide à me tourner vers toi, mais aussi avec la certitude de ne pas m'humilier parce que je sais que j'écris à un ami et camarade de ma mère Maria Giudice. Malheureusement je n'ai plus personne au monde. Et, comme nous le savons, « ce monde » est toujours dur pour qui a au moins essayé d'être cohérent.

Je te dis tout de suite ce qu'il en est. J'ai écrit et publié chez Garzanti deux romans, *Lettre ouverte* et *Le Fil de midi*, qui ont obtenu un grand succès d'estime, mais, les deux vont souvent ensemble, aucun succès commercial. Je suis maintenant en train de finir de revoir un gros roman historique auquel je travaille depuis six ans et je ne parviens pas à en terminer la révision parce que je suis angoissée par une procédure d'expulsion qui va m'amener à perdre le logement que j'habite depuis vingt ans. Et, comme tu le comprendras, s'agissant d'un appartement au loyer relativement bas, cela m'amènerait à ne plus pouvoir survivre avec le peu d'argent dont je dispose. Le problème est que je ne pourrai disposer de la somme qu'il me faut maintenant pour éviter l'expulsion qu'une fois le roman terminé. C'est pourquoi je te demande, s'il existe un fonds d'urgence du Parti, de pouvoir obtenir un prêt que je m'engage à restituer à la signature de mon contrat d'édition qui devrait advenir en juin prochain.

J'aurais préféré te dire tout cela de vive voix, ne serait-ce que parce que je t'aurais mieux expliqué la situation éditoriale. Mais malheureusement je ne suis pas arrivée à trouver ton numéro de téléphone. Je ne te dis pas comme je serais heureuse de te revoir. Et peut-être cette impasse pourra-t-elle se résoudre pour moi dans la grande joie de retourner avec toi au souvenir des moments que tu sais, ces moments qui furent splendides et pleins d'héroïsme pour moi, alors jeune fille et emplie d'espérance. Je me souviens de toi près de mon père Peppino sous le soleil de Formia.

Ta Goliarda

BAMBÙ

Ida Petriccione Di Vadi, dite encore Bambolina : la noble et riche amie napolitaine à laquelle, en réaction à une brusque avarice, Goliarda volera des bijoux en 1979, ce qui lui vaudra d'être détenue une semaine environ dans la prison romaine de Rebibbia.

Chère Bambù,

à Gaeta, en venant d'Elena, quartier de la vieille ville, le long du quai sur le port, il y a aujourd'hui encore, 21 janvier 1977, un ferry pour Messine ; la bouche qui enfourne les autos attend grand ouverte. Nous allons descendre dans le Sud nous aussi, ainsi l'a décidé Angelo. Ce n'était pas cela que je disais ou pensais, en marchant au soleil, je pensais, malheureusement, que Rome est désormais très lointaine en moi. Je ne la désire pas, j'ai même à son égard une certaine répulsion. Je n'ai plus personne là-bas. Titina à Paris, Citto insaisissable... les autres ? Pris par leurs névroses, tantôt de succès, tantôt de peur de la vieillesse. Je ne peux plus compter sur personne... peut-être sur Bambolina. C'est aussi pour cela que j'ai ressenti le besoin de lui écrire. Mais Bambù pourrait aussi venir... elle pourrait et puis... La ville imprégnée de tous les miasmes physiques et psychiques... C'est la guerre. J'aime beaucoup Peppino [126] et ça s'arrête là. Ici au moins – en plus de la mer incomparable –, il y a Ruggiero [127] qui se montre de plus en plus amical et désintéressé avec moi, j'entends psychiquement aussi. Il n'y a que chez les jeunes que j'ai trouvé ce type de loyauté. Peut-être parce que aujourd'hui ils ont commencé à « savoir » qu'ils étaient seuls ? Je ne sais pas mais c'est ainsi. Les femmes – elles sont assurément plus au fait des choses et plus vivantes qu'autrefois mais psychiquement elles dépendent encore trop des autres. Suffit ! Je suis mieux ici à Gaeta. Ici il y a

126. Le gardien de l'immeuble du 52, via Denza.
127. Ruggiero De Lollo, peintre de Gaeta et ami inséparable d'Angelo et de Goliarda.

au moins ce bar « *da La Francesa*[128] » qui vous accueille silencieux et plein de chaleur, sans musique ni bruit de billards.

Ta Goliarda

Chère Bambù,

après tant de cartes postales une au moins pour te dire la chose habituelle : je pense à toi. Ou plutôt en ce moment nous sommes deux à penser à toi, Ruggiero et moi.

Nous écoutons de la musique et nous pensons à Bambù avec sa joie de vivre et son élégance. Pour moi la « joie de vivre » est intelligence, surtout quand la première jeunesse est passée. Facile d'être joyeux quand on est en pleine floraison ! C'est après qu'on voit le talent. À vingt ans on a la joie d'un âne.

Bon, je ne veux pas t'ennuyer avec mes pensées pseudo-philosophiques. Malheureusement je suis partie sans pouvoir te revoir mais je t'ai appelée et aussi Angelo, encore à Naples pour son travail.

Nous avons décidé de dormir ici à Gaeta, je reste travailler et lui le matin prend le train. Qu'en dis-tu, de ce nouveau genre de navette télévisuelle ?

Je ne te dis pas comme sont beaux ici la mer et le ciel et le vent en hiver. Je ne te le dis pas parce que toi, qui es née dans ce triangle magique de beauté et de sérénité, tu le personnifies. Nous en Sicile nous n'avons pas cette douceur. C'est beau, bien sûr, mais trop tragique et violent pour apaiser. Ici il y a de la sérénité et des idées calmes et pas la douleur de ces rochers agressifs et sans paix.

Chère Bambuccia, si tu peux venir ce serait le plus beau, si tu ne peux pas, pense à moi.

Ta Goliarda[129]

128. Le bar préféré de Goliarda dans sa première période à Gaeta, tenu par une jeune Française : d'où son nom.
129. La mention d'Angelo et de Gaeta nous permet de situer cette lettre après 1975.

30 avril 1978

Chère Bambolina,

juste deux lignes – un petit appel téléphonique ? – pour te dire que je pense toujours à toi... dans les moments que me laissent les satanés personnages de mon roman.

Je pense à toi et aujourd'hui particulièrement parce qu'il y a un grand soleil et que « le printemps a éclaté dans toute sa splendeur », comme on lit justement dans les romans. Romans ou pas romans, aujourd'hui près de la mer c'était quelque chose d'extraordinaire à vivre. J'étais seule et j'ai essayé, en pensant à toi, de te communiquer comme j'ai pu la beauté et la sérénité que tu sais comprendre. Peu de gens aujourd'hui savent ce que sont silences de printemps, falaises désertes, vols de mouettes. Et s'ils m'entendaient ils souriraient en murmurant « bécasse sentimentale ». C'est ainsi, je ne suis qu'une sentimentale attachée jusqu'à l'impossible à quelqu'un qui, comme toi, comprend encore.

Un petit appel téléphonique vu que je n'ai près de moi – heureusement – aucun de ces vilains objets noirs seulement dignes de leurs bureaux-prisons où la grande civilisation s'enrichit en suçant le sang de nos chères Terry[130], Pilù[131], Raimonda[132]... Tu diras : mais elles ne vont pas au bureau ! En effet, mais ils ont réussi à le leur imprimer dans l'esprit, ce bureau mirifique où elles espèrent se retrouver. À bientôt – Angelo est à Naples pour son travail – baisers.

Goliarda

Rome, 4 septembre 1978

Chère Bambolina,

je pars pour la Chine. Jusqu'à aujourd'hui, lundi 4, j'ai espéré te voir parce que je vais être loin pour deux mois (et nous ne nous sommes pas vues d'un mois) = trois mois... C'est beaucoup, trois mois, je le savais. Mais je ne savais

130. Terry Vania, compagne de Bambolina (voir plus loin, p. 237).
131. Pilù Panigalli. Elle travaillait dans une agence de comédiens. C'est par elle que se sont rencontrés Angelo Pellegrino et Goliarda Sapienza. Elle a été la première personne à qui ait été donné de connaître *L'Art de la joie* en cours d'écriture : Goliarda lui en faisait la lecture soir après soir.
132. Aristocrate napolitaine amie de Bambolina.

pas combien pouvait me manquer ton « image » de vie riche et passionnelle, qui probablement se confond dans mon inconscient à tous les côtés inventifs, généreux, charnels (le caractère imaginatif et généreux de la vraie carnalité) de ma sœur Licia et va savoir de qui d'autre !

Je crois aussi de mon père, et beaucoup.

Comme il est difficile d'amener à la lumière, de vérifier les échos d'une affection qui en apparence semble aller de soi et qui en fait – comme nous le savons – a des racines profondes et tenaces dans notre première enfance – autrement dit dans notre inconscient. Je divague, pardon. La raison en est dans mon désir de te comprendre pour être un jour en mesure de... « t'écrire-décrire ».

Bon. Je t'ai tout dit. Nous partons en train (ce qui revient aujourd'hui à dire à pied !), en trois jours nous serons à Moscou et puis commence le vrai voyage. Tu verras sur la carte la longue et mince LIGNE ROUGE du chemin de fer transsibérien.

Je suis très heureuse de ce voyage – comme autrefois quand je suis partie en Turquie, tu te souviens ? –, je sais que je recueillerai images et connaissances qu'il n'est pas possible de saisir en avion.

Pense à moi.

Je t'aime infiniment.

Goliarda

Avertis s'il te plaît tous nos amis... merci.

Chère Bambolina,

comme il est difficile de rendre sereines sinon heureuses les personnes qu'on aime (et ainsi d'être heureux nous aussi !). Peut-on être heureux quand les autres, votre miroir, ne le sont pas ? Depuis que je suis là Angelo est heureux. La dernière fois au téléphone sa voix était tellement effrayée que j'ai dû venir... mais cela a impliqué (je suis peut-être présomptueuse) de te laisser, toi, dans un moment difficile. Que faire ? La vie est souvent méchante, elle déplace les gens comme des pions impuissants sur le froid échiquier du besoin d'argent, nous dépouillant de la joie de petits gestes quotidiens : téléphoner à Bambolina, dîner avec elle et Angelo, s'ennuyer à deux doucement étendues sur un lit...

Comme je te l'ai dit dans le télégramme, la maison que nos (très sympathiques) amis nous ont prêtée n'a pas le téléphone et je me retrouve donc à ne pas pouvoir entendre ta voix. Je t'écris, ainsi du moins entendras-tu la mienne. Toujours à propos de la maison, elle est très petite et avec une demi-baignoire (je ne sais pas comment ça s'appelle[133]), mon « rêve » de t'accueillir part donc en fumée. Je sais comme tu ne peux vivre sans une salle de bains qui en soit une ; quoi qu'il en soit le six janvier je serai à Rome et nous parlerons de tout.

Comme tu m'avais dit, Bolzano est ravissant et gai avec ses innombrables bars accueillants et chaleureux.

Ta Goliarda

Bolzano, 16 décembre 1978

Chère Bambolina,

ne m'en veux pas si je ne t'ai pas téléphoné. J'ai essayé, mais ça sonnait toujours occupé et... déjà je déteste le téléphone, imagine quand je me trouve avec ce truc noir entre les mains dans un endroit public et – comme si ça ne suffisait pas – dans la période de Noël !

Comment vas-tu ? Maintenant que tu as été ici (et comme toujours quelque chose de toi – ton parfum ? ton magnétisme ? l'écho de ta voix ? – est resté dans l'air) nous sentons le vide de ton absence.

Hier soir j'étais chez Virginia[134] (tu te souviens de cette petite femme sans âge aux cheveux roux ?), tout le monde était là et tout le monde s'est enquis de toi – le beau Noir compris ! La maison de cette Virginia s'est révélée très intéressante : atmosphère à la Poe avec une pincée de D'Annunzio, mais avec beaucoup de culture et de raffinement, et... de mystère.

L'ensemble aurait fait la joie (esthétique et professionnelle) de Luchino. En tout cas ils sont tous très sympathiques et comme toujours (c'est la loi de la province) il y avait deux jeunes hommes très cultivés et au courant de tout. Et comme je le sais maintenant (c'est toujours en province que ça se passe), j'ai questionné et ils m'ont appris deux ou trois petites choses très importantes.

---

133. Le mot qui manquait à Goliarda est *semicupio*, qui désigne ce que l'on nomme en français une baignoire sabot, où l'on ne peut que s'asseoir recroquevillé.
134. Une simple connaissance, rencontrée durant le séjour à Bolzano.

Bambuccia bella, j'essaierai de te téléphoner pour savoir « à travers ta voix » comment tu vas.

Il neige depuis ce matin. Tu as eu ma lettre ? Salue tout le monde et Susanna que je commence à aimer puisqu'elle t'aime...

Le trois janvier je serai à Rome pour y rester au moins deux mois.

Plein, plein de baisers.

Goliarda

Rome, 28 janvier 1979

Chère Bambuccia,

hier au téléphone je t'ai sentie si triste que ne pouvant physiquement courir auprès de toi, je le fais maintenant en pensant à toi. Ne faiblis pas, Bambuccia, et surtout ne donne pas crédit au « préjugé de l'âge ». Préjugé destiné par le pouvoir à nous seules, les femmes, et contre lequel nous devons lutter de toutes les façons possibles. Comme j'ai essayé de te le dire au téléphone : ce n'est pas parce que nous ne sommes plus jeunes que nos résistances biologiques sont moins fortes, c'est que la fin ou le soupçon de la fin d'une relation d'amour aussi profonde et dramatique que celle que tu as vécue, et pour moi la fin d'un travail qui pendant des années m'a maintenue dans une tension qui d'une certaine façon est pareille à l'exaltation amoureuse, donnent la sensation de vide bien connue dont nous faisons tous l'expérience et qui autrefois en Sicile s'appelait « carence d'esprits vitaux » : cette carence entraîne aussi un affaiblissement notable de l'organisme. À vingt, trente ans (beaucoup en meurent), ç'aurait été la même chose.

Pour toi l'épreuve est incomparablement plus profonde et affreuse, je le sais, et je n'aurais jamais l'idée de te donner des leçons ou de sottes solutions abstraites, mais mon égoïsme me pousse à te dire : tu as maintenant aussi des devoirs envers notre amitié qui n'en est qu'au début de son parcours. Promenons-nous, continuons à nous promener sur la plage de l'amitié, Bambù. Ou, comme disent les Chinois, continuons, main dans la main, à laisser nos pas se disperser sur ce sentier rare et précieux autant et plus peut-être que l'amour lui-même.

Ta Goliarda

Septembre 1979

Chère Bambù,

nous avons été si bien hier soir avec Renzo[135] que je ne peux pas ne pas t'écrire deux lignes pour te le dire. Te le dire signifie se souvenir… Et les belles choses ne doivent pas être oubliées. En plus de l'agrément habituel de nos soirées, sans tensions inutiles, j'ai eu la joie (pour moi c'est une joie – étant donné mon affection pour toi – de me rendre compte que j'en ai aussi pour quelqu'un qui t'est cher) de commencer à comprendre Renzo, son drame, qui est profond et dangereux et réclame beaucoup d'attention (par drame j'entends le tourment qu'il y a en nous tous : angoisses, aspiration à un dessein plus élevé que celui que le côté économique de la vie nous contraint à poursuivre, mécontentement devant ce qui nous apparaît comme l'insuffisance de nos capacités éthico-imaginatives qui, dans la jeunesse surtout, se teinte vite de désespoir, etc.). J'ai également compris qu'il sera difficile de l'aider : on ne peut aider personne quand le « drame » se joue à des niveaux aussi profonds de recherche de soi-même et d'« idées » pour lesquelles agir et par cette action ressentir la saveur d'être vivant.

Ce sera difficile aussi parce que Renzo, en bon demi-sudiste et demi-nordique : bâtard – comme moi – déchiré, d'un côté par une passion irréductible, de l'autre par une rationalité abstraite, tend à dissimuler la moindre de ses pulsions émotionnelles derrière un rideau d'ironie et de distraction élégante qui ne peut, à la longue, que l'isoler en lui-même (par crainte du ridicule toujours présent à son regard nordique qui veille constamment à réprimer tout excès passionnel, défini comme « sentimentalisme méridional »).

Comment lui dire ce que moi, en bonne bâtarde, j'ai difficilement appris en trente ans ? Autrement dit : accepter « excès », « passion », « scènes » et jusqu'à un peu de sentimentalisme ? Même si nous nous ressemblons, nous grandissons tous de façon différente : l'expérience des autres ne sert à rien. Mais j'espère, maintenant que nous nous sommes rencontrés, pouvoir au moins – avec le temps – parler avec lui.

À toi, je ne peux dire que d'être prudente et surtout de ne pas faire l'erreur de t'identifier à lui (chose que tu tends à faire avec tous ceux que tu aimes)

135. Fils de Bambolina.

parce que même s'il te ressemble – dans la part solaire de son inconscient – de façon impressionnante, il y a toujours l'autre face glacée de plaines nordiques qui te surveille, ce qui signifie – on le sait – se surveille soi-même en toi. Parce que mère et fils sont un seul vase avec deux faces identiques, mais qui exposées au soleil absorbent la lumière d'une façon différente au point de sembler, parfois, étrangères.

Pardonne cette intrusion qui, peut-être, pourrait paraître incorrecte à Renzo ; s'il la découvrait, dis-lui que c'est de l'intrusion en effet, mais toujours motivée par l'amour qui désormais réunit dans une même lumière vos deux profils modelés par le même artiste sur le vase de la continuité psychico-biologique de la vie.

Ta Goliarda

FRANCO ROSI

Francesco Rosi (1922-2015). Réalisateur et scénariste, il est surtout connu pour ses films engagés politiquement. Il est notamment ami avec Antonio Ghirelli (voir p. 284). Le film dont il est ici question est Le Christ s'est arrêté à Eboli, *sorti en 1979, adaptation cinématographique du roman de Carlo Levi publié en 1945.*

9 juin 1979

Cher Franco,

merci pour le magnifique *Eboli*. Et merci surtout pour la cohérence avec notre culture, dont résonne le film. Cohérence de lumières, de jeu, de dialogues.

Pendant deux heures (qui, je le sais, se transformeront en moi, en mûrissant avec le temps, en une nourriture bonne pour l'esprit) j'ai oublié l'impitoyable guérilla (non moins atroce que la guérilla armée) qui nous assaille, détruisant, dans tous les domaines, des mœurs au spectacle, à la littérature, nos meilleures traditions.

Je sais combien est dur ce nouveau genre de « résistance ». Et sans avoir peur de paraître rhétorique, je t'admire aujourd'hui aussi comme résistant en plus de t'admirer pour ton art. Mais trêve de mélancolies. Tant que l'on pourra voir une suite d'images dépouillées et solennelles, douloureuses et pourtant légères passer sur un écran, enchantant l'esprit et suscitant la volonté de résister à toutes les modes barbares qui nous envahissent, venant de droite et de gauche, il restera encore quelque chose pour quoi vivre et œuvrer.

Merci encore de ta Goliarda.

ENZO SICILIANO

(1934-2006) Écrivain lauréat du prix Strega en 1998 (pour I bei momenti, *Mondadori), critique littéraire ami d'Alberto Moravia, Pier Paolo Pasolini, Elsa Morante... C'est lui qui s'était principalement chargé du travail éditorial sur* Lettre ouverte*, en accompagnement à la fois professionnel et amical de Goliarda.*

Rome, 30 octobre 1966

Cher Enzo,

voici pour toi, comme je te l'avais promis, *Le Fil de midi*. Je suis heureuse de pouvoir te l'envoyer. Depuis longtemps, je voulais te demander de le lire mais... je n'osais pas. Que veux-tu? La solitude, dans laquelle on travaille, engendre angoisses, doutes, peurs qui... Bon. Ce n'est pas ce que je voulais te dire. Ce que je voulais te dire est que je te remercie de t'être enquis, toi, de mon travail. J'ai senti dans cette requête, au-delà de l'attention, de l'affection.

Encore merci.

Goliarda

En lisant, souviens-toi que je suis en train de le réécrire et cela aussi et beaucoup à cause de ton attention. J'ai commencé tout de suite le soir où nous nous sommes vus (ou à l'aube ?). Ciao.

Cher Enzo,

je n'aurais peut-être pas dû insister au téléphone, mais je n'ai pas pu m'en empêcher. Tu sais comment ça se passe : ma tête disait de laisser tomber tandis que le souvenir de nos rencontres matinales pour *Lettre ouverte*, avec leur joie de connaître quelqu'un à qui se fier, passait devant mes yeux, m'obligeant à vouloir retourner en arrière. C'est sûrement cela. Cet hiver 66 (je crois) avec les matinées que nous avons passées ensemble est resté imprimé en moi comme quelque chose de très doux et d'unique, à tel point que je ne considère pas comme terminé un livre que j'écris si tu ne l'as pas lu et puis, pour la native du Sud que je suis (superstition? Et pourquoi pas), ton image s'est fixée en moi comme un signe de « chance ».

Je sais aujourd'hui comme je le savais alors que *L.O.* n'aurait jamais été publié sans ton intervention. Bon. Je t'ai tout dit. À part ceci : je sais que tu ne t'ennuieras pas. J'ai découvert une voie pour le « roman dans le roman » qui, j'en suis sûre, que ma protagoniste te plaise idéologiquement ou pas, t'intéressera.

Je ne suis pas pressée de publier parce que ta Goliarda – même si elle a un peu disparu ces dernières années (il faudrait un second roman pour t'en expliquer les raisons !) – est restée la même avec sa joie d'écrire et sa joie encore plus importante d'avoir les quelques amis chers auxquels ses récits sont destinés.

Je t'embrasse. Bien des baisers à Flaminia[136] et à ta maman. Se souvient-elle encore de moi?

Goliarda

Bolzano, 1er janvier 1979

Cher Enzo,

j'ai lu ton *Pasolini* d'un seul trait et mon « attention-cheminée », au vent de mon intérêt, a brûlé ta savante construction de bûche sur bûche, en pyramide, pour l'ingurgiter, l'absorber... Benjamin[137] ! Enfin quelqu'un qui s'intéresse à ceux qui lisent en cette époque marquée par la théorisation antilittéraire. En d'autres termes : je suis née plus lectrice de romans qu'écrivaine (à l'inverse de ce que dit Stendhal de lui-même) et je peux t'assurer que l'intérêt jamais relâché qui m'a obligée à dévorer tes pages est pour moi la plus grande valeur (en tous les sens) pour juger d'une œuvre. D'autant plus que je n'étais ni amie ni ennemie de Pasolini, et son histoire n'a pas eu d'échos en moi, son « destin » étant (comme tu l'affirmes) trop construit a priori, fût-ce par un esprit génial et capable de choses fantastiques.

---

136. Femme d'Enzo Siciliano.
137. Allusion au philosophe et théoricien Walter Benjamin (1892-1940).

Je partage entièrement ton diagnostic poétique sur lui et, chose que je t'ai dite il y a de nombreuses années (je ne sais pas si tu t'en souviens), pour la première fois j'ai senti céder le bouchon de pudeur de ton inconscient-volcan d'homme du Sud, pudeur excessive du Sud ou méditerranéenne – comme tu voudras – qui te tenait encore.

Peu de gens sont au courant de cette qualité-non-qualité que nous portons en nous et traînons depuis le berceau avec son bon et son mauvais côté, mais que tôt ou tard il faut affronter. Ça a été la même chose pour moi jusqu'à ce que je prête attention à Modesta. C'est cela aussi qui m'a attirée et enchantée page après page : sentir la naissance d'une passion-intelligence proche de l'explosion. Du reste, n'étant pas (par bonheur) un enfant prodige, tu viens juste d'abandonner la sphère dominée par la lune que sont l'adolescence et la jeunesse et tu es en train d'aborder la saison plus belle, terreuse et venteuse de la maturité.

Ta maturité sera féconde. Je l'ai senti dans des phrases comme : « On dit que les maladies du corps sont des explosions... etc. » Une chose encore qui m'a profondément impressionnée est la compression du crâne que renfermait le dur visage de lutteur primordial de Pasolini...

Merci.

Ta Goliarda

17 mai 1979

Cher Enzo,

je suis ici à Gaeta depuis vingt jours et j'ai souvent pensé à toi, mais je n'ai pas eu le courage de t'écrire. Décidément il y a beaucoup de choses dans notre relation qui ne fonctionnent pas (en moi). Et pourtant je tiens tellement à toi que parfois je m'en étonne. Seraient-ce les nombreux frères que j'ai eus et que j'ai aimés si profondément qu'ils ont laissé en moi (en toute nouvelle rencontre masculine) comme une faim inassouvie ?

Bien sûr, l'amour est ainsi : on ne le recherche que si on l'a connu. Les pertes nombreuses que j'ai subies ces dernières années par fait de nature ou par incompréhensions ? Ce doit être en quelque recoin de ces questions que se cache la réponse. Ce qui est sûr c'est que lorsque je te téléphone me saisit comme la crainte d'avoir laissé partir à la dérive quelque chose de précieux. Tout ne dépend probablement que d'une différence de caractère et de la manière dont est née notre relation. Ta façon de venir vers moi, alors, s'est configurée en moi, ou mieux, a structuré en moi ton image comme celle de quelqu'un qui sait et peut donner des réponses. Cela aussi parce que tu représentes pour moi la liberté poétique (surtout après mon voyage en Chine) dans un contexte de trop grande oppression idéologique que j'ai toujours côtoyée. J'ai compris cela aujourd'hui en lisant ton court article sur *Manon*. J'ai lu dans ces lignes élégance et liberté, et peut-être est-ce cela : mon malaise envers toi réside dans la sévérité excessive qui ne me lâche jamais et dont je crains toujours qu'elle puisse t'irriter.

Tout cela dit – toutes ces choses (précisément) très sérieuses – j'espère beaucoup te voir.

Fais un gros baiser à ta maman de ma part. Sa voix au téléphone m'a émue.

Goliarda

Gaeta, 19 octobre 1979

Cher Enzo,

je t'envoie l'article d'Adele Cambria, qui, je l'avoue, m'a rendue heureuse. Je craignais beaucoup que les « nôtres » ne se méprennent sur l'amour que ma Modesta a pour les hommes, mais si Adele a compris que ce qui marque aujourd'hui un certain mouvement féministe est de la haine raciste, les autres le comprendront aussi. J'avais choisi Adele pour ce test parce que justement elle ne fait pas partie de mes amies, et qu'elle était jusqu'il y a peu parmi les plus déchaînées. Tu diras, pourquoi tant de joie ? Parce que c'est pour combattre précisément cette haine-maladie infantile du féminisme (tardivement née, hélas, et du féminisme américain au lieu de la matrice véritable et si riche des voix féminissimes d'Alexandra Kollontaï, de Virginia Woolf et de ma propre mère) que je me suis mise à écrire il y a dix ans les aventures de Modesta, au prix de m'opposer à elles. Les femmes – comme tu sais – sont ma planète et ma recherche, mon seul « parti » et peut-être, en plus de l'amitié, le seul but de ma vie. Je te dis cela pour que tu comprennes ma joie. Il a été dur pour moi – en ces dix dernières années – d'assister à ce zèle dément de néophytes qui se répandait comme un poison (assurément instillé par le pouvoir : séparer l'homme de la femme pour les dominer tous les deux, vieille technique utilisée également pour les races, les travailleurs, etc.), me contraignant à les combattre en moi-même et en dehors de moi.

Je lutterai toujours pour l'amitié entre l'homme et la femme, planètes si différentes et si semblables, ayant besoin chacune de la différence de l'autre. L'harmonie des contraires, disait Giordano Bruno, et il doit en être ainsi, répétait ma mère, en dépit du pouvoir qui voudrait nous voir tous pareils, bien empaquetés dans la prison d'un uniforme ou d'un bleu d'ouvrier.

Mais j'ai une épine dans le cœur : avoir dû te soustraire le manuscrit pour raisons financières. Maintenant j'ai beaucoup de copies et je peux t'en laisser une pour toujours (chez toi elle ne sera pas perdue), méchant frère fuyant l'amour sororal, toujours pressé de t'enfuir dans les rues avec les autres hommes, à discuter de grands projets, d'aventures, de libertés. Et je te comprends, une sœur évoque toujours, malgré elle, des appartements pleins d'ombres périlleuses, de devoirs ancestraux, d'obscures imbrications psychologiques, d'angoisses insaisissables... Carlo[138], après être resté quelque temps avec moi, commençait à s'agiter, et de la cour un camarade qui le hélait le détachait tout de suite de moi. Maintenant aussi, j'en suis sûre, le téléphone sonne et Alberto[139] t'appelle...

Pour qui lirait ces lignes, tout cela pourrait apparaître comme une plaisanterie, mais ce n'en est pas une pour moi qui, ayant grandi entre trois garçons, ai eu toute ma vie le désir (jamais assouvi) de les sentir à nouveau près de moi. Tu diras, mais tu as beaucoup d'amis. Bien sûr, mais un ami n'est pas un frère, comme ne l'est pas un amant. Un frère doit avoir quelque chose de semblable à toi, et tu as beaucoup de choses que je ressens identiques aux miennes, au plus profond. Mais Alberto t'appelle, va, méchant frère, va...

Ta Goliarda

Cher Enzo,

je t'envoie le compte-rendu de mon « voyage » sur la planète prison qu'en « bon petit soldat » de la littérature il m'a fallu jeter tout de suite sur le papier

138. Carlo Sapienza, demi-frère de Goliarda.
139. Cet Alberto est Alberto Moravia.

à peine revenue ; ce n'était pas dans mon intention quand j'ai décidé de prendre ce train.

Mon intention – parmi d'autres (il faudrait mille pages pour les raconter) – était juste de faire un plongeon dans la nouvelle réalité de notre pays. Et c'est ce qui a eu lieu. J'espère seulement avoir réussi dans ces quelques pages à saisir ce « quelque chose de nouveau » qui circule sur ces rivages et à le communiquer. Toi seul pourras me le dire.

Pendant des mois et des mois j'ai hésité à te l'envoyer : peut-être la « vie » est-elle en train de nous éloigner l'un de l'autre, mais hier soudain une volonté – folle, je le sais – de ne pas permettre à cette garce de prendre le dessus sur toutes les affections, les idéaux, les belles choses, etc. m'a poussée à franchir ce pas pour la contrecarrer. Malheureusement ta copine de la Civita est comme ça : elle met fin à tout ou veut tout (comme tu l'as dit une fois au téléphone), mais ce « tout » n'arrive pas à s'extraire de la sale affaire que c'est de vivre avec au moins une part du bagage éthico-amoureux que malgré tout elle est parvenue à rassembler et que, jusqu'à aujourd'hui, elle sent comme un pilier intact en elle et qui la pousse à écrire. Je ne dis pas vivre parce que maintenant pour moi la seule chose qui compte est celle-ci : écrire.

Je t'embrasse.

Goliarda[140]

140. Cette lettre suit donc de quelques mois l'écriture de *L'Université de Rebibbia*, achevé en octobre 1981.

SANDRO PERTINI

Ancien camarade de lutte de Maria Giudice, Sandro Pertini (1896-1990) fut un résistant, puis un grand homme d'État. Son autorité morale et son franc-parler en firent notamment l'un des présidents de la République italienne les plus consensuels et populaires jusqu'à nos jours. La lettre que lui adresse Goliarda Sapienza fut de toute évidence écrite au début de son mandat présidentiel, qui dura de 1978 à 1985.

Cher Sandro,

jamais je n'aurais voulu te voler un temps précieux mais je me trouve, malheureusement, dans une situation que je ne crains pas de définir comme angoissante, et qui me pousse non sans vraie réticence, crois-moi, à me tourner vers toi. N'était la force de ma cause que je sais aussi juste que celle de ta vie, j'aurais de beaucoup préféré ne jamais rien te demander. J'aurais préféré penser seulement à la joie immense que me donne le fait de te savoir notre camarade président qui défend la liberté de tous les Italiens, et c'est tout.

Tu sais que j'ai publié deux livres chez Garzanti, qui ont eu un succès critique flatteur. Ces deux livres sont le meilleur résultat de l'éducation socialiste que j'ai reçue de mon père, Giuseppe Sapienza, et de ma mère, Maria Giudice.

En artiste sérieuse, qui n'est pas à la recherche de succès faciles, telle que j'ai la fierté d'être, je me suis consacrée pendant dix ans à la rédaction d'un roman qui renfermerait toute notre pensée et notre raison de vivre. Pendant ces dix années de travail j'ai lutté contre les plus pénibles difficultés financières pour mener à son terme cette œuvre qui veut être un vrai roman populaire des idées qui nous ont tellement soutenus pendant tout le fascisme.

Le titre de mon livre est *L'Art de la joie* : la joie laïque de la protagoniste de mon histoire contre tous les fascismes qui s'opposent à sa croissance et sa liberté. C'est un roman historique, en ce sens aussi qu'y est représentée, tout au cours de notre siècle, la vie d'une famille antifasciste profondément engagée dans l'histoire. Le manuscrit est à ta disposition, même si je ne te demande pas de le lire parce que je sais combien tu as peu de temps.

J'essaie depuis deux ans de faire publier ce travail, mais j'entends dire de tous côtés que l'édition a changé, que désormais on ne publie que des livres qui doivent être un succès commercial assuré, écrits uniquement sur requête de l'éditeur et après études de marché : nouvelle espèce de fascisme culturel contre lequel je me retrouve à devoir lutter avec bien peu de forces.

Bientôt n'existera plus l'artisanat de l'écriture, et il ne peut y avoir d'art véritable sans artisanat. Bientôt le livre sera confectionné comme un produit quelconque de l'industrie, dans un laboratoire dirigé par une équipe d'habiles techniciens, seulement aptes à contenter le goût moyen du moment, permettant de grands et faciles bénéfices.

Je m'étais résignée à ne plus combattre, à accepter que mon œuvre ne soit publiée, peut-être, qu'après ma mort. Ce sont des choses dures pour un auteur, Sandro, toi seul peux comprendre comme il est pénible de lutter sans espoir. Mais tous m'exhortent à te signaler cette corruption qui lentement mais inexorablement est en train de détruire notre littérature. Et ce sont des hommes de grande autorité et de grande culture, lesquels me soutiennent et m'ont conseillé de m'adresser à toi après qu'eux aussi se sont vu refuser mon livre, qu'ils avaient pourtant présenté avec beaucoup d'autorité à divers éditeurs. Je parle du poète Attilio Bertolucci, du critique et écrivain Enzo Siciliano, de l'écrivaine Adele Cambria (laquelle est, comme tu dois le savoir, quelqu'un de hautement moral et politiquement très engagé, et dont je te joins un article sur mon livre).

Ce sont tous des gens qui attendent de toi que tu veuilles bien les questionner pour qu'ils te racontent mes – et leurs – pénibles vicissitudes au cours de ces deux dernières années. Chacun d'eux te dira les réponses que nous avons reçues : mon roman est trop artistique et profond pour permettre d'obtenir les bénéfices auxquels une maison d'édition doit aujourd'hui prétendre. À cause de tout cela, et des graves difficultés financières dans lesquelles je me retrouve du fait de la crise du cinéma, et qui me font friser la misère, je te demande, avec une véritable douleur (parce que jamais je n'aurais pensé devoir te demander quelque chose), une intervention décisive dont je garderai le souvenir pour toujours.

Si cela n'a pas lieu, je ne te dis pas que je cesserai de lutter contre ce nouveau fascisme pseudo-culturel, mais il est sûr que tous mes espoirs et les espoirs de tous ceux qui ont cru en un monde meilleur et plus conscient de lui-même après la chute du fascisme, resteront cruellement déçus.

Mon livre, en ce moment, se trouve en lecture aux éditions Feltrinelli de Milan, seule maison qui puisse – avec une intervention de ta part –, du fait de son engagement méritoire à gauche, prêter attention à une œuvre comme la mienne. Je ne connais pas la personne qui la dirige – Mme Inge Feltrinelli – mais je crois que l'appui que tu m'apporterais (toi qui me connais, qui estimais ma mère) serait à même de témoigner de la pureté de ma personne et de mes intentions.

Sandro, crois-moi, j'aurais voulu ne jamais te demander cela. J'espérais et je souhaitais n'en avoir jamais besoin. Mais le combat continue et je te demande, comme à un camarade des temps les plus durs, une aide que tu n'aurais jamais refusée à ma mère Maria Giudice. Si tu m'en donnes la possibilité, si tu en as le temps, je voudrais t'expliquer tout cela de vive voix.

En attendant, je t'embrasse et, trop émue pour te dire tout ce que je voudrais, je te laisse avec mon espoir.

Ta Goliarda

WALLY TOSCANINI

(1900-1991) Fille du chef d'orchestre Arturo Toscanini et un temps épouse du comte Emanuele Castelbarco Visconti Simonetta Pindemonte Rezzonico, avec qui elle eut une unique enfant, Wally Toscanini fut selon les dires de Goliarda Sapienza l'un des modèles du personnage de Modesta. La lettre ici reproduite fut écrite après l'achèvement de L'Art de la joie *(que Goliarda a fini d'écrire en 1976, avant de travailler avec Angelo Pellegrino à en établir la version définitive pendant deux ans, soit jusqu'en 1978).*

Chère Wally,

hier soir j'ai été tellement émue par ta voix que je ne peux pas ne pas t'écrire deux lignes. Il y a dans la vie de nous tous, deux ou trois personnes qui par leur « mode » de vie : courage, originalité, générosité et beauté (que j'appelle classique) acquièrent en nous, avec les années, l'épaisseur du mythe.

Le souvenir de ton « classicisme » m'a toujours accompagnée durant ces dix ans de solitude dans le travail et toujours ce souvenir inspirant de toi m'a poussée à te téléphoner, à entendre ta voix.

Avec Elena Maselli, tu es pour moi comme un phare, un accomplissement de l'art dans la vie même, art plus difficile et essentiel que d'écrire un livre ou peindre un tableau, auquel je dois la réussite de ma vie même et de mon inspiration, comme on disait autrefois. Le fait que tu m'aies reconnue tout de suite, au téléphone, m'a remplie de tant de joie que je serais une ingrate si je ne t'en informais pas.

Merci Wally-vie d'être là et de continuer à faire don de ton affection et de ta mémoire précieuse, aujourd'hui plus que jamais dans ce monde où règne la théorisation de la solitude, de l'absence de mémoire, de l'inutilité de vivre.

Ta Goliarda

TERRY

Terry Vania. Décoratrice, elle était l'amante d'Ida Petriccione Di Vadi (Bambolina).

27 septembre 1979

Chère Terry,

quelques lignes pour te dire ma joie de t'avoir vue faire un geste d'amitié envers Angelo qui l'attendait depuis longtemps, étant donné que (même si c'est avec des hauts et des bas émotionnels incontestables et, curieusement, très semblables aux tiens : peur de la perte, angoisse de n'être pas accepté mélangée à un orgueil extrême) il t'estime profondément et m'a dit plus d'une fois : « Et dire que je pourrais être ami avec Terry. ». Moi, comme tu le sais (parce qu'en cela je suis comme toi), je ne peux me passer de la famille acquise que vous êtes pour moi et du drôle de quatuor : Elena, Citto, Titina, Piera[141].

Pour moi, comme pour toi, en dehors de ce noyau – inventé par nous –, il n'y a que le vide semé par des morts prématurées, des éloignements imposés par la cruelle réalité de la vie, des déserteurs qui n'ont pas eu le courage (parce qu'il y faut beaucoup de courage !) de s'abandonner à la « passion d'être ensemble » pour combattre le tortionnaire « principe de réalité » et qui se sont éloignés en faisant semblant d'être supérieurs à ces « sentiments bourgeois » qui sont pour moi, au contraire, l'un des ressorts éternels et premiers de la vie.

À qui raconter le résultat de connaissances éthico-culturelles acquises au cours d'un voyage ? Ou la fantastique aventure mentale de façonner espaces, couleurs, lumières synthétisées, pour finir, dans la création artistique d'une maison, d'un night-club ? Avec qui se plonger dans ces rêves

141. Il s'agit ici de Piera Degli Esposti (voir p. 189).

tangibles et en jouir si on est seul ? Je t'ai tout dit. Et peut-être avec un peu de sentimentalisme... mais qui aime ne peut en être exempt. Hier soir ç'a été la soirée la plus belle et la plus heureuse de mes dix dernières années.

Merci.

Goliarda

13 décembre 1979

Chère Terry,

tu ne peux pas imaginer comme j'ai été heureuse de notre soirée (comme autrefois !). Ce bonheur me donne l'impression d'avoir gagné le gros lot – même sans lunettes. Ne nous perdons jamais, toi, Bambolina, disputons-nous (c'est la vie) mais ne nous perdons jamais. Pardonne le ton « sentimental » mais c'est ainsi quand on aime.

Ta Goliarda

Terry,

tu m'as écrit une lettre si gentille que... je ne sais quasiment pas que répondre. Tu as raison. Il ne se passe rien. Les « amours » finissent (toujours) d'une façon si « misérable » qu'il est difficile – malgré notre vocation à « sublimer » (imposée par les autres) – d'en sauver ne serait-ce que quelques miettes de souvenir décent.

Les amis qui sont toujours maussades, dis-tu ? Oui, tôt ou tard ils deviennent insupportables, mais pas plus que ceux qui sont toujours surexcités ! Que veux-tu y faire ? Moi aussi je t'écris en attendant assise dans une gare... on n'y échappe pas. On attend tout le temps, et que ce soit à Rome ou à Milan ou... à Catanzaro, tout n'est qu'une gare où les trains arrivent en retard ou ne s'arrêtent pas. À Moscou ! À Moscou ! Les lignes, et je suppose aussi celles que je t'écris, ne sont que du Tchekhov usé, anhistorique.

Chère Terry, nous ne sommes que des animaux anhistoriques et corrompus par une culture-éducation périmée, dévitalisée, abêtissante, etc. On le sait !

Ta G.

FRANCO

Photographe et peintre de Gaeta.

21 janvier 1979

Cher Franco,

merci pour ton billet. Peu de gens savent désormais répondre à une pensée par une pensée. Ma joie à te lire m'a encore plus convaincue du point auquel le téléphone, la télévision, etc. nous ont châtrés. Il n'y a pas d'autre mot.

Désormais, même les personnes les plus gentilles, malheureusement, feignent de vous voir, de vous être proches, en composant un numéro de téléphone qui... toujours réduit à un numéro, métallique, sans chaleur humaine, reste là – la communication terminée – à symboliser (dans le langage du cinéma cela se nomme : « signe plastique ») une solitude sans appel. C'est comme après une masturbation : les mains vides dans l'air, sans un corps à caresser.

Cher Franco, merci encore de m'avoir fait entendre ta voix à travers le souffle tendu d'émotion que sont toujours les mots écrits. L'écrit ne se prête pas à l'alibi, il ne prétend pas créer des proximités là où elles ne sont pas. Mieux, accentuant la sensation d'éloignement, il pousse la mémoire à focaliser, faire le point sur le visage de l'autre en ouvrant à votre intelligence-émotion la sphère de l'absence. Notion si profonde qu'elle frôle les confins de la mort et de ce fait essentielle dans l'éclaircissement qu'elle apporte à la vie. Ton billet-ciel agité par des myriades de feuilles, d'ombres, de vents roses, jaunes, violets, m'a fait désirer te voir et savoir comment avance ta recherche sur la lumière.

Ta Goliarda

2 octobre 1979

Cher Franco,

ne pense pas que je n'aie pas répondu à ton billet où circulent air et lumière (entre tellurique, sibyllin, absolument mystérieux dans son but évident de vouloir communiquer) par paresse ou autre. Tu me connais maintenant, quoique à travers le filtre des paroles écrites, et je n'aurais donc pas besoin de ces préambules. Le fait est que les « débuts » de lettres, nouvelles, romans... ont une raison d'être esthétique et atavique toute à eux qui est la chose la plus difficile à bouleverser « formellement ». Voilà, il est plus facile de bouleverser, de renverser le contenu que l'harmonieux arc porteur, ancestral, du début d'un écrit, à moins de se jeter dans le marasme de l'informel désormais (par bonheur) tombé lui aussi comme toutes les avant-gardes dans le plus rétrograde et sinistre académisme.

Mais ce n'est pas ça que je voulais te dire. Je voulais juste te prier d'avoir un peu de patience avec ta petite sœur lointaine, parce que non seulement elle n'a pas pu te répondre en ces derniers mois, mais elle devra garder le silence avec toi un moment encore. Je t'explique : il y a deux mois que j'ai terminé mon roman (je ne sais pas si je t'en avais parlé), dix ans de travail serein et sans angoisses. Mais à partir du moment (octobre dernier) où j'ai décidé de le publier, l'extérieur obscène de Rome avec autobus, foules, insignes et sirènes de police, s'est déversé (que n'ai-je gardé ma porte fermée) dans ma chambre – espace mental – en mettant tout sens dessus dessous, rendant tout fébrile, névrotique et... dément.

J'arrive, au moins pour l'instant, à ne pas me laisser submerger par cette vulgarité et cette petitesse qui sont le moteur du « monde du réel », mais pour les amis lointains je n'ai plus le beau temps du contact serein à distance, grand ciel de sérénité qui m'apparaît à présent comme quelque chose de fabuleux et de désormais inaccessible.

Je lutte – et ce sera très difficile, étant donné le volume du roman et son contenu (mais je déteste les poètes qui gardent les poèmes dans leur tiroir) –, je ne te dis pas avec quelle peine. Heureusement j'ai – comme tu sais – des amis comme Piera, Titina, Citto et d'autres que tu ne connais pas auprès desquels me réfugier dans les moments de plus grandes perturbations. Mais il reste le fait qu'en ce moment « le principe de réalité » est venu casser

– pour peu de temps j'espère – mon équilibre avec toute la brutalité et le cynisme que l'expression porte en elle-même. Qui ne laisse pas place aux affections désintéressées, aux conversations sereines, aux promenades dans les forêts de l'imagination, si semblables à celles de l'enfance avec un petit ami qui vous conduit par la main et vous fait noter les couleurs.

Je t'embrasse très très fort.

Ta Goliarda

MARCO D'ERAMO

Né en 1947, il est le fils de Luce d'Eramo. Physicien, sociologue et journaliste.

Rome, 25 août 1978

Cher Marco,

(je pense pouvoir te tutoyer). Je te remercie du livre que tu m'as envoyé et de la dédicace qui, en bonne intellectuelle de la deuxième génération – réduite à s'en tenir à « l'art pour l'art » – m'a, sinon émue, du moins partiellement tirée de la solitude intellectuelle forcée à laquelle le choix obligé de l'art pour l'art contraint, malheureusement, bien qu'il ne soit pas volontaire.

Comme tu vois, ton introduction-interprétation de ton Bourdieu a été absorbée par mon organisme telle une boisson bénéfique (du lait ?) pour confirmer toutes les idées que j'ai broyées ces dernières années sans trop de traumas grâce à la forte rangée de dents qu'avait ma mère (intellectuelle de la première génération).

Mais il y a autre chose. Ta dédicace renferme une requête que je devine en me souvenant de ma jeunesse et que je voudrais – toujours dans le souvenir de tout le désespoir et de toute la solitude qu'il y a dans la jeunesse – satisfaire.

Je me trompe ? Je parlerais volontiers avec toi sans engagement réciproque d'amitié parce qu'un écrit (le tien, le mien) même s'il est intelligent et profond n'est pas le tout d'une personne et l'amitié réclame de se fréquenter et de se parler longuement.

Voilà que j'ai dit une généralité sur ce que tu as écrit. Mais il est clair que cette lettre n'est pas le fruit, ni de la dédicace ni des théories de ce M. Bourdieu, mais de la lucidité passionnée qui parcourt tes pages ligne après ligne. Pages agitées par un vent lucide-ambigu (par bonheur) : désir tourmenté de s'exprimer et de se castrer, de raconter et de le redouter comme un acte impur, coupable... choisis toi-même l'adjectif.

Bon. Il me semble t'avoir tout dit pour le moment (que l'on se voie physiquement ou pas). Je t'en prie, écris sur toi-même, raconte, fais-toi violence et, comme on disait autrefois, exprime-toi en bien ou en mal sans te soucier de paradis et d'enfers pré- ou post-soixante-huitards.

Goliarda

Je pars pour la Chine. Je rentrerai fin octobre. Si tu veux, téléphone : 874525.

Cher Marco,

juste deux lignes pour m'excuser de t'avoir soustrait le manuscrit avant que tu n'aies eu le temps de le lire, mais j'ai dû l'expédier à mon agent Linder et je n'avais pas d'argent pour en faire d'autres copies. Dès que j'en aurai une, je te la donnerai. Je sais qu'il y a un temps pour tout et surtout pour se plonger dans la lecture d'un roman, il faudrait des temps meilleurs que ceux que nous sommes tous en train de traverser. Avancer loin dans une histoire inventée est, aujourd'hui, du luxe et... toi, si jeune, tu es déjà père, et j'imagine bien le peu de luxe que tu peux te permettre. Je suis heureuse de l'enfant qui est arrivé. J'espère le connaître bientôt.

Goliarda[142]

142. On peut dater d'assez près cette lettre, sachant que c'est en septembre 1979 qu'a été envoyé à l'agent Erich Linder le manuscrit de *L'Art de la joie*.

MARIA

Femme de Dario Cecchi, costumier et décorateur, lui-même fils de l'écrivain, critique d'art, traducteur et scénariste Emilio Cecchi.

Gaeta, 16 septembre 1979

Chère Maria,

ne pense pas que j'aie disparu. Je me suis seulement « déplacée » physiquement pour parvenir à survivre et reprendre un peu de force pour les combats à venir : la publication de mon roman, qui s'annonce extrêmement difficile et... le reste. Tu connais ces combats, et penser à toi me donne confiance.

Comme tu vois, le fait de t'écrire et de penser à toi est intéressé. Pendant tout le mois d'août j'ai gardé fort contre moi le souvenir du beau dîner sur ta terrasse : peu d'îlots d'amitié subsistent désormais. Et je pense à ce soir-là en haut sur les toits près du ciel comme à un fortin assiégé par les barbares, qui résiste malgré tout. Angelo était ému, et en retournant à la maison m'a dit : « Je comprends maintenant ce que tu entends quand tu parles de la Rome d'autrefois. » Maria, Dario, Marco, Elena, Titina... si j'en ai la force, avec le temps, j'écrirai sur vous.

Un baiser à Mela et Nanà[143]. J'ai su que Pilù est entre de bonnes mains, près de son Professeur et de son ami-frère, et cela aussi me remplit de joie.

Je t'embrasse.

Goliarda

143. Filles de Maria et Dario Cecchi.

PIERO GUCCIONE

(1935-2018) Peintre et graveur sicilien.

14 janvier 1979

Cher Piero,

je reçois à l'instant ton chèque, qui me libère d'un poids terrible qui va au-delà d'une situation de fragilité financière pour entrer dans la sphère du cauchemar : ne pas pouvoir – après un travail de sept ans – faire les copies nécessaires pour chercher un éditeur. Te dire merci est peu de chose. Non seulement pour l'aide réelle, mais pour la « façon » avec laquelle cette aide a été donnée. Le poète dit « *e il modo ancor m'offende*[144] ». Je peux dire : c'est ta façon de faire qui chante encore en moi et me pousse à l'action. Parce qu'il n'y a pas grand-chose à chercher dans de nouvelles relations, de nouvelles valeurs, etc. C'est toujours l'affection, l'amitié, la famille, qui peuvent donner un sens à ce que nous faisons : peindre un tableau, écrire un livre, faire un dîner. Et j'ai senti dans ta sollicitude une affection de frère. Comme dit Freud : l'or aussi sert à donner de l'amour.

Ta Goliarda

---

144. « et cela (et la façon dont ce fut fait) me blesse encore ». « Le Poète » est évidemment Dante et la citation est tirée de la *Divine Comédie* (Chant V de l'Enfer, histoire de Francesca da Rimini).

TONIA

Antonia Carosella, jeune fugueuse homosexuelle, hébergée plus d'un an par Goliarda via Denza, en dépit des agressions répétées de sa famille.

1er août 1970

Chère Tonia,

ce n'est qu'aujourd'hui que je peux répondre à ta lettre qui, plus qu'une recherche pour voir plus clair en toi-même, n'était rien d'autre qu'une série de « questions » que tu me posais et d'énumérations de faits. Bon. Comme je te l'ai dit à Praiano : tu dois, « pour toi-même », rechercher la raison de ton incapacité à « t'entendre avec les gens de ton âge ». En ce qui me concerne, j'ai fait tout ce que je pouvais pour toi, la dernière chose n'étant pas de t'imposer à Bruno qui comme tout homme qui aime « désirait rester seul avec moi ». Il ne me l'a pas demandé (que cela soit clair) parce que je ne l'ai pas permis ; et c'était à toi de t'en faire un ami.

Tu dis que c'est une question de caractère. Non, Tonia. C'est une question d'autoéducation. Si tu veux le savoir (aujourd'hui je peux te le dire avec calme), ce qui m'a le plus déprimée à Praiano a été de voir (ayant été chez toi) que tu allais connaître dépressions, accès de mauvaise humeur, etc. et tu comprends qu'au bout d'un an affronter de nouveau ta famille m'a semblé, sinon perturbant, inutile. Tu n'as fait (à mon avis) que des petits pas formels pour te détacher d'un groupe qui d'après ce que tu dis ne t'a fait que du mal... Mais avant qu'il ne soit trop tard pour sauver notre relation, je dois te dire que toi, ce groupe, tu le désires : tu désires les souffrances qu'il te donne et tu cherches par tous les moyens à les reproduire via Denza.

Comprends qu'il m'est impossible d'accepter ce mécanisme inconscient qui est le tien, qu'avec le temps – vu que tu as un caractère passionné et possessif – (à la moindre occasion, comme ça a eu lieu avec Gaston) tu réussiras à rendre réel et dans lequel tu m'entraîneras moi aussi. Penses-y bien et tu verras qu'il ne s'agit pas là d'« idées » que je me ferais et que cette lettre que je t'écris n'est là que pour sauver notre relation (d'amies, pas de sœurs ou de mère et fille) passée et à venir.

Goliarda

8 septembre 1970

Chère Tonia,

je suis obligée de t'écrire parce que je crains que, si nous nous parlons, le « tout » ne puisse que dégénérer en une véritable dispute. Premièrement : parce que même si, pour sauver notre relation, j'ai été précautionneuse et ne t'ai pas dit combien tes indiscrétions dans tes propos sur l'amie de Terry que tu sais, etc. m'avaient profondément blessée ; et si j'ai cherché une explication et une justification, et de ta façon d'être (caractère), et de tes manifestations de sans-gêne – parmi lesquelles ton comportement avec Bruno : ton antipathie initiale, ta froideur ensuite, ton indifférence (ce sont tes propres mots) pour finir –, ce qui m'avait blessée m'est malheureusement peu à peu apparu comme une absence de véritable amour (par véritable j'entends « sain », c'est-à-dire : de femme à femme) et une « preuve » manquée d'amitié envers moi ; et tu comprends que, vu que tu as été la première personne à avoir partagé – et envahi – notre vie commune, cela (bien que j'aie lutté en moi-même pour modifier cette sensation) ne peut pas ne pas avoir entamé la confiance ancienne que j'avais en toi. Deuxièmement : tu pouvais réparer cela en dépassant... comment l'appeler ? ton orgueil ? la dureté de ton caractère ?, en parlant tout de suite à Praiano avec Bruno et, de retour à Rome, en prenant l'initiative de te chercher un logement, ou du moins de faire allusion à une telle recherche qui, désormais (clairement), était la seule possibilité d'assainir notre relation.

Mais je constate que, malgré ce qui s'est passé, au lieu de rester ici pour poursuivre ton travail (d'autant plus s'il y a un risque de le perdre) et chercher un logement, tu peux t'offrir le luxe (excuse le mot, mais il s'agit vraiment de cela) de vacances, d'une pause, d'une distraction (appelle ça comme tu veux) supplémentaires, comme si rien ne s'était passé.

Citto, lui aussi, qui m'a dit hier qu'il t'avait écrit pour te parler (et si Citto en trouve le temps – au milieu de ses problèmes financiers et au comble de son travail – cela signifie quelque chose, non ?), est resté stupéfait de ton apparente indifférence à un problème délicat et douloureux qu'il fallait éclaircir tout de suite pour tenter d'y remédier.

Prends comme tu veux ma dureté mais Citto et moi, dans une situation pareille, nous aurions été désespérés et surtout nous aurions été là à lutter ou du moins nous n'aurions pas eu de « désirs de voyage ». Bon. Il me semble t'avoir tout dit et, avec la douleur de constater comme était fragile le lien qui nous unissait (parce que tu sais, ou devrais savoir, combien de fois j'ai dû accepter et aimer – et c'était bien autre chose que Bruno ! –, avec Haya, avec Citto lui-même, comme lui pour moi, avec Marilù, Gigi, etc.), j'espère seulement que tu vas commencer à lire en toi-même, à te dominer, à apprendre à « voir la réalité ». Et pour cela – je vois que malheureusement c'est inévitable, comme ça a été inévitable pour moi – tu dois être seule, dans une maison à toi (qu'est-ce que ça signifie ? non seulement le papier toilette à payer, mais le rapport avec le gardien, avec le propriétaire, avec les voisins, etc.) pour affronter, enfin, la difficulté de ce qui s'appelle être libre.

Goliarda

28 août 1972

Chère Tonia et chère Anna Rosa,

(ô Mehmet, ô Omar sombres traîtres, où êtes-vous ? À Cassinoooo ! Tous à Cassino : dois-je m'attendre à recevoir un télégramme de Citto de Cassino ?!). Comme je vous l'avais dit, ne supportant pas votre trahison, je pars. Pour la Chine, si ça se trouve ! Trêve de plaisanterie, je vais au Circeo récupérer une barque (je vous raconterai). Après tant de feu je vais vers l'eau. Je vous aime. Peut-on se couper en deux ? Je crois que oui, ça m'est arrivé d'autres fois, seulement ce n'était pas avec deux vilains types louches comme vous ! Et me coupant en deux – allez-y – je vous embrasse très très fort.

Votre Goliarda ou Iuzza

Iuzza ou Goliarda ?

J'ai vu l'Étalon (tondu, mais de plus en plus ombrageux et « à fleur de peau ». Je n'ai pas – pour cette fois – asséné « un direct du gauche », mais je suis restée avec la garde bien haute devant le visage, ne vous inquiétez pas). Je vous joins – comment dit-on ? – son adresse, son nom ? Bah ! Voyez vous-mêmes. Si l'on pouvait faire quelque chose, ce ne serait pas mal. Basta ! Vous m'avez lassée, vous, les militaires, l'Italie et Garibaldi. À propos de Garibaldi, savez-vous qu'il y a un évêque qui est mort en accompagnant ses « malades » à Lourdes ? Que feront de ça l'Italie, Garibaldi et le Pape ?

Encore des baisers.

Iuzza

J'espère qu'Anna Rosa n'a pas perdu sa bonne habitude de préparer le café pour trois !

22 janvier 1979

Chère Tonia,

je suis très inquiète pour toi. À mon retour de Bolzano j'ai trouvé un message de toi très triste et depuis – ça fait vingt jours – j'ai essayé en vain de te joindre. Je ne comprends pas si tu as quitté Rome ou si ton téléphone est cassé ou...

Appelle dès que tu peux. Je suis très peinée de ne pas te savoir, sinon heureuse, du moins sereine.

Ta Goliarda

FEDERICO FELLINI

(1920-1993) Cet immense cinéaste, réalisateur, entre autres, de La Strada, Les Nuits de Cabiria, La Dolce Vita, Huit et demi, Casanova, Satyricon, Amarcord... *n'était pas un proche de Goliarda ; mais tous les cinéastes, écrivains et artistes de l'époque rassemblés à Rome se connaissaient.*

Rome, 16 juillet 1980

Cher Federico,

je n'aurais jamais osé t'envoyer mon travail si je ne t'avais pas rencontré. Comme tu sais, on craint toujours de déranger, d'être indiscret, etc. Mais t'ayant vu et constatant que tu es resté le Federico que je connaissais : curieux de tout (comme les enfants), ouvert et gentil (pourquoi est-ce que je te le dis ? tout cela se voit dans tes films !), c'est avec plaisir que je m'en remets à ta curiosité.

Goliarda

SERGIO PAUTASSO

(1933-2006) Enseignant, poète, critique littéraire, il travaillait en outre comme conseiller littéraire aux éditions Rizzoli en 1979.

21 septembre 1979

Cher Pautasso,

je ne comprends pas pourquoi vous venez vous plaindre auprès de moi. Le courrier avec la coupure de journal n'était pas anonyme vu qu'il y avait au verso le nom de mon mari (et notre adresse), qui n'a pas voulu se venger mais seulement répondre à l'une de vos affirmations, que je vous répète : vous m'avez dit au téléphone, et puis de vive voix, que dans mon roman les thèmes ne ressortaient pas. Cette affirmation révèle que celui qui a lu le roman est, comme le soutient Cooper[145], soit un semi-analphabète politique soit quelqu'un qui, n'acceptant pas les idées qui le parcourent, les a évacuées sur-le-champ, ou alors, encore, que Rizzoli n'est plus désormais que l'une des nombreuses succursales de la *Famille chrétienne*[146] bien connue. Et penser que je vous avais fait confiance, vous sachant un héritier des idées de Vittorini[147] !

Quoi qu'il en soit vous n'avez pas lu une seule ligne du manuscrit, et je peux vous comprendre : j'ai vu quel enfer est votre bureau-cachot à Milan... Lisez ma Modesta quand vous le pourrez. Peut-être trouverez-vous la force de n'être plus le forçat de votre travail, ou de votre talent, ou de votre devoir.

---

145. David Cooper (1931-1986), psychiatre sud-africain, pionnier de l'antipsychiatrie.
146. *Famiglia Cristiana*, revue catholique très diffusée à l'époque.
147. Elio Vittorini (1908-1966). Écrivain engagé, de gauche après avoir brièvement flirté avec le fascisme, il a également travaillé pour les éditions Einaudi. S'il a commis l'erreur de refuser *Le Guépard*, en jugeant le style « daté », il a fait découvrir, en les accueillant dans sa collection « I gettoni », de très grands écrivains, dont Duras, Calvino, Anna Maria Ortese, Sciascia, Bonaviri.

Sans rancune mais avec beaucoup de pitié pour votre condition de petit mâle petit soldat (lisez *Maschio per obbligo* de Carla Ravaioli édité par Bompiani et que votre « staff » n'aurait jamais pris en considération), conditionné depuis l'enfance presque autant que moi-même, femme certes, mais sans griffes.

G.S.

Rome, 27 octobre 1981

Cher Pautasso,

comme vous l'aurez appris, votre « Guéparde », après l'amertume avalée (mal, je l'avoue, mais aujourd'hui je peux vous en dire la raison ; j'étais sans le sou), a fini en prison.

Parmi les nombreuses motivations qui m'ont poussée à me retrouver en ce lieu, certaines ont été comprises (exemple : Costantini dans le *Messaggero*), quant aux autres, il faudrait un Pirandello pour aller les dénicher une à une. Le Pirandello qu'il y a en moi a compris – a posteriori – que je cherchais un enterrement, chose que j'ai parfaitement obtenue. Mourir quelquefois ne fait pas de mal, ça régénère le sens de l'humour. Mais je ne veux pas vous ennuyer avec mes histoires, même si j'aimerais beaucoup parler avec vous qui, comme « opposé », me serait certainement plus utile que beaucoup de mes « semblables », comme le dit Shakespeare.

Dès que je suis sortie de prison mes amis, surtout ceux du spectacle, ont fait une collecte pour moi : cent personnes, dix millions qui m'ont permis de chercher du travail (que je n'ai pas trouvé) et d'écrire le compte-rendu de mon voyage sur la planète prison. Peut-être suis-je embêtante, autrefois quand j'avais de l'argent je ne l'étais pas, mais la nécessité dans laquelle je suis de nouveau (le fonds des amis étant écoulé) est peut-être un bien pour moi. Trop d'orgueil insulaire, trop de concentration exclusive sur ma propre recherche solitaire, etc.

Comme je le disais, peut-être suis-je embêtante mais je ne peux pas ne pas vous envoyer ce travail que j'ai fait, qui – vous le verrez – est d'une grande actualité (et j'espère suffisamment court !). J'ai fait en sorte d'être une caméra qui observe et filme. Je ne vais pas vous faire perdre plus longtemps votre temps, mais je vous en prierai pour une fois : lisez-le.

Les querelles peuvent éloigner ou rapprocher, c'est une chose connue. Pour moi nos discussions ont pris la couleur d'une vieille amitié. Qu'y a-t-il de plus stimulant et amusant que de s'affronter et d'en venir aux coups de griffes avec un ami ?

Votre

Goliarda

Rome, 21 mars 1982

Cher Pautasso,

je vous envoie quelques éléments (publics) sur mon assez longue vie qui, pour la curiosité du lecteur, se prêtent à construire, comme vous m'avez dit vouloir le faire, un personnage au moins « différent » dans le panorama des nombreuses écrivaines valables et néanmoins toujours « animées de la crainte de Dieu », qui envahissent notre culture, un personnage, autrement dit, plus proche de Violette Leduc que de Natalia Ginsburg, comme Adele Cambria l'a plus d'une fois répété dans les journaux et à la radio (et pas seulement elle : lisez le père Bisol de *Civiltà Cattolica*, auteur de l'une des plus belles critiques négatives que j'aie jamais eues – lisez-le vous aussi, ça vous amusera).

Je vous ai également joint le résumé d'un livre que le prof. Philip V. Cannistraro (auteur de *La fabbrica del consenso. Mass media e fascismo*[148], Laterza) est en train d'écrire sur ma mère, vu que – comme nous le savons – il n'existe pas de développement de quelque personnage que ce soit sans le creuset de la famille qui l'a forgé.

J'ai repensé à notre dernière rencontre à Rome, et je me suis aperçue que par estime et affection envers Enzo Siciliano (c'est à lui que je dois la sortie de mon premier roman, *Lettre ouverte*), j'ai donné par erreur son nom pour la présentation de mon « cas » (quoique pourvue de griffes je reste toujours une sentimentale en cette époque de violence et de spectacle). Je m'explique : Enzo, me connaissant depuis trop d'années et étant resté attaché à une morale pré-68 et pré-féminisme, n'aurait pas assez de liberté intérieure pour tirer de mes vicissitudes ce qui peut aujourd'hui intéresser une masse de

148. *Mass media et fascisme. La fabrique du consensus* (Goliarda a inversé l'ordre des deux parties du titre) avait paru aux éditions Laterza en 1975.

jeunes et de femmes absolument différente de celle des lointaines années soixante.

Je crois qu'il vaudrait mieux pour nous un jeune (je suis sûre que vous en avez de valables) qui ne sache rien de moi. Ne pas connaître quelqu'un personnellement laisse l'imagination plus libre quand on doit tracer le profil d'une vie. Donc, oui, comme je vous le disais, ou un jeune ou encore Adele Cambria, qui a une grande expérience et un talent de vulgarisatrice.

Voyez vous-même, je me fie plus à votre jugement « contraire » qu'à celui « compatissant » d'un ami. Je vous ai tout dit pour l'instant.

Je suis en train de finir de revoir *Rebibbia* et j'ai trouvé une série de photos qui pourraient convenir pour la couverture. Je vous les enverrai.

À bientôt, j'espère.

Votre

Goliarda

Rome, 24 novembre 1984

Cher Pautasso,

vos lettres sont un chef-d'œuvre de synthèse et d'humour ! Cinq coupures ! C'est un péage trop exorbitant pour les routes de la vie.

Ça m'a fait un énorme plaisir d'« écouter » vos lignes à peine susurrées dans le silence de la grande feuille blanche. Blanche comme un immense éloignement. Comme vous voyez, vos lettres ont le pouvoir de susciter le désir de poésie. Dès que je l'ai lue un grand désir de poésie m'est revenu. J'en ai tellement écrit dans le passé ! Mais maintenant on n'en a plus le temps, la poésie est un luxe... dommage !

Toujours à cause de votre lettre, l'idée que j'ai eue il y a bien longtemps (cent ans semblent être passés !) d'écrire un roman épistolaire à deux voix avec vous me revient à l'esprit, attirante : une correspondance entre deux étrangers ! Ce serait quelque chose qui vraiment n'existe pas en littérature. Mais ce n'est pas pressé. Je sais qu'aussi bien moi que vous aurons une longue vie et la littérature réclame des temps longs et de la patience.

Qu'est-ce qui fait que vous êtes si fermé, distant dans la vie et si agréable et communicatif en écrivant ? Vous ne vous souvenez pas – peut-être – que lorsque nous nous sommes rencontrés à Rome pour le contrat de *Rebibbia* vous m'avez « murmuré » un baiser fraternel... permettez-moi de vous le rendre avec beaucoup d'affection.

À propos de *Rebibbia*, je vous fais part d'une grande joie que m'a donnée ce livre. Je sais que ce sera une source de satisfaction pour vous aussi. Comme vous le voyez, *votre* décision de le publier a été juste : cela n'arrive pas tous les jours qu'un roman se retrouve à faire partie d'une quelconque littérature spécialisée, en l'occurrence pénitentiaire.

Mon roman-recherche sur la psychanalyse, *Le Fil de midi*, lui aussi, s'est retrouvé à l'époque – dans la lointaine année 1969 – à faire partie de la littérature médicale.

Au revoir donc, en vous souhaitant un bon rétablissement et une belle, énergique reprise de vie.

Votre Goliarda

UN AMI

Rome, 10 octobre 1980

Cher ami,

hier je suis sortie de Rebibbia, ce lieu toujours à l'affût dans mon inconscient, qui me poursuivait depuis longtemps (nous en avons tous un depuis le berceau. Pour certains c'est une chambre d'enfants colorée et chaude, pour d'autres une lugubre cour de banlieue... mais c'est toujours un lieu plein d'ombres menaçantes et de terreurs...).

Je suis, par des amis communs, au courant de l'appui que vous m'avez apporté. Et, si celui de Lina Wertmüller, d'Enzo Siciliano, etc., m'émeut comme une confirmation de l'estime et de l'amour qu'ils ont pour moi et moi pour eux, votre affectueuse attention m'a tellement touchée qu'il me sera impossible – pour l'instant du moins – de vous dire toute la gratitude que j'éprouve à votre égard.

Mon inconscient-prison s'est ouvert devant moi, et je n'ai pu m'empêcher d'aller toucher du doigt l'air que ma mère – Maria Giudice – a souvent respiré dans sa vie : la violence et la douceur de toutes ces femmes, *politiques* ou pas, qui continuent – par destin ou par choix – à évoluer dans cet enfer.

La protagoniste de mon roman, Modesta, était là aussi et il fallait que je la voie. Mais je ne vais pas m'étendre en explications sur mon aventure. Je veux seulement, étant pour le moment sortie, vous remercier infiniment, et avec le temps – à condition bien sûr que j'aie la force de sortir mentalement de cette « incarcération » – j'espère pouvoir vous rencontrer et parler avec vous.

COSTANZO COSTANTINI

(1924-2014) Journaliste, écrivain, critique littéraire et biographe (il a notamment écrit une biographie sur Federico Fellini).

Rome, 16 octobre 1980

Cher Costanzo,

te dire combien ton article m'a frappée est impossible. Je ne savais pas que tu me connaissais aussi bien : si bien que même te remercier (ton article a eu une grande influence sur le juge pour ma remise en liberté) me semble sot.

Comme tu dis, il m'a fallu aller là-bas, revoir des endroits que je connaissais à travers ma mère, sentir les odeurs, les passions qu'elle a vécues, entrevoir des visages qu'elle avait vus. Tout était comme elle le racontait. J'ai tout reconnu, et tout cela m'a fait beaucoup de bien. Il y a une réalité si absolue dans cet endroit si éloigné de nous, et cependant géographiquement si proche, qu'elle nettoie les pensées et les angoisses (et le langage aussi). Je t'en parlerai plus tard. Il est encore tôt pour pouvoir redire toutes les émotions que j'ai emmagasinées, qu'on ne peut esquiver si l'on mène l'exercice de l'analyse en profondeur, au risque de se suicider ou de se briser.

Mais il est trop tôt pour t'en parler. Je t'embrasse très, très fort.

Ta Goliarda

FLAVIA

Chère Flavia,

permets-moi de te tutoyer : la façon dont tu écris et ton intérêt pour des sujets politiques profonds et hautement sociaux me donnent l'impression de te connaître depuis toujours.

Malheureusement je ne peux pas vous[149] aider à trouver ce dont vous avez besoin pour vos recherches, n'étant pas une spécialiste dans le domaine judiciaire mais seulement une écrivaine – même si je suis une écrivaine engagée. Mon livre est fruit de l'expérience et non de connaissances spécifiques ou autres et vraiment je ne saurais vous dire ni où ni comment l'on peut trouver des textes récents sur nos prisons. Je crains même qu'il n'existe rien de ce genre, la prison en Italie n'étant qu'une espèce de « service hygiénique » (du type chiottes) à garder en état de marche certes, mais en s'en occupant – et surtout en en parlant – le moins possible.

Je vous remercie pour vos paroles réconfortantes et vos vœux et... si tu viens à Rome, téléphone-moi. Je serais heureuse de faire ta connaissance !

Goliarda[150]

149. Ce « vous » n'est bien sûr pas le « *lei* » de politesse, qui serait ici paradoxal, alors même que Goliarda vient de déclarer qu'elle s'autorise le tutoiement, mais le « *voi* », qui indique que dans ce paragraphe elle s'adresse, à travers Flavia et en plus d'elle, à plusieurs autres interlocutrices ou interlocuteurs.

150. Cette lettre suit sans doute la publication de *L'Université de Rebibbia* en 1983.

UNE AMIE

Chère amie,

je suis sortie hier soir de Rebibbia en pensant me retrouver seule. Mais une foule d'amis, que cette maudite lutte pour la vie avait éloignés de moi, sont venus à ma rencontre avec tout l'amour que j'ai toujours eu pour eux et eux pour moi.

Ça ne m'a pas surprise. Je n'ai jamais douté de Lina Wertmüller, Enzo Siciliano, etc., mais leur amour me réchauffe et me soutient en ces premières heures de liberté, plus terribles que la prison que j'ai rencontrée.

Je ne veux pas me perdre en anecdotes ou récits, je voulais seulement vous dire qu'entendre un nom pour moi nouveau – Eleonora –, voir un nouveau visage d'ange-amie, qui s'est intéressée à mon sort, m'a donné une telle émotion qu'elle ne peut s'exprimer en lignes ni en mots.

Peut-être que j'en demande trop, mais si vous le voulez, je serais heureuse de pouvoir le voir dans la réalité, ce visage d'ange, et pas seulement dans la fibre sans vie d'une photographie ou d'un journal... Ce sera possible ?

Merci.

G.[151]

151. Il est assez aisé de situer cette lettre, le séjour de Goliarda dans la prison de Rebibbia datant d'octobre 1980.

RENATA BRUSCHI

Compagne de prison brigadiste et toxicomane, Renata Bruschi, grand amour de Goliarda, est celle qui prend le nom de Roberta dans L'Université de Rebibbia *et* Les Certitudes du doute.

Chère Renata,

je suis contente pour Patrizia et les autres qui sont sorties, mais peinée de savoir que toi, Mirella et Nancy êtes encore là-bas. Dis à Mirella que, de quoi qu'elle ait besoin, je suis à sa disposition.

Embrasse pour moi *mamma* Enea.

À toi, plein plein de baisers dans l'espoir de te voir bientôt ici dans la grande prison... où du moins on pourra se consoler mutuellement sans qu'aucun juge vienne brusquement nous séparer.

Goliarda

23 octobre 1980

Chère Renata,

j'ai reçu ta lettre du 17 et la carte postale. Tu as parfaitement raison : c'est surtout le milieu qui m'entoure qui m'asphyxie. Mais je devrais dire « qui m'asphyxiait » car mon acte (pour eux un vol, pour moi une protestation) les a tous balayés – à l'intérieur de moi – et, maintenant, grâce à vous aussi, je recommencerai seule et débarrassée de liens affectifs, influences d'un passé déjà mort (qui ne voulait pas mourir en moi), souvenirs...

Quant à l'« ouvrier », depuis au moins vingt ans je pense comme toi, et c'est pour cela que j'ai écrit *L'Art de la joie* et fait de Modesta, ma protagoniste, quelqu'un qui pense comme toi et moi.

Et ce sont précisément eux, les camarades, qui ne veulent pas que mon livre paraisse… imagine ce qu'il en est des autres.

Tu me manques beaucoup.

G.

Chère Renata,

hier je suis allée à Rome et j'ai trouvé ta lettre de Palmi du 4 juin. Espérons qu'ils ne te déplacent plus parce que j'ai déjà écrit (avec timbres à l'intérieur) et à Pérouse et à Rebibbia.

Pareil pour moi : te revoir, c'est t'aimer plus encore qu'avant, et je souhaite vraiment que cette « connexion » dure parce que nous avons beaucoup de choses à faire ensemble.

Je me suis enfermée ici dans la petite chambre que j'ai (en location) à Gaeta pour travailler et je ne fais rien d'autre : je travaille et je me promène, un film de temps en temps, une baignade rapide. Mais surtout je pense à toi et nous parlons souvent de toi avec Angelo (enfermé ici lui aussi pour finir son mémoire de maîtrise à l'université, qu'il doit soutenir en octobre).

Quand tu seras sortie (définitivement), nous écrirons à trois le livre sur toi, Angelo, toi et moi. Qu'en dis-tu ?

Quant aux imprécisions que tu as trouvées dans *Rebibbia*, je te serais très reconnaissante si tu me les écrivais toutes parce que c'est extrêmement important pour moi… Merci. C'est une façon de commencer notre collaboration.

J'ai toutes les lettres (des femmes) recopiées à la machine, qui t'attendent pour le choix à faire, et bientôt (dès que j'aurai l'argent pour ça) je donnerai aussi celles des hommes à la dactylo, ainsi ce sera très facile pour nous de les lire et d'en tirer quelque chose de bien pour l'« histoire future » qu'un jour quelqu'un de plus jeune que nous (ou qui peut-être naît juste en ce moment) voudra écrire.

Ma belle grande Renata, tu me manques beaucoup. Je vais t'envoyer tous les timbres que je pourrai, mais pour les livres que tu m'as prêtés il faut que tu aies un peu de patience parce que je dois retourner à Rome pour les récupérer, mais j'espère que ce n'est pas grave pour toi, autrement j'y vais tout de suite.

Je suis heureuse d'inspirer de la sympathie à Toni, à qui j'espère écrire bientôt.

Les poèmes que tu m'as envoyés sont vraiment très beaux. J'aimerais en avoir d'autres et savoir s'ils ont été publiés.

Ta Goliarda

DANIELA

23 octobre 1980

Chère Daniela,

je ressens le besoin de vous remercier pour votre article et de vous dire (cela vous fera plaisir) qu'il a eu une grosse influence pour ma remise en liberté.

Tout ce que vous avez deviné de moi ne me surprend pas : ma mère était journaliste et je sais la finesse et la sensibilité qu'il faut pour devenir une « bonne journaliste ».

J'aimerais beaucoup vous connaître, au moins pour savoir quel regard est celui d'« une personne femme » qui s'est intéressée à moi avec tant de sympathie. Est-ce que ce sera possible ?

Merci encore.

Goliarda

LINA WERTMÜLLER

(1928-2021) Scénariste et réalisatrice italienne (de films satiriques d'inspiration anarchiste), assistante de Fellini pour Huit et demi. *Elle interviendra en 1991 pour que Goliarda enseigne au Centro sperimentale di cinematografia.*

23 octobre 1980

Chère Lina,

deux lignes pour te dire que si je ne t'ai plus téléphoné c'est par la faute de mon satané caractère qui, parfois, fait main basse sur toutes mes émotions et agit pour son propre compte. Toujours à cause de ce satané caractère « insulaire » qui me permet (je ne le savais pas auparavant) de voler, mais ne me permet pas de dire des mensonges, de manipuler les autres, d'utiliser des actions qui me sont venues spontanément à d'autres fins.

Je ne me sens pas de réclamer quoi que ce soit en profitant de la vague de compassion qu'il y a eu, comme tu me l'as dit au téléphone, envers moi. Ça m'a beaucoup émue. Je savais être aimée comme j'aime, mais pas à ce point... de toi aussi, à tel point, je l'ai entendu dans ta voix. Merci.

MIRELLA

Une prisonnière intellectuelle de Rebibbia. Elle apparaît sous le nom de Marcella dans L'Université de Rebibbia *et* Les Certitudes du doute.

14 décembre 1980

Chère Mirella,

ta lettre m'a tellement émue (et je ne suis pas une sentimentale) que j'ai dû attendre un instant avant de te répondre.

Tu as tout saisi de moi, y compris de mon engagement politique passé, de ma déception qui remonte aux années cinquante et de mon état actuel : nécessité d'utopie, besoin de transgression. Tout cela, comme on peut l'imaginer, m'a toujours amenée à ne pas accepter de travailler pour la télévision, la radio, le cinéma (pendant des années j'ai écrit des scénarios pour d'autres) parce que je comprenais que chaque mot dit dans ces organismes-là se transformait automatiquement en propagande occulte du système.

Arrivée à ce point, dois-je ajouter que cet état de choses m'a conduite, sinon à la misère, du moins à l'indigence ? Ce n'est pas la peine. Néanmoins ces déceptions passées m'ont amenée à une sorte de bonheur donquichottesque qui me pousse à rester fidèle à une rébellion absolue contre tout ce qui est contrainte, mutilation de soi-même et de ses rêves. Ne serait-ce que parce que – puisque j'ai la chance de posséder un certain talent, par générosité de la nature ou sans elle, pour les récits – cette cohérence dans le rêve me permet d'avoir un but dans la vie : ne pas faire commerce de ce que j'écris. Y parviendrai-je ? J'espère que oui.

C'est dans ce contexte que s'inscrit mon projet d'un livre sur la prison : non pas un récit, ou une analyse docte ou un manifeste, mais un simple recueil de lettres ayant une valeur humaine, écrites par des détenues (toute l'histoire de l'antifascisme, par exemple, est contenue dans « les lettres des condamnés à mort » plus qu'en n'importe quel livre d'histoire). Juste cela.

Je ne sais pas si je me suis bien expliquée, mais pour te donner un autre exemple, ta lettre, aussi bien que celles de Nancy et Renata et quelques autres que j'ai reçues, constituent déjà un document humain et poétique qui, lu depuis l'extérieur (tu n'y croiras pas), coupe le souffle par sa puissance dramatique et ce qui en découle, la « poésie » qui le parcourt. Si Renata et toi pouviez convaincre les moins cultivées à écrire aussi, le tableau deviendrait vraiment quelque chose de plus complet et varié. Écrire en parlant de quoi, dis-tu ? De tout : leur enfance, leurs amours, leurs besoins essentiels, leurs désirs...

Chère Mirella, ta lettre m'a porté ta voix et tes gestes. Tu te rappelles quand tu m'as dit en riant, en lavant tes affaires dans la cour : « Ici nous sommes dans un zoo ou dans un théâtre » ? C'est ce sens de l'humour qui t'est propre qui m'a tout de suite poussée à te parler et... tu n'y croiras pas, je me languis de te revoir : comme si tu étais une amie de longue date, et il n'est pas dit qu'on ne se revoie pas... Quant à la date de ton procès : je ne dirai rien !

Merci pour ta lettre et n'aie pas peur de me forcer, le désir d'être forcé va avec la pudeur.

Je t'embrasse fort.

Ta Goliarda

NANCY

Une prisonnière (étrangère) de Rebibbia : c'est la Suzie Wong de L'Université de Rebibbia *et des* Certitudes du doute.

Rome, 14 décembre 1980

Chère Nancy,

merci pour ta lettre. Elle est si pleine de grâce (y compris l'italien qui s'en dégage) qu'on a l'impression de t'entendre parler. Tu me demandes des conseils… mais qui ne sait qu'en amour il n'y a personne – quelles que soient l'expérience et la sagesse qu'on puisse avoir – en mesure d'en donner ? Ce que je peux te dire est que tout sentiment, né avec tant de force, mérite qu'on lui obéisse sans trop penser à l'avenir. Et puis, toi-même, ne me dis-tu pas que rien n'est éternel ? Et que signifie ce mot d'éternel ? Il ne signifie rien, seul l'aujourd'hui doit être vécu, même le pire des aujourd'hui. Parce que – comme le disent les sages de ton pays – même dans le pire il y a, si on sait le trouver, le germe du beau. Et cela tu le sais, la façon dont tu sais tenir ta cellule le prouve – parfois chez toi j'avais l'impression d'être à la maison –, la façon dont tu as su surmonter toutes les dures épreuves que tu as subies ces dernières années, la façon dont ton corps et ton esprit en sont ressortis purifiés.

Si je t'avais rencontrée dehors je n'aurais jamais imaginé que ton esprit avait pu endurer ce qu'il a enduré. Cela signifie aussi que tu as su assujettir tout ce qui t'assaillait et t'assaille de moche et de mauvais et le transformer en expérience, enseignement, croissance spirituelle.

Je sais que tu t'en sortiras. Et souviens-toi que la vie ne commence pas à quarante ans mais à cinquante, y compris en amour. J'ai eu trois amours – je ne parle pas de liaisons – profonds dans ma vie, et le plus beau (celui qui dure encore maintenant) est celui qui a commencé justement quand j'avais cinquante ans.

Moi aussi je regrette d'avoir perdu l'occasion de parler davantage avec toi, mais s'écrire comme nous le faisons, n'est-ce pas se parler quand même ? Parle-moi quand tu veux, raconte-moi ton enfance, tes rencontres, ton pays, et je t'écouterai avec l'amitié de toujours (moi aussi quand je t'ai vue pour la première fois j'ai eu l'impression de te connaître depuis toujours – peut-être dans les siècles passés ai-je été chinoise, moi aussi ?) et sois sûre que je te répondrai sans faute.

Embrasse pour moi *mamma* Bruna et prie-la de penser quelquefois à moi parce que ici (dans la vie libre ?) sa protection est presque plus importante pour moi que lorsque j'étais là parmi vous. Vous étiez des amies pour moi, je le sais, alors qu'ici les ennemis – pour ce qui concerne le travail, le fait de gagner de l'argent, etc. – sont tellement nombreux que parfois on en est terrorisé jusqu'au fond du cœur.

CARLA

Chère Carla,

je savais la sympathie (et l'admiration pour ton humour) que j'ai toujours eue pour toi, mais je ne savais pas avoir trouvé une amie et comme telle je suis impatiente de te rencontrer, de te raconter toutes les choses extraordinaires que j'ai observées là-bas dans la «petite prison» qu'il ne nous est pas donné, à nous qui vivons dans la grande colonie pénitentiaire, dans la grande prison qu'est l'Italie (on n'en sort que par la mort), de voir tous les jours.

À bientôt j'espère.

Je t'embrasse très très fort.

Goliarda[152]

152. La mention de la « petite prison » de Rebibbia situe cette lettre après 1980.

CARLA VOLTOLINA PERTINI

Femme de Sandro Pertini (voir p. 233).

Rome, septembre 1984

Chère Carla,

je ne me serais jamais permis de troubler ta précieuse intimité si quelque chose de terrible ne s'était abattu sur moi. Je ne sais pas si tu sais que je suis arrivée à publier un livre après vingt ans de refus éditoriaux : *L'Université de Rebibbia*, qui malgré son succès ne m'a rapporté que six millions de lires en deux ans.

Comme tu le sais, je travaillais dans le cinéma avant la crise, et grâce aussi à cela j'ai pu, de toute ma longue vie (j'ai eu soixante ans en mai), ne jamais recourir au moyen moralement répugnant des recommandations. Mais le cinéma n'existe plus, et ainsi je me retrouve à ne plus pouvoir payer le loyer de mon appartement, et bientôt à ne plus avoir le nécessaire pour m'habiller et me nourrir.

Bien sûr, avant d'en arriver là, j'ai – crois-moi – cherché de toutes mes forces un travail, fût-il des plus humbles, mais tout a été vain.

C'est la main tremblante de honte que je m'adresse à toi pour que tu intercèdes auprès de Sandro, que je ne parviens pas à joindre, et dont je crains qu'il ne se souvienne plus parfaitement de moi. S'il pouvait, avec sa bonté et en souvenir de ses camarades morts, me faire obtenir un prêt pour m'éviter l'expulsion, et un travail quelconque – même de laver les sols dans l'une des nombreuses sections du Parti –, travail qui me permettrait de payer ce que je dois pour mon appartement.

Si le prêt est impossible, il y aurait une autre solution : j'habite depuis trente ans dans une maison qui appartient à l'Inpdai (Institut national de prévoyance pour les dirigeants industriels), et comme me l'a dit un ami avocat, qui travaille dans le même institut, il suffirait d'une lettre de Sandro demandant de reporter le paiement de l'arriéré dans les mois à venir (il faudrait envoyer cette lettre à M. Romolo Barbafina, directeur général de l'Inpdai).

Chère Carla, tu ne sais pas la honte d'être obligée d'écrire une telle lettre, mais malheureusement c'est la fin pour moi si quelqu'un ne m'aide pas.

J'attends avec angoisse, pardon encore.

P.S. Je te joins une coupure d'*Avanti!*[153], sorti ces jours-ci, qui parle de mon père Giuseppe Sapienza. Comme tu le verras il n'était pas en reste par rapport à sa compagne Maria Giudice.

153. Quotidien, organe officiel du Parti socialiste italien.

ANDREA GAGGERO

(1916-1988) Résistant – il connut à ce titre torture et déportation –, Andrea Gaggero a été prêtre jusqu'en 1953, où à la suite de graves dissensions le Vatican le renvoie à l'état laïc. Déçu par la Démocratie chrétienne, il devient compagnon de route du parti communiste et œuvre sans relâche pour la paix dans le monde, son engagement de toujours. C'était le compagnon d'Isa Bartalini (voir note 2 p. 17).

Rome, juin 1988

Cher Andrea,

je suis là à gagner ma vie mais je suis près de toi à chaque instant. Dès que je le pourrai, je courrai vous voir, Isa et toi.

Il y a quelque chose qui me presse du plus profond de mon être, que je voulais te dire la dernière fois que nous nous sommes vus, mais qu'il m'est plus facile de t'écrire (déformation professionnelle ?) : je suis fière d'avoir ton amitié. Depuis l'époque de ma mère je n'avais plus reçu une leçon éthique de vie comme celle que j'ai trouvée près de toi : de la pêche aux moules, aux petits pots de confiture, à la beauté de la manière dont tu ressens un coucher de soleil, ou une idée profonde... Ce sont des mots, je le sais, et ils ne prétendent pas être autre chose, mais reste la gratitude de te voir, de t'écouter, d'apprendre la vie de toi.

Ta Goliarda

CESARE GARBOLI

*(1928-2004) Écrivain, critique et conseiller littéraire. En son temps, et durant la longue période de son activité, l'un des plus importants, sinon le plus important, d'Italie. La première lettre citée date de l'envoi d'*Ancestrale *que lui fit Goliarda vers 1957-58.*

Cher Cesare,

je finis à l'instant de lire tes lignes et je voudrais te répondre mot après mot pour te dire combien d'échos et d'éclaircissements – surtout pour ce qui devra être mon effort de ne pas m'empêtrer dans des « marges » – elles ont suscités en moi. Mais je suis, franchement, trop émue et étant moi aussi un peu « lente », je peux seulement te dire que ta lettre est l'une des plus belles choses que j'ai reçues de la vie.

Je t'embrasse.

Goliarda

Gaeta, 25 avril 1989*

À Cesare

« Reviens sous le soleil de la Grèce. » Tu verras, Gaeta est encore peu touristique, il y a une prison ?! Une prison à l'ancienne, « ville dans la ville » : leçon ? « voisinage du différent » ?! architecture effrayante ?! En tout cas : familiarité avec ce qui est différent de vous (comme dans les grandes familles d'autrefois) et acceptation profondément réfléchie, chaque organisme architectural ou animal contient en lui l'autre âme ou cité.

Je laisse les Américains évacuer leurs morts, leurs prisons à eux, leur vieillesse.

Je pense toujours à toi et t'embrasse avec des réflexions moins sombres que les précédentes : souvenirs de récifs dans une mer de jeunesse…

Ta Goliarda

* Comme Positano en juillet 1958?

Gaeta, 7 mai 1989

Cher Cesare,

je t'ai écrit trois lettres! Toutes déchirées… Pourquoi? Peut-être as-tu déjà compris. Tout ce que je voulais te communiquer était si chargé de regards, agrégats, commentaires, subtilités impossibles à rendre dans le petit espace d'une lettre, que… Nous avons passé ensemble trop de vie, et une vie jeune explosive et secrète forte et fragile. À la troisième lettre je me suis rendu compte que ce n'était qu'avec un roman (et un long) que j'aurais pu te dire tout ce que j'avais éprouvé en te revoyant, puis en lisant ton *Scritti servili*[154] qui m'a donné la mesure de ta sûre croissance d'intellectuel profond et de poète. Aucune surprise. Je t'ai toujours imaginé ainsi (dans les longues absences que la vie impose aussi à ceux qui sont frères) : poète secret à la recherche de son secret d'artiste le plus enfoui.

Tu vois? Je ne peux continuer… Nous parlerons de vive voix, j'espère, cela aussi parce que dans tes essais (ou romans?) sur Elsa Morante et Natalia Ginzburg j'ai compris tellement de choses sur elles et sur la moi d'autrefois que… merci.

Ton *Delfini*[155] est un précieux et dense assemblage aux prises, à travers le témoignage qu'il donne, avec un déchirement si profond qu'il aurait de quoi faire envie même (si c'était vrai) à un Henry James.

Affectueusement.

Goliarda

---

154. Écrits serviles. Il s'agit d'un essai littéraire, où Garboli, à partir de l'analyse de divers auteurs (Molière, Penna, Natalia Ginzburg, Elsa Morante…), se confronte à l'acte de lire, à l'écriture, et pour finir à lui-même.

155. Garboli avait recueilli, sous le titre *Manifesto per un partito conservatore e comunista e altri scritti (Manifeste pour un parti conservateur et communiste et autres écrits)* tous les textes disséminés d'Antonio Delfini, témoignant du parcours singulier d'un jeune homme confronté à tous les événements dramatiques du milieu du XXe siècle et aux progrès du consumérisme destructeur venu des États-Unis.

Cher Cesare,

j'ai reçu ton *Elsa* de la main de Rosetta[156] : main délicate et aérienne ; main messagère des dieux. C'est incroyable, l'effet des années sur Rosetta – elles ont travaillé sa jeunesse jusqu'à en faire un dessin (tracé d'une seule ligne ardente et pleine d'élan créatif).

Le contraste entre la maturité d'Elsa et la main qui me l'a donnée a été si *involving* que deux jours sont passés et il me tient – encore – clouée dans cette immensité (un véritable océan) de personnalités, destins, mutations tragiques ou résolues esthétiquement que... dommage de n'avoir pas la plume apte à manier ce morceau de nature : les amis que la vie a mis à notre disposition. C'est toujours là mon tourment, cependant que le temps file, comment donner aux autres une Titina, une Rosetta, un Tonello... excuse-moi, je voulais seulement te remercier pour le livre mais le royaume du symbolique m'a transportée vers une mélancolie... une saine mélancolie, je crois. Mélancolie-crainte de perdre qui l'on a aimé.

Affectueusement.

Goliarda

Gaeta, 10 août 1990

À Cesare,

pour « l'arrêter » à la promesse : « Je te lirai en été... », en m'excusant pour l'agressivité typiquement goliardesque provoquée par l'estime de toujours (on le sait), transformée aujourd'hui en admiration pour l'auteur du seul roman (le but caché de ton talent est maintenant clair) historico-poétique des années que nous vivons, condamnées sans lui à rester inexprimées.

Comme on aime, une fois fermé chacun de tes volumes, la voix du narrateur ! C'est peut-être un enfant, un dauphin ou un olivier à l'œil attentif grand ouvert sur le déchirement des personnages – y compris les plus sinistres – qui par aventure se sont retrouvés à l'ombre de ses branches pleines d'un douloureux savoir.

Eh oui, ce qui unifie le plus profondément ton œuvre réside dans l'écho d'un très douloureux devoir accompli envers notre temps, envers les très

156. L'écrivaine Rosetta Loy, compagne de Garboli.

misérables et aimables acteurs qui ont fait notre culture, envers les vaincus et les vainqueurs de notre siècle impitoyable dans sa fausse paix infestée de sordides guerres de religion qui ont pourri à mort jusqu'à nos cœurs rétifs au fanatisme.

Personne n'a eu le courage et le talent de s'acquitter de ce devoir. Naguère ce fut Proust... Je t'ai envié. Tu vois, je voulais juste te faire une dédicace, mais parler avec toi est compromettant et... doucement compromise, j'ai passé le début de mon été prise au piège de ton *Falbalas*[157], au lieu de trouver la force de t'envoyer cette contrefable libertine dont, connaissant ta difficulté émotionnelle à te plonger dans un nouvel écrit, je sais au moins, ou j'espère, qu'elle *allianerà* – on dit cela dans mon île pour « distraire », sinon pour « divertir » – la fin de ton été, ou ton automne, ou... ? Peu importe, tu me connais, je ne suis pas pressée. Un gros baiser.

Goliarda

157. *Falbalas, immagini del '900* (*Falbalas, images du* XXe *siècle*). Il s'agit d'un essai.

OTTIERO OTTIERI

(1924-2002) Écrivain, sociologue – connu aussi pour avoir travaillé un temps dans le monde de l'industrie (chez Olivetti).

Cher Ottiero,

après des mois et des mois je repense aux belles heures que ton « long voyage » m'a fait passer durant le mien, rapide, de retour à Rome, un voyage-lecture d'une hilarante profondeur hallucinée que seul un maître non italiote au sommet de son art peut communiquer. Et nous voici revenus à cet Italiote que je déteste tant. Il n'y a pas trace dans tes mots de ce défaut qui frappe si souvent nos écrivains : c'est-à-dire – nous le savons – autocomplaisance et sentimentalisme. Encore une chose : en te lisant j'ai été prise d'une jalousie furieuse à ton égard... Voilà que lui – pensais-je – en ne bougeant pas (géographiquement parlant) est arrivé à cette synthèse de contenu et de style post-génération années vingt (la nôtre : je crois avoir ton âge) que moi, j'ai peut-être cherchée à travers routes et recoins jusqu'à aboutir à Rebibbia... saine jalousie, crois-le, je t'en prie, car elle pousse à aller de l'avant et à travailler.

Goliarda[158]

Pourquoi ne t'ai-je pas écrit plus tôt ? Je n'ai pas confiance en la Poste. J'espérais retourner à Milan, malheureusement la vie est ce qu'elle est...

Une chaleureuse embrassade à Silvana[159] que j'ai trouvée splendide dans son intelligence et son humour de toujours.

Goliarda

158. La mention de Rebibbia nous permet de situer cette lettre après 1980.
159. La femme d'Ottieri, Silvana Mauri, nièce de Valentino Bompiani.

ELENA

Elena Marinucci (1928-2023), membre du Parti socialiste et des Socialistes démocrates italiens, proche du mouvement féministe. Elle a siégé au Sénat italien de 1983 à 1992 et au Parlement européen de 1994 à 1999.

Rome, 14 novembre 1983

Chère Elena,

juste deux lignes pour te remercier de la belle bouffée de confiance que tu m'as permis de respirer près de toi dans ton beau village. Je ne savais pas à quel point il était beau avant de te voir – un peu tendrement fatiguée mais royale. Je ne crains pas d'employer ce mot désuet : dans ton cas il prend une coloration digne d'un conte sur les pentes du château de l'Aquila. Tu as fait quelque chose de magnifique – sans toi ça n'aurait jamais pu se faire, je le sais – pour nous toutes.

Et puis pour moi cette façon de se voir ensemble, c'est comme du pain : pain d'éthique et vent d'utopie. Peut-être mes mots peuvent-ils paraître trop poétiques ? Mais y a-t-il quelqu'un qui ait réussi à survivre sans ce « pain » et ce « vent » ? Comme disait la camarade Montessori à ma mère : « Les enfants ne grandissent pas sans contes de bonne qualité… »

Ta Goliarda

Rome, 11 octobre 1993

Chère Elena,

tu ne peux imaginer combien j'ai été heureuse de te revoir au milieu de mes amis les plus chers et de longue date. À Lella et à toi je dois la fabuleuse présentation de *L'Université de Rebibbia*, tu te souviens ? et tant d'autres heures sereines de papotage…

Tu m'as interrogée sur ma mère, si bien que le désir m'est venu de t'envoyer le premier chapitre sur sa vie, que malheureusement, devant travailler comme une négresse (façon de parler, il s'agit quand même d'un travail privilégié : j'enseigne l'art dramatique au Centre expérimental du cinéma), je n'ai plus eu le temps de continuer. Nous sommes tous aujourd'hui, je le sais, obligés de travailler comme des nègres et écrire est un luxe, je sais cela aussi. Mais n'ayant plus quarante ans, ni cinquante ans, mais soixante-dix (je les aurai en mai 1994) c'est, peut-être, à cause de l'âge que j'éprouve tant d'amertume par rapport à un devoir, une tâche, que je m'étais fixés : dire qui était vraiment Maria Giudice, ce qu'était *la cause des femmes* pour laquelle elle luttait, etc. Cela aussi parce que tous les textes, celui de Spriano [160] compris, parlent d'elle comme journaliste, syndicaliste, etc., mais se taisent sur la spécificité de son féminisme, dommage.

Excuse-moi, je ne voulais pas te dire des choses tristes, dans la vie le dernier mot n'existe pas, c'est pour cela que j'ai effacé la phrase.

Je t'envoie un gros baiser, et toujours avec gaieté.

Ta Goliarda

160. Paolo Spriano (1925-1988), historien engagé – il avait combattu comme partisan – a axé son travail sur les grands moments et les grandes figures du mouvement ouvrier italien et international. Maria Giudice figure certainement dans son livre *Torino operaia nella Grande Guerra* (*Le Turin ouvrier dans la Grande Guerre*).

BARBARA

Une détenue de Rebibbia.

Chère Barbara,

comme tu vois, aussi bien Positano que la « Justice » ne pardonnent pas ! Je pensais intensément aux lieux où nous nous sommes connues et tu réapparais ; je te donne *Rebibbia* à lire et on t'appelle. De tout cela, je tire la conclusion que nous devons penser (intensément) à ne plus nous perdre de vue et (pour moi au moins) à essayer d'avoir un peu plus de chance... peut-être qu'aussi bien Positano que la « Justice » viendront à notre rencontre.

Ta lettre était magnifique ! Que ce soit par son italien époustouflant ou pour le récit sur ce pauvre malheureux. Comment est-ce que ça s'est terminé ? Moi aussi j'ai à me présenter à la justice en octobre ! Espérons qu'ils vont me donner une bonne condamnation ! Parce que de toute façon pour nous autres écrivains « dedans » ou « dehors », c'est la même chose... et même, « dedans », on a au moins un toit sous lequel dormir. Et puis on peut toujours faire un scandale qui – comme je te l'ai raconté – est la seule chose qui paie dans notre maudit-magnifique pays.

J'ai très envie de te voir.

Un grand baiser de ta Goliarda.

LU

Lu (ou Lou) Leone, scénariste et productrice. Femme de Fabrizio Onofri, écrivain, scénariste et dirigeant politique. Tous deux avaient participé à la Résistance. Lu Leone a essayé de monter une production pour un film télévisuel d'après L'Art de la joie, *sur un scénario d'Adele Cambria. Sans succès.*

L'année de la mort de Fabrizio Onofri (1982) nous donne celle de la première lettre de Goliarda à Lu, non datée comme souvent.

Chère Lu,

je sais combien il est inutile dans ces cas de s'empresser de montrer son propre regret, accourir, dire des mots... pour moi tout particulièrement, qui n'ai appris que depuis peu à connaître ta véritable nature et à t'aimer. L'instinct de courir auprès de toi, je l'ai eu, et fortement, mais j'ai craint de forcer ta pudeur.

Aujourd'hui en plus, constatant le bruit que commencent à faire ces « nombreuses personnes » qui pouvaient aider ton Fabrizio quand il était en vie et ne l'ont pas fait, le seul chemin qui nous reste, à nous, qui ne sommes pas de la « famille », c'est le silence et le respect.

En silence et pleine de respect, je pense à lui et à ta douleur.

Goliarda

Chère Lu,

je me sens très en faute même si je n'ai pas disparu volontairement. En effet, comme dans un rendez-vous générationnel (de personnes très semblables, qui ont vu les mêmes choses avec des yeux et une sensibilité presque identiques ?), j'ai été très mal moi aussi et comme si ça ne suffisait pas je me suis retrouvée en clinique pour des analyses.

Pour moi, plus dure et obstinée ou, mieux !, portée à la délinquance par une part de moi-même, les choses ont été moins graves. Une cure de désintoxication. Et me voici là à devoir reprendre cette lutte pour la vie qui – en dépit des apparences – me pèse beaucoup et m'ennuie souvent. La seule chose qui me soit un peu douce, ce sont les personnes comme toi, Adele, Citto, qui existent, par bonheur.

Je crois t'avoir tout dit, sauf que je n'ai jamais cessé de penser à toi et toujours trouvé le moyen d'avoir de tes nouvelles. Tu as été formidable et forte et ma joie de te savoir mieux ne peut se dire, ni en mots ni – presque – en phrases écrites. Mais sachant que, en écrivant, du moins, j'arrive à exprimer quelque chose de plus, j'ai voulu te revoir sur cette feuille blanche avant de te réembrasser.

Ta Goliarda

Rome, 16 novembre 1983

Chère Lu,

juste deux lignes pour briser une absurde spirale de sentiments de culpabilité dans laquelle je suis tombée depuis que tu n'as pas été bien.

J'aurais voulu courir te voir, être auprès de toi (y compris physiquement), mais l'habituel bourbier obscène de combat quotidien, d'obligations, de recherche d'argent et de dépression, m'a volé « le temps », me jetant dans l'impuissance...

Plus les semaines passaient, les jours, plus la conscience de « n'avoir pas su être à ton côté » me tourmentait et m'empêchait de prendre le téléphone. Voilà, je t'ai dit la vérité sur mon absence physique près de toi. Bien sûr, j'ai appelé, cherché toujours à avoir de tes nouvelles, mais j'aurais dû faire bien autre chose !

Maintenant je t'ai tout dit et j'espère vraiment que tu comprendras et que ma main aura la force de composer ton numéro. Parce qu'une chose est certaine : je t'aime infiniment et – surtout – je t'estime tant que la seule idée que la douleur puisse te frapper me met les larmes aux yeux.

Pardonne-moi ces lignes peut-être trop personnelles, mais uniquement dictées par l'amour.

Ta Goliarda

Rome, 23 juin 1984

Chère Lu,

je finis à l'instant de lire ton livre et, émerveillée par le nombre d'histoires riches d'événements et de paysages que peuvent contenir quelques feuilles, je les tourne et les retourne dans mes mains non plus comme un livre mais comme un coffret précieux contenant l'âme craintive d'un poète qui demande, agonisant, à venir à la lumière.

Pourquoi, Lu, poursuivre une mort hypothétique (répandant ainsi des chagrins chez les autres) quand tu arrives à communiquer tant de vie, d'intelligence et d'humour en racontant la déplorable histoire d'une chatte prise pour un chat et de plein d'hommes pris pour des mâles alors qu'ils n'étaient (les pauvres !) que de tendres petits animaux sans défense ?

Continue à écrire, Lu, noie ton désir de mort (travers générationnel ? celle qui t'écrit n'en est pas exempte non plus) dans une quantité d'images et de personnages présents en toi qui réclament de venir vite à la lumière. Écris et ne pense pas à tes amis parce que – en cela au moins – le métier d'écrire de la poésie est le plus heureux. Comme on dit dans mon île : « Le poète est comme le vin, plus il vieillit et plus son arôme se fait intense et fort. »

Ta Goliarda

MARCELLA

Femme d'un homme politique (de gauche), qui vient donc de mourir.

Rome, 9 mai 1984

Chère Marcella,

je sais comme toute parole est vaine... et cependant, égoïstement, le besoin de te faire savoir que je suis près de toi me pousse à te dire combien de gentillesse virile, de présence affectueuse et pleine d'ironie – qualités si rares dans notre pays – viennent à nous manquer, à nous qui ne sommes certes que des amis, mais tellement liés à ton Giacomo par les mêmes espoirs de jeunesse, culture, échanges d'idées, que nous ressentons son absence comme un arrachage cruel des racines de notre arbre idéal. Je voulais te dire cela seulement. Il n'y a pas de mots pour ta douleur.

Ta Goliarda

ANTONIO GHIRELLI

(1922-2012) Chef du service de presse de Pertini, qui l'avait chargé en 1980 d'intervenir auprès de Pautasso pour la publication de L'Art de la joie, *Ghirelli était également journaliste, écrivain, essayiste, et avait été résistant.*

Rome, 31 janvier 1985

Cher Ghirelli,

ta protégée, car je me conçois désormais comme telle, ose, non sans un peu de honte, crois-moi, revenir te demander si tu peux de nouveau l'aider.

Ton intervention m'a sauvée de l'expulsion et, chose tout aussi importante, c'est ta lettre à Pautasso, à l'époque (peut-être ne t'en souviens-tu plus !) qui a préparé la « voie » à la publication de mon *Rebibbia* par Rizzoli. À propos, je te donne la nouvelle – je sais que ça te fera plaisir – que le livre continue à se vendre, lentement mais bien : quatre mille copies dans l'édition Bur[161], et, ce qui est le plus important, deux ans déjà après sa parution. Comme le temps passe. Et tu en as si peu ! M'armant de courage, je te demande tout de suite si tu connaîtrais quelqu'un chez Mondadori ou Rusconi (ou un autre éditeur pour qui tu aurais de l'estime) qui serait susceptible de se donner la peine de lire mon manuscrit.

Rizzoli, Einaudi et Feltrinelli, comme tu sais, à l'époque, ont refusé ce roman. Ce fut la goutte d'eau qui fit déborder le vase de mon mal-être et m'amena à finir en prison. Puissance de la douleur qui peut s'emparer d'un écrivain. Le juge du procès qui a eu lieu il y a deux mois doit l'avoir compris lui aussi parce qu'il m'a quasiment acquittée : quatre mois[162], pas de préjudice majeur retenu, et pas d'inscription au casier judiciaire...

Pour revenir à mon roman archirefusé : à l'époque, aux réponses qu'on m'a

161. Biblioteca universale Rizzoli, collection littéraire à prix réduit fondée en 1949.
162. Vraisemblablement avec sursis : Goliarda n'est jamais retournée en prison.

données, j'ai compris qu'il n'avait été que hâtivement feuilleté. Maintenant je sais par expérience – pas seulement la mienne – qu'on ne lit que les manuscrits avalisés par quelqu'un digne de confiance. Je ne te demande pas de le lire, consciente, encore une fois, du peu de temps dont tu disposes, mais je t'assure que c'est un roman plein d'aventures et, à sa manière, divertissant : dans chaque chapitre il se passe quelque chose de nouveau.

Comme tu l'auras compris, je ne suis pas une écrivaine « sadique » qui s'amuse à torturer le lecteur et qui ne se sert de sa plume que pour des exercices sadomasochistes. Je n'ai pas fait vingt ans de spectacle pour rien. Et puis mon intention en écrivant les aventures de mon héroïne Modesta était de combler le vide qu'il y a dans notre littérature de romans dits populaires, mais par une histoire qui ait un contenu « moral ».

Bien sûr, la morale de Modesta, née misérable au début du XXe siècle, dans une encore plus misérable région de notre Sud, change – dans le cours du récit (qui recouvre quasiment un siècle !) – avec les temps qui changent eux-mêmes et avec l'évolution de l'histoire et de l'histoire de notre pays : partant d'une enfance quasi amorale, exclusivement tendue vers le but de survivre par tous les moyens licites et illicites (qui ne sait ce qu'était la condition des femmes nées pauvres à cette époque ?), elle va jusqu'à acquérir, au fur et à mesure qu'elle mûrit, la morale, difficile et « différente », d'une femme moderne. Femme libre et complète, ennemie de tout désir forcené de pouvoir, y compris du féminisme de l'époque qui trahissait déjà la « cause des femmes » en prônant l'imitation de l'homme…

Mais tu as tout compris, il est inutile que je te fasse perdre du temps. Je te demande beaucoup, je le sais, mais écrire est mon travail (j'en ai cherché un autre, quelconque, ces dernières années, y compris auprès d'amis socialistes, mais ça n'a abouti à rien), et même si ça me pèse beaucoup je suis obligée, pour survivre, de me battre pour « vendre mon produit ».

Avec angoisse, mais aussi avec la conscience que si tu le peux, tu feras quelque chose pour ta protégée, j'attends une réponse de toi avec pour préambule que si tu ne peux rien faire cette fois, mon amour et ma reconnaissance envers toi resteront intacts, ne serait-ce que parce que – cela, tu ne peux le savoir – tu es le seul, avec quelques autres amis (mais avec eux il y avait tout un passé commun qui les y engageait) à m'avoir aidée ces dernières années, et cela avec une grâce et une « absence de moralisme » (les autres m'ont fait payer cher l'aide qu'ils m'ont donnée) qui me touche encore, et ne m'étonne pas simplement parce que je sais que tu es né dans cette Naples tant « dépréciée ». Si tu savais tout ce que je dois à cette ville, tu serais surpris. Un jour je te le raconterai : Naples – et ses habitants – a été pour moi comme un destin salvateur.

Ta Goliarda

MARTA MARZOTTO

(1931-2016) Styliste, femme du monde, d'humble naissance et mariée au comte Umberto Marzotto, elle a vécu avec le peintre Renato Guttuso, qui est mort quelques semaines plus tôt quand Goliarda écrit ces deux lettres. Elle a apporté cette même année sa contribution financière à la publication des Certitudes du doute, *sorti chez Pellicanolibri.*

20 février 1987

Chère Marta,

juste deux lignes pour te dire toute l'horreur (il n'y a pas d'autre terme !) qu'a suscitée en moi la énième preuve de bassesse que les intellectuels – et non-intellectuels – de notre beau pays n'ont pas manqué de donner, et toute ma compréhension pour le vide que l'« absence » d'un homme comme Renato a le pouvoir de creuser dans le cœur de qui l'a aimé. Eh oui, il y a des personnalités qui, en s'en allant, peuvent briser notre équilibre vital de façon définitive, et Renato était l'une de celles-là.

J'ai subi moi aussi (la vie n'épargne personne) des pertes irréparables, que seules les années et la foi en la vie m'ont permis de surmonter, ou mieux : de transmuter au fond de moi-même en connaissance d'amour renouvelé pour les autres. Dans ton cas, les enfants, dans le mien : ceux que je me suis inventés et qui en dépit de la mort réclament notre chaleur vitale et notre affection inconditionnelle.

Nous nous connaissons peu (c'est pour cela que j'ai tardé à me manifester auprès de toi… la pudeur est mauvaise conseillère) mais je sais, je l'ai lu plus d'une fois dans ton regard, que toi aussi tu appartiens à la race des femmes qui se donnent inconditionnellement. Cela me rassure pleinement pour ta « santé » future, mais aussi me fait trembler pour ton douloureux présent.

Crois bien que je suis de tout cœur avec toi.

Goliarda

Chère Marta,

je suis restée si touchée de savoir que mon roman *Les Certitudes du doute* sortira sous ta protection que je ne peux pas ne pas t'écrire deux lignes pour te remercier, tout de suite, de vive voix et pas à travers ce fil aliénant et glacé qu'on appelle le téléphone.

Eh oui, pour moi écrire (déformation professionnelle ?) est comme parler... et, tandis que je te parle, je vois ton grand visage, généreux, tendu vers les autres. Je suis émue, mais je dois vaincre cette absurde pudeur insulaire pour te dire ce que tu ne sais peut-être pas : ton intervention sauve une écrivaine de la douleur indicible de voir son travail-enfant condamné à moisir dans l'obscure solitude d'un tiroir. Je te donne ce fruit de mon esprit, certaine que lui, avec le temps, te dira la beauté de ton geste.

Goliarda

SALVATORE

Rome, octobre 1988

Cher Salvatore,

quand un artiste a le courage de ne pas écouter les sirènes du modernisme et de se plonger dans la recherche désespérée du métier ancien : dessin, perspective, coup de pinceau, on ne peut que se taire, admiratif, en constatant les résultats déjà évidents de son parcours ardu et solitaire : immenses champs d'herbes et de fleurs ruisselants de couleurs vives, de vifs crépuscules, de vivants regards blessés par la douleur du monde, de vivants corps de femme dénudés dans l'attente sereine d'une caresse de soleil.

Et voici que la vigueur ancienne du métier éclate, recréant « la magie ancienne » que nous croyions perdue : l'art – ou la vie, si l'on préfère – est ainsi : rien ne finit, tout recommence en cet « éternel présent » où nous évoluons.

ENRICO

Cher Enrico,

l'été dernier, en « faisant du théâtre », ou plutôt en recommençant à entendre dans vos voix l'humeur nourrissante du théâtre, j'ai ressenti le besoin d'en écrire. Il en est sorti quelque chose d'absolument différent de l'atmosphère que nous respirions à Montecalcino (quel beau souvenir j'ai de notre rencontre !), et je voudrais maintenant que tu trouves le temps de lire cette petite, profonde aventure de deux femmes « folles » comme celle qui t'écrit (et quelques-unes de ses amies qui connaissent l'aventure d'être sauvées par un chérubin !).

Je ne dis rien d'avance, juste l'intention : seul, on se suicide, à deux aussi, mais à trois, nombre magique, foule, village, acteurs et spectateurs, théâtre, précisément, on se sauve ! Le suicide apparaît comme une banalité et... on recommence, tant bien que mal, à vivre.

Cela s'est passé à Montecalcino pour ton amie durant l'été 88. J'aimerais aussi – si tu trouvais la comédie amusante – parvenir au moins à la publier, avec ton aide, vu que représenter quelque texte nouveau en Italie semble impossible.

Ta Goliarda[163]

163. La lettre fait référence à la dernière des pièces de Goliarda : *Due signore e un cherubino* (*Deux dames et un chérubin*), que Goliarda a écrite en 1987 et que devaient interpréter Marta Marzotto et Piera Degli Esposti. Comme l'annonce la dernière phrase de la lettre, elle n'a jamais été représentée.

JAMES

Fils de Lucia (Tatina) Drudi Demby, écrivaine et scénariste, qui avait épousé un écrivain afro-américain, William Demby, James Gabriele Demby était compositeur et professeur de musique. Il souffrait d'une grave maladie mentale.

Rome, 27 mars 1990

Cher James,

juste deux lignes pour te dire la raison profonde de mon absence auprès de Tatina : j'ai eu moi aussi ma mère dans cet état pendant presque dix ans... et – chose qui nous rapproche – je l'aimais comme tu l'aimes. Toute ma capacité à souffrir s'est épuisée alors, et ce n'est qu'une analyse impitoyable de mon rapport avec elle qui a pu me sauver du vide absolu que la maladie avait ouvert, béant, dans ma jeunesse.

Depuis que Tatina est malade j'ai essayé de comprendre la raison de ma lâche impossibilité à venir vous trouver, mais maintenant j'ai compris et j'espère être parvenue à surmonter cet état de blocage névrotique envers, non tant la maladie de notre chère Tatina, que la vue d'un fils en pleine jeunesse penché sur l'agonie d'une mère.

Je t'embrasse très très fort.

Goliarda

SERGIO

Gaeta, 21 novembre 1994

Cher Sergio,

comme si j'avais su que l'enveloppe que tu m'avais donnée – en une soirée de joie – contenait quelque chose de précieux, j'ai différé pendant des jours et des jours le moment de l'ouvrir. Peut-être à cause de ton regard douloureux et timide, ou parce que l'enveloppe n'était pas fermée ? Je ne sais pas, mais j'ai bien fait de ne pas mélanger le « sacré-laïque » de tes lignes avec les querelles blessantes du quotidien, peut-être...

J'ai bien fait de ne regarder tes vers qu'aujourd'hui, ici, dans un bar de Gaeta devant la mer amie qui n'espionne pas, ne commente pas, ne demande rien, écoute, oui, écoute seulement – maintenant – ma joie à lire tes mots. Ils suscitent en moi joie et appréhension : bonheur de savoir qu'un homme – aussi – a compris les intentions profondes de mes lettres ouvertes, et appréhension pour mon avenir de chanteur ambulant sicilien en jupon.

Serai-je capable encore, à l'avenir, de parler à tes yeux tendres et sérieux d'homme et de les emplir d'émotion, en amie, fêlant ainsi l'horrible cristal (carcéral) que des idéologies insanes, d'insanes préjugés continuent à ressusciter devant nos yeux de petits enfants, garçon et fille, qui voudraient seulement courir ensemble, main dans la main, au bord de la mer...

Merci.

Goliarda

ALFREDO BINI

(1926-2010) Avant d'être nommé en 1994 « Commissaire extraordinaire » du Centre expérimental du cinéma, Alfredo Bini a été producteur – des films de Bolognini, entre autres, mais surtout de presque tous ceux de Pasolini.

Rome, novembre 1994

À monsieur Alfredo Bini

Commissaire extraordinaire,

Je vous remercie de m'avoir donné la possibilité de demander une aide (il est vrai qu'il s'agit de quelque chose qui sera très positif pour nos élèves-acteurs) ; veuillez croire que je n'ai pas l'habitude de réclamer le superflu. Il existe – c'est maintenant démontré – un phénomène dégénératif du phonème italien, qui ne peut être soigné par le simple enseignement de la diction. Parmi ses diverses causes, il dépend, comme de nombreux médecins s'accordent maintenant à le dire, de l'insuffisante ouverture de la mâchoire du petit enfant, qui provoque la mollesse de toute la partie inférieure du visage avec conséquences esthétiques et sanitaires.

J'ai soigné avec la gymnastique appropriée de nombreux cas, épaulée par un chirurgien-dentiste renommé, le docteur Marcello Galgani.

Pour ce travail qui, croyez-moi, est très exigeant, j'ai besoin d'un assistant expérimenté, qui a travaillé avec moi au Centre avec grand profit, et qui a bien appris ma technique.

En outre, comme je l'avais déjà signalé au Commissaire lors de notre dernière entrevue, la présence d'un jeune ancien élève – il s'agit de Vito Romito – qui avec le temps pourrait devenir un excellent professeur, comblerait le manque de présence masculine qui nuit grandement à l'esprit de l'enseignement.

Le Centre souffre, à mon avis, d'un climat de maternage qui, gâtant les garçons et les filles, les porte à prendre (comme dans les familles où est désormais absente la figure paternelle) des attitudes faites de mécontentement permanent, de requêtes capricieuses, de mollesse, en un mot, d'indiscipline.

Le problème de la figure féminine comme seule présence enseignante dans les écoles de tous ordres et tous niveaux est désormais amplement débattue dans de nombreux congrès et essais qui se sont penchés sur le phénomène de la féminisation en Europe et aux États-Unis. Et nous au moins, qui sommes une institution prestigieuse mais où n'afflue pas trop de monde, nous avons le devoir de chercher à combattre cette tendance qui nuit à l'équilibre pédagogique.

En vous remerciant pour votre attention,

Avec mes amicales salutations.

Goliarda Sapienza

MARCO BONINI

Marco Bonini, né en 1972, élève comédien de Goliarda au CSDC, est devenu par la suite non seulement comédien professionnel, mais aussi scénariste et producteur de cinéma.

Cher Marco,

bien sûr, répondre (après combien de mois ?) à ta lettre du 20 janvier 1996 aujourd'hui, 8 juin 1996, met là au milieu une étendue de mer si grande qu'elle provoque en moi un certain embarras. Mais – peut-être – est-ce que je me trompe encore une fois, peut-être une seule seconde est-elle passée et c'est ce qu'il me semble, maintenant que je t'écris : il n'y a que deux ou trois heures que je t'ai rencontré dans nos bureaucratiquement tragiques couloirs, là où finissent les espaces de notre travail quasi manuel. Jouer, tu commences à le comprendre, je pense, n'est qu'un métier artisanal. Un mystère... le plus sublime métier du grand artisanat en lequel nous autres Italiens sommes passés maîtres. Mais je parlais de notre rencontre en cet endroit où les grands esprits organisateurs fermentent en dégageant une légère odeur de putréfaction.

Alors que nous ballotait la fermentation insensée qui parcourt ces couloirs faussement austères ton annonce qu'« une lettre » de toi allait m'arriver... J'ai pensé stupéfaite : mais qu'est-ce que c'est que ce Bonini (ou Bonazzi) qui d'une certaine façon tient à poursuivre un rapport avec cette folle de Goliarda ?

Tu auras compris, j'espère, que ma façon de te demander du temps pour te répondre n'était qu'un minable petit moyen d'amateur pour dissimuler mon émotion ? Eh oui, les folles aussi éprouvent de l'émotion et c'est avec grand plaisir que je te réponds, après bonnes et mauvaises aventures qui me sont arrivées dans ce laps de temps.

Comment te les raconter ? Il y faudrait un roman, et une lettre a son espace sacré qu'il faut respecter. Dans la tienne je t'ai vu dans ta nouvelle maison, miroir et soleil. J'ai été contente pour toi et... et... et... Ne me deviendrais-tu par hasard un écrivain ? Attention, écrire mène à la famine. Si tu veux le faire attends au moins tes quarante ans, de toute façon et heureusement écrire est un artisanat pour vieux.

Ciao, à bientôt.

Goliarda

Gaeta, 1er janvier 1996

Cher Marco,

merci pour tes vœux et les bonnes nouvelles : tu travailles. J'en étais sûre, mais la certitude de ton talent me troublait (toujours, quand je reconnais le talent chez un élève, le trouble me saisit avec cette question : « Sera-t-il reconnu dans ce monde de merde où nous vivons ? »).

Tu commences à être « en vue » et cela me rend heureuse, mais ne faiblis pas. Ne fais jamais confiance à ta bonne étoile et ne t'occupe que d'approfondir ta culture et la technique vocale qui, tu verras, t'offrira – plus tard – des intonations, des nuances, l'expression de forces instinctives profondes que ni toi ni moi ne pouvons imaginer. Pour faire émerger son talent, que ce soit au piano, dans la danse, dans l'écriture, etc., il n'y a rien d'autre que la maîtrise de son instrument. Je t'ai tout dit – je crois – sauf un grand : *merde** ! pour ton jeune (et donc aussi périlleux) avenir.

Goliarda

N.B. Je ne trouvais plus ta lettre et n'ayant pas ton adresse je l'ai cherchée parmi papiers et brouillons à Rome. Sais-tu où elle avait fini ? Ici à Gaeta, où hier elle m'est apparue alors même que je ne l'espérais plus, pouvoir magique des feuillets écrits par une main amie.

JARMILA OČKAYOVÁ

Née en 1955. Écrivaine et traductrice slovène, naturalisée italienne – et d'expression italienne à partir des années quatre-vingt-dix –, elle vit toujours en Italie où elle s'était installée en 1974.

Rome, 17 avril 1996

Chère Jarmila,

j'ai longuement pensé à la façon de répondre à ta lettre, et je reste encore là, émue, à me demander : comment ? En essayant de te manifester muettement ma joie en t'embrassant ? Mais nous sommes loin l'une de l'autre et il me faut écrire. Et écrire – dans ces cas-là – dénature.

Dénature la surprise et la fierté d'apprendre qu'une femme et collègue a répondu à mon appel d'amour et d'aide lancé sans espoir à une foule de personnes anonymes. Eh oui, parce que pour moi écrire est aussi cela : une demande de compréhension et d'amitié.

Voilà que mille voies de communication résonnent de tes lignes aux miennes et il faudrait un essai – et long, encore – pour t'en faire témoin. Mais je n'aime pas les essais et encore moins ceux sur la solitude de l'écrivain, etc.

J'espère seulement que tu viendras bientôt à Rome et qui sait si le miracle d'une nouvelle amitié ne pourra pas s'accomplir dans ce désert de solipsisme technologique glacé qui nous emprisonne.

À bientôt.

Ta Goliarda

VIE DE GOLIARDA SAPIENZA

LES ORIGINES

1880 (27 AVRIL) : naissance de Maria Giudice, mère de Goliarda.

1884 (17 MARS) : naissance de Giuseppe Sapienza, père de Goliarda.

1902-1905 : début de l'activité syndicale et journalistique de Maria Giudice. Inscription au parti socialiste. Première arrestation. Maria rencontre l'anarchiste Carlo Civardi puis se réfugie en Suisse pour échapper à la prison. Rencontre avec Angelica Balabanoff, Lénine et Mussolini.

1904-1913 : naissance des sept enfants de Maria Giudice et Carlo Civardi, conjoints en "union libre" : Josina (1904), Cosetta (1905), Licia (1906), José (1907), Ivanoe (1909), Danilo (1911), Olga (1913). La famille, qui vit dans un grand dénuement, s'installe à Milan en 1910. Maria, institutrice, est licenciée pour "conduite immorale".

1907-1911 : mariage de Giuseppe Sapienza avec Lucia Musumeci et naissance de leurs trois fils : Alfio Goliardo (1907), Libero (1909) et Carlo Marx (1911). Lucia Musumeci mourra en 1915 à l'âge de 27 ans.

1913 : Giuseppe Sapienza devient secrétaire de la chambre du Travail de Catane.

1917 : Maria Giudice devient la première femme à occuper le poste de secrétaire de la chambre du Travail de Turin. En cette même année, elle est nommée secrétaire de la Fédération socialiste de la province de Turin et devient rédactrice en chef de l'hebdomadaire socialiste *Il grido del popolo* (*Le Cri du peuple*), auquel collaborera Antonio Gramsci. Le 17 octobre, Carlo Civardi meurt à la guerre.

1918-1920 : Maria Giudice est condamnée à trois ans de prison pour avoir incité les ouvriers d'une manufacture d'armes à abandonner le travail. Libérée l'année suivante, elle rencontre Giuseppe Sapienza en Toscane lors d'une manifestation et s'établit avec lui à Catane à partir de 1920. Avec eux vivent six enfants de Maria (Josina, la fille aînée, est restée en Lombardie) et les trois enfants de Giuseppe.

1920-1922 : Maria milite en Sicile pour une gestion communautaire des terres et la création d'un minimum salarial. Elle et Giuseppe dirigent la chambre du Travail de Catane et le journal *Unione*, dont les locaux sont incendiés à deux reprises par les fascistes. Ces derniers tentent aussi de les assassiner. Le 16 mai 1921, un des fils de Giuseppe, Goliardo, est retrouvé noyé : on ignore si cet assassinat est l'œuvre de la mafia ou des fascistes. En octobre de la même année naît la première fille de Maria et Giuseppe, Goliarda (sic). L'enfant meurt au bout de quelques jours.

L'ENFANCE

1924 (10 MAI) : Goliarda Sapienza naît à Catane.

1925-1928 : rupture de l'équilibre familial. Trois enfants de la famille meurent dans des circonstances tragiques : Josina Civardi (d'une pleurésie, après une nuit passée dans une rizière pour échapper aux milices), José Civardi (retrouvé pendu en prison) et Goliardo-Danilo, le dernier né de la famille. En outre, Giuseppe Sapienza s'est épris d'Olga Civardi. La jeune fille a 15 ans. Sa sœur Licia Civardi décide de quitter Catane avec elle. Maria accompagne ses deux filles à Stradella pour les aider à s'installer. Quelques années plus tôt, il y avait déjà eu un précédent incestueux entre Giuseppe et une autre fille de Maria, Cosetta, lorqu'elle était encore adolescente.

1933 : la famille Sapienza-Giudice déménage à San Berillo. Ce quartier populaire de Catane rassemble artisans de toutes sortes et prostituées.

1938 : Goliarda quitte définitivement l'école, tandis que sa mère montre les premiers signes d'un effondrement psychique.

LES PREMIÈRES ANNÉES À ROME

1940 : Goliarda commence à travailler pour une compagnie de théâtre sicilienne et prépare l'examen d'admission à la *Regia accademia d'Arte drammatica* de Rome. L'année suivante, elle part de Sicile avec Maria Giudice et obtient une bourse d'études qui lui permet de suivre les cours de l'école et de rester à Rome, où sa mère s'établit avec elle.

1942 : arrestation de Giuseppe Sapienza pour défaitisme. Du 2 février au 18 mai, il est détenu à la prison de Catane.

1942-44 : Goliarda monte sur scène, notamment dans des pièces de Pirandello, mais interrompt ses études quand l'Italie signe un armistice avec les alliés en septembre 1943.

Goliarda avec ses sœurs Olga et Licia, à Catane.

1943 : c'est le début de l'occupation allemande de l'Italie et de la résistance antifasciste. Giuseppe Sapienza s'établit à Rome et crée les brigades Vespri. Goliarda en fait partie sous un faux nom. Recherchée par la police allemande, elle se réfugie dans un couvent. C'est un des moments les plus difficiles de la vie de Goliarda, éprouvée par la guerre, la persécution nazie, la faim et une violente crise de tuberculose. La santé mentale de sa mère s'est aussi aggravée : Maria est hospitalisée dans un asile psychiatrique. À l'automne, la guerre finie, Goliarda retourne à l'*Accademia*. Mais elle prend part aux manifestations des étudiants et abandonne finalement ses études.

1945-52 : Goliarda se consacre au théâtre. Elle fonde en 1945, avec Silverio Blasi et Mario Landi, la compagnie de théâtre d'avant-garde T45, puis entre, en 1946, dans la Compagnia del piccolo teatro d'arte. En 1948, elle rencontre le futur réalisateur Francesco (Citto) Maselli. C'est le début d'une liaison qui durera dix-huit ans. En 1950, elle fonde avec Silverio Blasi la Compagnia del teatrino Pirandello. En 1951, elle connaît un immense succès pour son rôle dans *Vestire gli ignudi*, de Pirandello.

1949 (24 NOVEMBRE) : Giuseppe Sapienza meurt à Palerme.

1953 (5 FÉVRIER) : Maria Giudice meurt à Rome des suites d'une bronchite. Umberto Terracini, ancien président de l'Assemblée constituante, Sandro Pertini et Giuseppe Saragat, futurs présidents de la République italienne, assistent à sa veillée funèbre.

1953-1955 : Goliarda et Citto reçoivent souvent des amis intellectuels et cinéastes. Goliarda se rapproche de Luchino Visconti, qui la fait jouer dans *Medea* au Théâtre Manzoni à Milan puis, en 1954, dans *Senso*. Goliarda rencontre Haya Harareet. Les deux femmes deviennent des amies intimes.

1956 : ébranlement idéologique suite à la révélation des crimes staliniens. Ses crises d'angoisse se multiplient. Elle commence à écrire des poèmes (qui seront plus tard rassemblés dans le recueil *Ancestrale*).

1957 : Goliarda travaille, en tant qu'assistante, sur le film *Le notti bianche*, de Luchino Visconti.

Goliarda Sapienza avec son père, à Rome.

L'ÉCRITURE

1958 : nouvelle crise de Goliarda, qui décide de s'éloigner du cinéma et du théâtre pour se consacrer à l'écriture.

1960 : retour exceptionnel au théâtre avec la pièce *Liolà* de Luigi Pirandello dans une mise en scène de son ami Silverio Blasi.

1962 (PRINTEMPS) : première tentative de suicide. Goliarda est hospitalisée dans un asile psychiatrique où elle subit une série d'électrochocs. Un jeune analyste, Ignazio Majore, entreprend avec elle, à sa sortie de l'hôpital, une thérapie psychanalytique quotidienne à domicile.

1963 : séjour de trois mois à Ravello. Goliarda entreprend un cycle de textes autobiographiques qui, jusqu'en 1968, l'amène à interroger les faits marquants de son existence : *Lettera aperta*, *Il filo di mezzogiorno* et *L'Arte del dubbio.*

1964 : à la suite d'une crise professionnelle, sans doute liée à la relation amoureuse qu'il a nouée avec Goliarda et brusquement interrompue, Ignazio Majore abandonne son métier et ses patients. Goliarda fait une deuxième tentative de suicide et reste plusieurs jours dans le coma.

1965 : Goliarda se sépare de Citto Maselli. Durant deux ans, sur le conseil de Ignazio Majore, elle vit en compagnie d'une infirmière.

1967-1969 : publications successives de *Lettera aperta* et de *Il filo di mezzogiorno* aux éditions Garzanti. Goliarda se lance de façon intensive dans l'écriture de *L'arte della gioia.*

1975-1979 : Goliarda rencontre Angelo Pellegrino, avec qui elle travaillera sur ses œuvres jusqu'à la fin de sa vie. En 1978, le couple fait un grand voyage en Transsibérien. Traversée de la Russie et de la Chine.

1979 : Goliarda et Angelo se marient. Le manuscrit de *L'arte della gioia*, achevé, est refusé par toutes les grandes maisons d'édition italiennes. Sandro Pertini, ancien ami de sa mère et désormais président de la République italienne, intervient discrètement auprès des éditions Feltrinelli. En vain.

Goliarda Sapienza avec Lucia Bose dans
Gli Sbandati, de F. Maselli,1955.

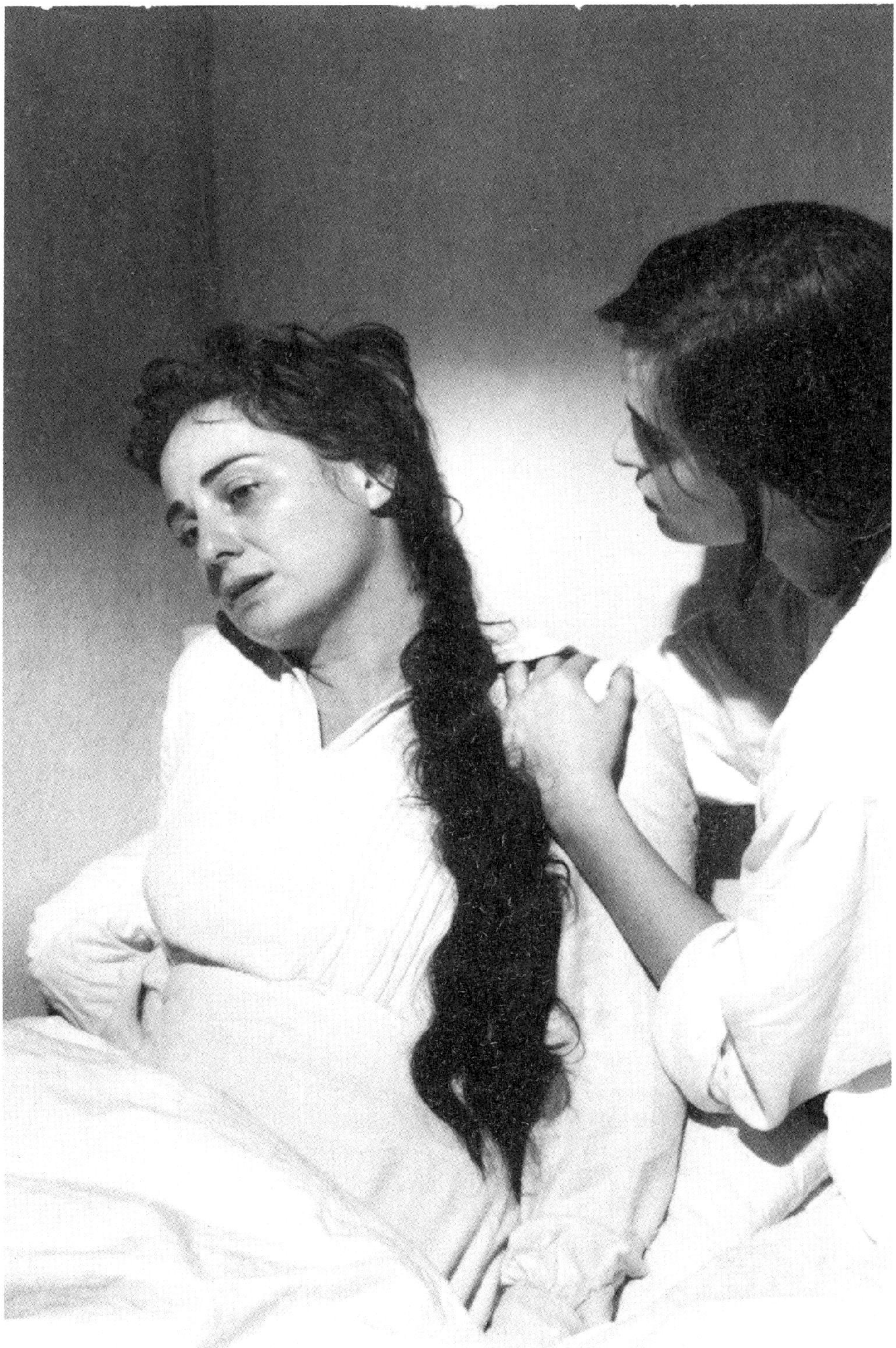

(5

alla vita
Dove scappa la mia mamma bambina,?
sempre a scappare, sempre piena di
misteri o è solo che proprio per
quanto fai il tuo chiedere di proprio
madre non mi ~~[illegible]~~ puoi vedere ch[?]?
Con forza mi costringe a voltarmi
e quando mentre lo sguardo
fermato ardito sferzante
capisco che non c'è niente da
fare, sarà sempre così! ~~Mi~~
ama come io la amo
~~Quanto sei bella mamma~~
~~e tanto~~ È inutile che scappi
bambina perché è proprio
questo tuo scappare che
– o sto scherzando che
credi... e sì è proprio questo
tuo sfuggirmi che
mi fa amarti di più... ~~ad~~ un giorno era
diventato lo zimbello di tutti... al fronte
Non c'è niente
da fare mi amerai
sempre come io ti amerò
sempre. ~~Proprio~~ E forse perché
questo è ~~forse~~ l'unico
amore contrastato ~~che~~
~~a resta dalle leggi~~
da leggi ferree
leggi odiose umane
e per un momento
ho quasi il desiderio
di far saltare anche
quel luogo comune
ma il ricordo di
te mi fa che soffre[?]-
mi fermo; io sono
la madre e
e lei ~~così~~ piccola[?] così ~~figlia~~
~~all'antica~~ mamma,
figlia all'antica
classica, come
la mia bellezza[?] mi
ferma. Quello non sarebbe ribellione
ma solo un'altro atto di potere assoluto

---

non ci hai insegnato
a parlare di tutto –
l'amore di cosa[?]
ma sto scherzando e
scherzando ti dico

amore che non
c'è permesso
di consumare

1980 : Goliarda connaît une nouvelle crise morale. Arrêtée à la suite d'un vol de bijoux dans l'appartement d'une amie, elle est détenue à la prison de femmes de Rebibbia.

1983 : *L'università di Rebibbia* paraît aux éditions Rizzoli. Le livre est un grand succès. Mais Rizzoli se refuse toujours à publier *L'arte della gioia*.

1984 : Goliarda achève l'écriture du roman *Appuntamento a Positano*. Le roman ne sera pas publié de son vivant.

1987 : *Le certezze del dubbio*, livre dont la rédaction a suivi celle de *L'università di Rebibbia*, paraît aux éditions Pellicano Libri.

1994 : la première partie de *L'arte della gioia* paraît aux éditions Stampa alternativa.

1996 (30 AOÛT) : Goliarda Sapienza meurt dans sa maison de Gaeta, des suites d'un infarctus puis d'une chute dans l'escalier.

1998 : l'édition du texte intégral de *L'arte della gioia* est établie par Angelo Pellegrino et paraît de façon posthume. Le texte passe inaperçu.

2002 : toujours grâce aux effort d'Angelo Pellegrino, le recueil *Destino coatto* est publié aux éditions Empirìa.

2005 : parution en France de *L'Art de la joie*, aux éditions Viviane Hamy. L'importance de cette œuvre est immédiatement reconnue et donne lieu à un extraordinaire succès tant critique que public.

2006 : en Italie, la redécouverte de Goliarda Sapienza révèle plusieurs textes inédits importants. Les prestigieuses éditions Einaudi annoncent officiellement qu'elles s'engagent dans la parution des œuvres complètes de l'auteur.

2007 : la mairie de Gaeta, ville où Goliarda est enterrée, décide d'élever une stèle funéraire en son honneur. Dessus est gravée l'inscription :

À LA MÉMOIRE

D'UNE VOIX LIBRE

Page manuscrite de *L'arte della gioia*.

ŒUVRE DE GOLIARDA SAPIENZA

L'Art de la joie

*

L'Université de Rebibbia

*

Les Certitudes du doute

*

Moi, Jean Gabin

*

Rendez-vous à Positano

*

Carnets

*

Ancestrale

*

Lettre ouverte

*

Le Fil de midi

*

Destins piégés

*

Miroirs du temps

Angelo Pellegrino

Goliarda Sapienza, telle que je l'ai connue

*

Goliarda

TABLE DES MATIÈRES

Achevé d'imprimer

Ce livre, onzième volume des œuvres complètes de Goliarda Sapienza,
a été préparé dans le *basso* de la maison d'édition puis imprimé
par Jelgavas Tipografija, en Lettonie, durant le printemps 2024.

ISBN : 978-2-37055-410-9
dépôt légal : mai 2024